KB124203

운동발달이론을 통한

유아체육의 이론과 실제

운동발달이론을 통한

유아체육의 이론과 실제

고재곤 · 손경환 지음

도서출판 사람과 사람

머 리 말

인류의 시작과 더불어 역사를 함께 걸어온 체육은 시대마다 교육이
념과 체육관에 따라 차별화되어 왔다. 체육에 대한 가치는 종교, 사상,
정치, 경제, 문화 등 시대에 따라 변천되었다. 체육의 개념을 흔히 신
체교육 또는 스포츠활동으로 생각하는 경향이 있다. 물론 신체활동을
무시한 체육이란 있을 수 없고, 스포츠활동이 체육과 무관한 것도 아니
다. 체육은 인간의 신체활동, 즉 대근육 활동을 수단으로 하는 교육이
라고 정의를 내린다. 그리고 신체활동의 전인교육인 체육은 바람직한
인간 형성에 목적을 둔다.

이 책은 이러한 체육의 내재된 교육적 효과가 유아에게 어떠한 영향
을 미치는지를 알아보고 다른 연령층보다 순기능적 교육 요소로 어느
정도로 작용하는지, 그리고 유아의 신체구조와 체육은 교육으로서 적합
한 것인지 등에 관한 명제를 안고 저술되었다.

이 책은 크게 세 부분으로 구성되었다.

제1부에서는 운동발달론의 기본 개념에서 출발하여 인지와 운동발달,
사회성과 운동발달의 연관성을 논리적 해석으로 접근하고 있다. 그리고
유아기 자극과 결핍은 실제 사례와 실증적 연구논문에서 밝혀진 임상
적 내용을 운동발달이론에 투영해서 기술하고 있다. 제2부는 유아에게
체육이 왜 가치가 있고 중요한지를 살펴보고 유아 운동프로그램의 목
표에 접근하는 방법에 대해 기술하고 있다. 제3부는 앞서 언급한 이론
과 유아 운동프로그램의 목표 접근방법을 고려하여 실제로 교육 현장

에서 응용할 수 있는 유아체육 프로그램을 제시하고 있다.

이 책은 저자들이 그동안 펴냈던 저서들, 즉 「유아체육의 응용과 개념」(고재곤, 1996), 「유아기, 아동기 운동발달론」(고재곤, 2004), 「유아 아동 체육 프로그램」(고재곤, 손경환, 2004)과 미국 메이필드(Mayfield)에서 출간한 「인간의 운동발달(Human Motor Development)」을 기초로 삼아 서술되었다.

유아는 본능적으로 뛰어 놀고 싶어 하고 동적인 활동을 추구한다. 이러한 발달 특성을 지닌 유아들에게 가장 적합한 교육방법은 신체활동을 통한 교육이 가장 효과적이다. 따라서 우리는 이러한 교육적 의미와 올바른 성장 환경을 제공해야 한다는 사명감에 따라 유아체육의 이론과 실제 지도를 강조하고자 한다.

끝으로 이 책은 다소 미흡한 부분이 상당부분 남아 있을 것으로 사료된다. 이 점에 대해서는 저자가 숙제로 삼고 있다는 뜻을 밝히고 싶다. 아울러 교정에서 출판에 이르기까지 많은 도움을 주신 도서출판 사람과 사람 김성호 사장님에게 진심으로 사의를 표하며, 본서가 완성되기까지 격려해 주신 주위의 동학 여러분에게 진심으로 깊은 감사의 말씀을 전한다.

2018년 2월 고재곤, 손경환

차 례

제3부 유아체육 프로그램의 실제

제1부

운동발달이론

제1장 운동발달의 개요

행동과학, 신체운동학, 인간행동이론, 체육학 등은 모두 인간의 신체 활동을 연구하는 분야를 일컫는 용어이다. 이 학문영역은 연구하는 분 야에 따라 운동생리학, 생체역학, 스포츠심리학 등 많은 하위 학문으로 이루어져 있다. 운동생리학은 인간이 운동을 하거나 일하는 동안, 신체 에 나타나는 변화를 연구하고, 생체역학은 역학적인 측면에서 인간의 동작을 연구한다. 그리고 스포츠심리학은 인간의 신체활동과 관련하여 심리적, 사회적, 감정적인 면을 연구하는 학문 분야이다.

1. 운동행위

일반적으로 운동행위(motor behavior)는 운동제어(motor control), 운동학 습(motor learning), 운동발달(motor development)로 세분할 수 있다. 이들 세 분야에 관한 연구는 모두 운동행위에 관한 연구에 포함되지만 '운 동'이라는 단어로 시작하기 때문에 그 구분이 모호하다. 그러나 '운동' 이라는 단어야말로 동작을 주 연구대상으로 삼는 이 학문 분야를 정확 하게 표현하는 단어이다. 물론 각 분야의 연구내용이 다른 분야의 연 구영역에 속하는 일이 빈번할 뿐 아니라 각 분야 전문가들의 연구영역 또한 한 가지 이상의 영역에 걸쳐 있는 경우가 많다. 가령, 운동학습 분야의 전문가는 운동제어 분야에 대해 많은 관심을 갖고 있거나 2차

적인 분야로 공부하는 경우가 많다.(Ulrich, D. A., 2000) 이제 이 세 분야
를 구분하기 위해 각 운동영역에 초점을 맞춰 살펴보기로 하자.

운동제어는 인간의 동작에 영향을 미치는 신경심리학적 요인을 연구
하는 분야이다. 여기서 '신경심리학'이란 신경학(신경) 계통과 관련이 있
는 신체의 작용을 말한다. 신경세포는 근섬유가 필요한 동작을 하도록
자극하는 역할을 하기 때문에 신경계통은 인간의 동작이 성립되는데
특히 중요하다. 운동제어론은 신체의 움직임과 변화가 많은 신경심리
학적 요인에 대한 의문점과 개념을 연구한다. 운동제어 분야의 전문가
들이 가장 많이 연구하는 것의 하나가 바로 신경유도 작용의 속도이다.
다시 말해, 근섬유의 자극 속도가 개인별, 조건별로 차이가 나는 까닭
을 연구하는 것이다.

운동학습은 운동기술을 습득하고 숙달하는 과정을 연구하는 분야이
다. 운동기술은 운동의 연습과 경험에 의존하는 움직임이라고 정의할
수 있다. 따라서 운동학습 분야의 전문가는 인간의 움직임에 영향을
미치는 다양한 종류의 연습방법과 경험 또는 학습환경 효과에 대해서
많은 관심을 갖고 있다. 예컨대, '집중된 연습 대 분포된 연습(massed
versus distributed practice)'이라는 전통적인 문제와 관련하여 운동학습
분야에서 이루어진 연구들이 그 대표적인 연구사례이다. 이 문제는 운
동기술을 완전하게 습득하고 숙달하기 위해 길게 집중적으로 운동을
해야 하는가, 아니면 짧게 나누어 해야 하는가에 답하는 것으로서 그
동안 활발한 연구가 이루어져 왔었다.

2. 운동발달의 논리적 이해

운동발달은 운동제어와 운동학습에 비하여 보다 학문적이다. 사실 운

동발달 분야에서 연구하는 대상은 여전히 논쟁의 대상이다. 이 논쟁은 1974년 6명의 운동발달 학자들이 '운동발달 연구에 관한 초점을 서술' 하기 위해 모이면서 시작되었다. 그들은 수차에 걸쳐 모임을 갖고 토론한 끝에, 운동발달이란 '유기체의 성장과 환경의 상호작용을 반영하는 운동행위의 변화'라고 정의를 내렸다.

이 정의는 상반되는 두 가지의 주된 관점을 담아내고 있다. 주로 운동기술에 대해 예견되는 결과를 얻기 위한 연구를 진행했던 그룹은 운동의 결과에 중점을 둔 반면, 운동반응에 대한 보다 깊은 이해를 위해 과정을 다양하게 변화시키는 연구를 진행했던 그룹은 운동과정에 중점을 두었던 것이다.

당시 모임에 참석했던 멤버 중 한 명인 번 시펠드(Vern D. Seefeldt)는 논문(This Is Motor Development)에서, 당시 그들이 내린 정의는 이미 '시간의 검증을 받았다'고 주장한다. 그는 시간에 따라서 생기는 발달의 차이를 아우르기 위해 '운동행위의 변화'라는 어구를 사용했다면서, 능력향상 과정에 공헌한 유전학적 요인과 환경적 영향을 공식적으로 인정하기 위해 '유기체의 성장과 환경의 상호작용'이라는 어구를 사용했다고 설명하고 있다.

물론 이 정의가 모든 운동발달 학자들의 지지를 받고 있는 것은 아니다. 예컨대, 잭 키오프(Jack F. Keogh)는 1977년 발표한 논문(The study of movement skill development)에서 '운동능력은 유아가 어른이 될 때까지 변하며, 운동능력과 운동은 상호 영향을 미치면서 인간 행동과 깊게 관련 된다'는 개념을 제시했고, 제인 클라크(Jane E. Clark)와 질 휘톨(Jill Whitall)은 1989년 발표한 논문(What is motor development)에서 운동발달은 '연령에 따른 운동행위의 변화'라고 정의하고 있다.

그중에서도 클라크와 휘톨이 내린 정의는 많은 학자들의 지지를 받고 있다. 메리 로버튼(Mary A. Roberton)은 운동발달에 대한 클라크와 휘톨의 견해가 자신의 관점과 일치할 뿐 아니라 1967년 안나 에스펜샤드(Anna S. Espenschade)와 헬렌 에케르트(Helen M. Eckert)가 펴낸 최초의 교본 「운동발달론(Motor Development)」의 정의와 일치한다고 밝히고 있다. 그러나 클라크와 휘톨의 정의는 캐슬린 헤이우드(Kathleen M. Haywood)가 1986년 저술한 텍스트(Life Span Motor Development)에서 제시하고 있는 '단순하고 비조직적이며 나이가 듦에 따라 미숙한 행동이 고도로 조직화되고 복잡한 운동기술로 변하고 연령에 맞는 운동기술을 습득하게 되는 순차적이고 계속적인 과정'이라는 정의와 상반되는 면이 없지 않다.

위에서 언급한 두 가지의 정의는 큰 차이점을 지니고 있다. 전자의 정의는 변화에 대한 연구를 운동발달 학자들의 노력 및 운동발달의 결과에 주목한 반면에, 후자의 정의는 운동발달의 과정에 중점을 두고 있다.

클라크와 휘톨은 그들의 주장을 뒷받침하기 위해 역사적 자료를 인용하면서, 운동발달의 결과와 과정 모두 지금까지 운동능력의 개발에 관한 분야에서 연구되어 왔으므로 당연히 정의에 반영되어야 한다고 주장한다. 그러면서 '일생 동안 일어나는 운동행위의 변화와 이러한 변화를 수반하는 과정'이라는 정의를 제안하고 있다.

학문에 대한 정의는 정확하고 비교적 간단해야 하며 시대에 맞아야 한다. 이러한 관점에서 보면, 클라크와 휘톨의 정의는 가장 적절하다고 볼 수 있다. 그렇더라도 앞서 제시된 정의들을 외면해서는 안 된다. 모든 것을 살펴볼 때에 비로소 이 분야의 전문가들이 갖고 있는 생각을 보다 깊이 이해할 수 있고 결과적으로 더 자세히 파악할 수 있기 때문이다.

지금까지 살펴본 운동발달에 관한 여러 정의를 토대로 하여 운동발달을 학문 분야의 하나로 정의할 때, 운동발달학이란 '일생 동안 일어나는 운동행위의 변화와 이러한 변화를 수반하는 과정 및 영향을 미치는 요인을 연구하는 학문'이라고 규정할 수 있다. 이 관점에서 보면 운동발달에 관한 학문 분야가 운동능력 발달에 따른 결과 및 과정에 대한 연구 외에 다른 것이 있을 것이라는 생각을 갖게 한다. 실제로 운동발달학은 영향을 미치는 요인에 대한 연구(Ulrich, D. A., 2000), 관련 영역의 연구(Klevberg, G. L., Anderson, D. I., 2002)를 모두 포함하고 있다.

따라서 이 책에서는 어렸을 때 배우는 운동이 운동발달에 어떠한 영향을 미치는지, 유아의 육체적 건강과 유년기의 스포츠활동 및 육체활동이 노화에 어떤 영향을 미치는지에 대해서도 다루고 있다.

끝으로 스티븐 로버트슨(Steven S. Robertson)은 운동제어, 운동학습, 운동발달의 세 분야에 대한 이해를 높이기 위해 노력하고 있다고 말함으로써 운동발달 학자들의 역할을 분명하게 제시하고 있다.

첫째로 운동발달 학자들은 현재의 운동행위에 대해 이해하려고 노력하며 무엇이 일어나고 있는지, 그것이 왜 일어나는지에 대해서 이해해야 한다.

둘째로 운동발달 학자들은 이 행위가 과거에는 어떠했을까, 그리고 그 원인은 무엇인지에 대해 이해하려고 노력한다.

셋째로 운동발달 학자들은 이 행위가 미래에는 어떻게 작용할 것이며 그 원인은 무엇인가에 대해서도 이해하려고 노력해야 한다.

뒤에서 다시 언급하겠지만, 운동능력의 발달에 관한 연구는 대개 둘이상의 학문 분야에 걸치는 협동연구이다. 그러므로 보다 자세히 연구하기 위해서는 다른 분야의 전문가들과 협력해야만 한다. 물론 이 연구가 다른 분야와 다른 점은 확실히 있다. 단순히 현재의 운동행위를 이해하는데 그치지 않을뿐더러 예전에는 어떠했고 앞으로는 어떻게 변할지, 그리고 왜 그렇게 생각하는지에 이르기까지 이해의 범위가 무척넓다.

3. 운동발달학 분야의 역사

키오프의 저서(The study of movement skill development, 1977)와 두 토마스(J. R. Thomas, K. T. Thomas)의 저서(Planning kiddie research, 1984)에 따르면, 운동발달에 관한 연구는 1920~30년대에 유아들의 발달과정을 알아보기 위한 의사들의 실험으로 시작되었다.

로버튼은 이보다 훨씬 더 이른 시기에 시작되었다고 기술하고 있다. 그녀는 운동발달학이 1800년대 후반에서 1900년대 초반 사이에 '아기의 성장과정을 기록한 사람들'에 의하여 시작되었다고 주장한다. 그리고 이 시기의 대표적인 인물로서 1877년 「아기에 대한 간략한 스케치(A Biographical Sketch of an Infant)」를 저술한 찰스 다윈(Charles R. Darwin)과 1900년 「아기의 전기(The Biography of a Baby)」라는 저서를 펴낸 밀리센트 신(Milicent W. Shinn)을 손꼽고 있다.

클라크와 휘톨은 이보다 더 빠른 출발점을 제시하고 있다. 즉, 다윈과 신이 디트리히 티데만(Dietrich Tiedemann)의 영향을 받았다고 볼 수 있지만 엄밀하게 볼 때, 1787년 티데만이 자기 아이의 출생부터 3세까지의 과정을 관찰한 실험이 운동발달학의 시작이라는 것이다.

클라크와 휘톨은 운동발달학의 역사를 4단계로 구분하면서, 첫 번째 단계에 속하는 '선구적 시기(precursor period)'가 바로 이 시기, 즉 1787년부터 1928년까지라고 했다. 두 번째 시기는 1928년에서 1946년 사이로 '성숙기(maturational period)'라 했고, 세 번째 시기는 '표준기/기술적 시기(normative/descriptive period)'로 1946년부터 1970년까지 지속되었으며 마지막 단계인 '과정지향적 시기(process-oriented period)'는 1970년부터 현재까지라고 규정한다.

운동발달학의 선구적 시기에는 서술적인 경험적 관찰이 주 연구방법으로 사용되었다. 위에서 언급한 것처럼, 티데만이 자신의 아들을 생후

30개월간 지켜보면서 아들의 감각, 운동, 언어, 인지 행동 등을 관찰하고 기록한 것이 선구적 시기의 기점이다.

그는 1787년 저술한 「어린이 정신능력의 발달(Beobachtungen über die Entwicklung der Seelenfähigkeiten bei Kindern)」에서, 운동행위에 나타나는 일반적인 반사작용은 물체를 반복적으로 쥐는 행동에서 스스로 잡는 행동으로 발전하게 되는 중간 과정이라고 논하고 있다. 그 뒤, 1882년 윌리엄 프라이어(William T. Preyer)는 「아이의 정신(The Mind of a Child)」을 저술했는데, 이 저술은 발달심리학이 출현하는데 커다란 자극제가 되었다.

클라크와 휘톨에 따르면, 이 시기에 가장 커다란 영향을 끼친 저술은 다윈의 「아기에 대한 간략한 스케치」였다. 이 저술은 인간의 행동과 그 원인에 대해서 보다 깊게 이해하는데 도움을 주었다는 것이다. 다윈은 일반적으로 운동능력 발달보다 정신의 기능에 대해 더 관심을 갖고 있었지만 그의 연구는 후대에 운동발달학이 학문 분야로 발전하는데 크게 기여했다.

1930년대에 이르러 운동발달 분야에 대한 관심이 나타나기 시작했고 성숙에 대한 연구가 중심을 이루었기 때문에 클라크와 휘톨은 이 시기를 '성숙기'라고 명명했다. 인간의 성숙에 관해, 철학은 환경의 영향을 배제한 생물학적 관점에서 인간의 발달과정을 강조한다.

클라크와 휘톨은 아놀드 게젤(Arnold Gesell)이 1928년 「유아와 인간의 성장(Infancy and Human Growth)」이란 저서를 펴내면서부터 시작되었다고 했다. 머틀 맥그로우(Myrtle B. McGraw) 또한 게젤과 함께 성숙이라는 관점을 세우는데 큰 영향을 미쳤다. 맥그로우가 '조니'와 '지미'라는 쌍둥이 형제를 대상으로 실험한 실증적 연구에서 지적한 신체발달에 있어서의 중요 시기에 대해서는 뒤에서 다시 살펴보기로 한다.

클라크와 휘톨은 운동발달학의 성숙기에 흥미를 집중시킨 또 하나의 사건으로 낸시 베일리(Nancy Bayley)가 발표한 '운동발달의 척도(scale of motor development)'를 꼽고 있다. 이 척도는 유아기 3년에 나타나는 행동유형을 도표화한 것으로서 오늘날에도 전 세계적으로 널리 사용되고 있다.

아무튼 이 시기가 운동발달학의 역사에서 매우 중요한 시기임에도 불구하고 인간의 동작에 대한 관심은 1940년대 초에서 중반 사이에 쇠퇴하기 시작했다. 심지어 키오프가 1940년부터 1960년까지의 시대를 운동발달학의 '휴지기'라고 칭할 정도였다.

클라크와 휘틀에 따르면, 운동발달학에 대한 관심은 1960년이 시작되기 얼마 전에 다시 부활했다. 제2차 세계대전이 거의 종식될 무렵에 다시 나타나고 물리교육 분야의 연구자들에 의해 촉진되었다고 밝히고 있다. 그러나 키오프는 장애아에 대한 연구가 활성화되면서 운동발달학 분야의 연구가 부활되었다고 주장한다. 특히 정신과 육체의 관계에 관한 새로운 관심 외에 뉴웰 케파르트(Newell C. Kerphart)의 저서 「학급에서의 학습 부진아(The Slow Learner in the Classroom)」를 통해서 1960년대에 들어와 다시 늘어나기 시작했다는 것이다.

운동발달학의 부활이 1960년경 이전에 이루어지지 않았다는 키오프의 주장에도 불구하고 클라크와 휘틀은 1946년부터 1970년까지를 '표준기/서술적 시기'로 칭했다. 그러면서 안나 에스펜샤드와 루스 글라소우(Ruth B. Glassow), 로렌스 래릭(G. Lawrence Rarick)과 같이 체육학을 연구한 사람들이 부흥을 일으키는데 기여했다고 평가하고 있다. 이들은 어린이들이 운동을 인지하는 능력보다 운동기술에 많은 관심을 갖고 있다고 주장하는 학자들이다.

1950년대에는 운동발달학에 관련된 중요한 저술이 많이 출간되지 않았지만 어린이의 신체와 힘을 측정하고 달리기, 뜀뛰기처럼 운동기술을 측정하는 것 외에 운동측정을 통한 성별 차이의 비교 등에 대한 관심이 높아졌다. 그 결과, 어린이의 운동능력을 평가하기 위한 규격화된 시험이 마련되었다. 결국 이 시기에는 전반적으로 규격화된 표준을 발달시키고 어린이를 인체측정학적으로 설명하는데 주안점을 두었다는 점에서 표준기/서술적 시기라는 이름이 파생한 것으로 보인다.

클라크와 휘톨에 따르면, 1960년대는 운동에 대한 생체역학적 분석이 활발하게 이루어진 시기이며 인지운동 이론(perceptual motor theory)이 등장한 시기이다. 많은 연구자들이 인지운동 이론의 타당성을 연구하기 시작했는데, 이는 운동발달 분야에 대한 관심을 부활시키는 역할을 하기도 했다. 앞에서 언급한 대로 키오프는 인지운동 이론이 운동발달학에 역사적으로 큰 영향을 끼쳤으며 부활하는데 커다란 역할을 했다고 기술하고 있다.

1970년부터 현재까지의 시기는 운동발달 과정에 대한 연구로 되돌아갔기에 '과정지향적 시기'라고 불린다. 클라크와 휘톨은 이러한 발상에 대해 케빈 코놀리(Kevin J. Connolly)의 저서 「운동기술 발달의 메커니즘(Mechanisms of Motor Skill Development)」으로 시작되었다고 본다.

1970년 출판된 이 저술은 심리학자들의 소모임에서 거론된 내용을 요약한 것으로서 이때부터 많은 심리학자들이 운동발달학 분야에 관한 연구를 다시 시작했다는 것이다. 이들 심리학자 중 상당수가 정보처리 이론(information processing theory)을 사용하면서 뇌의 작용을 컴퓨터처럼 생각하는 방법을 통해 운동능력 발달의 과정을 이해하는 연구에 집중하고 있는 것으로 밝히고 있다.

클라크와 휘톨은 이 시기에 들어와 운동학습과 관련된 저술이 늘어난 것도 정보처리 이론과 운동발달학 분야에 대한 흥미를 증가시켰다고 보고 있다. 정보처리에 관한 새로운 관심이 많은 학자들로 하여금 운동발달학에 대한 연구에도 관심을 갖도록 했다는 것이다. 물론 일부 학자들은 이전 시기에 행해졌던 운동의 변화에 따른 결과에 대해서도 여전히 관심을 갖고 있다.

앞에서 언급했듯이, 1974년 여섯 명의 운동발달 학자들이 미국 시애틀주 워싱턴시에서 모임을 갖고 운동발달 분야에 대해 논의했다. 그들의 주된 관심은 운동발달학 연구에서 어디에 초점을 둘 것인지를 결정하는 것이었다.

이 모임의 의미에 대해 클라크와 휘톨은 당시 널리 유행한 두 가지의 관점, 즉 과정과 성과의 측정을 반영하고 있는 것으로 평가하고 있다. 하나의 관점은 지각과 기억력, 그리고 집중과 같은 과정과 기능을 통해서 아이들에게 나타나는 변화를 연구하는 것으로, 이미 성인을 대상으로 실행된 것과 같은 형태의 연구이다. 다른 하나의 관점은 운동패턴의 정리와 기본적인 분류를 끝내기 위해 결과 중심의 연구를 계속해야 한다고 생각하는 관점이다.

클라크와 휘톨이 분류하고 있는 운동발달학사로 보면 마지막 시기의 후반부는 1980년대에 시작되었다. 클라크와 휘톨은 1982년 한 저널(The development of movement control and coordination)에 게재된 세 사람의 기고문, 즉 피터 쿠글러(Peter. N. Kugler), 스콧 켈소(J. A. Scott Kelso), 마이클 터베이(Michael T. Turvey)의 논문(On the control and coordination of naturally developing systems)에서 비롯되었다고 규정한다.

이 논문은 운동제어 능력과 운동의 조정에 관한 연구를 발전시키는 혁신적 이론이 가능하다는 전망을 제시하고 있는데, 정보처리 이론과는 심하게 대조를 이룬다. 즉, 좁은 의미의 현상학적 접근 분야는 물리적, 생물학적 시스템을 통해 다양하게 발전되었으며 몇 가지 가정들은 이러한 동적시스템을 이용하는 관점의 기초를 이룬다.

예컨대, 유기체들은 다수의 해부학적 부분과 생리학적 시스템으로 구성되어 있기 때문에 유기체 안에서의 운동발달은 매우 복잡하며 복합적이다. 더욱이 운동발달을 이룬 시스템은 일정 정도 자가조직화(Self-

Organizing)되는 경향이 있는 것으로 간주된다. 즉, 동작패턴이 중추신경계에 '부호화'된 적이 없더라도 구성요소들끼리 상호작용을 통해서 일어날 수 있다는 것이다. 다시 말해서 주위 요소들이 어떤 영향을 끼칠 수 없다는 것을 의미하는 것이 아니라 오히려 운동의 결과는 관련 있는 모든 요인이 서로 협동해서 일어나는 작용이라는 뜻이 된다.

이들 세 사람의 이론은 그 후에도 여러 해 동안 많은 사람들에게 큰 영향을 미쳤다. 클라크와 휘틀은 그의 대표적 이론인 동적시스템 이론 (dynamical systems theory)으로 운동제어 능력과 통합기능뿐만 아니라 발달의 과정에 대해서도 잘 설명하고 있다.

4. 인간의 발달영역

인간의 발달에 관한 연구는 크게 인지영역, 감정(정서적)영역, 운동영역의 세 분야로 나눌 수 있다. 인간의 지적 발달을 다루는 인지영역은 운동발달 학자들이 가장 주된 관심을 가져온 분야이며 20세기 최고의 발달 학자인 장 피아제(Jean Piaget)가 가장 관심을 기울였던 주제이기도 하다. 피아제에 관한 자세한 설명은 다음 장에서 할 것이다. 감정 영역은 주로 인간의 사회적, 정서적 발달을 다루고 있기 때문에 '사회-정서적 영역'이라고 부르기도 한다.(Klevberg, G. L., Anderson, D. I., 2002) 그리고 운동영역은 인간의 동작을 다루고 있으며 이 책의 핵심 내용이기도 하다.

벤자민 블룸(Benjamin S. Bloom)은 인간의 발달을 인지, 감정, 운동의 세 영역으로 분류한 학자로 알려져 있다. 그는 교육의 목표를 구분하기 위해 분류학을 사용했는데, 이러한 접근방법이 인간의 발달에 대한 연구 분야를 구분 짓는 데에도 효율적이라는 사실이 밝혀진 것이다.

그러나 이러한 접근방법을 실제로 사용한다는 것은 비현실적이 아닐
수 없다. 왜냐하면 인간의 발달영역은 뚜렷하게 구분될 수 없기 때문
이다. 끊임없이 상호작용을 하기 때문에 구분하여 연구한다는 것 자체
가 모순이다. 실제로 우리의 지적 행동은 감정기능인 동시에 행동기능
이기도 하다. 행동 역시 감정과 지성에 의해 영향을 받는다. 필기시험
을 보는 학생들은 기본적으로 인지능력이 있어야 하고 시험을 잘 보기
위해서는 감정적인 상태가 매우 안정적이어야 한다. 그러므로 감정과
행동은 학생이 시험을 마치는 순간까지 지성과 상호 작용할 수밖에 없
다.(V. Gregory Payne, Larry D. Isaacs, 2017)

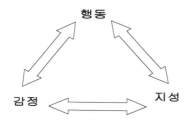

<그림 1> 인간 발달의 세 영역은 개별적
으로 분리되어 있지 않고 끊임없이 상호
작용을 한다.

5. 운동발달의 중요성

인간의 발달은 그 종류가 광범위할 뿐 아니라 복잡한 학문 분야이다.
따라서 일생 동안 나타나는 모든 변화를 완전하게 이해하기 전까지는
이 분야에 대해서 완전한 지식을 가졌다고 말하기 어렵다.

우리는 나이가 들어가면서 일반적으로 나타나는 행동의 변화뿐만 아
니라 지적, 사회적, 정서적 변화를 이해하려고 노력해야 한다. 인간의
발달과정에 대한 모든 지식은 인간의 신체에 대한 지식을 깊게 해 주
며 우리가 살아가는 세계에 대해 보다 자세히 이해할 수 있도록 해 준
다. 그러나 순수하게 지식을 얻는 것도 중요하지만 운동발달에 대한 지

식을 응용할 수 있는 다른 분야도 많다.

이 책에서는 전달과 구성상의 편의를 위해 인간의 발달과정에 대한 학문영역을 인지와 감성, 행동의 세 영역으로 나누었다. 인간의 행동과 관련된 이 세 영역은 끊임없이 상호작용을 하기 때문에 하나의 영역을 완벽하게 이해하기 위해서는 그 영역과 상호 관련이 있는 다른 영역에 대한 이해가 전제되어야 한다.

운동발달을 완전히 이해하기 위해서는 인지와 감성적 영역에 대한 지식도 필요하다. 왜냐하면 이 영역들은 행동에 큰 영향을 미치기 때문이다. 마찬가지로 인간의 인지와 감성적 발달을 완벽하게 이해하려면 행동을 하는 운동발달에 대한 지식도 요구된다. 앞으로 자세히 설명하겠지만, 운동발달은 인지적 태도와 사회적 태도의 발달에 커다란 영향을 끼친다.

운동발달에 대한 지식은 다른 목적에도 사용될 수 있다. 가령, 일반적인 사람의 경우에 운동기술이 일생 동안 어떻게 발달되는지를 이해함으로써 운동기술이 비정상적으로 발달하는 사람의 원인을 규명할 수 있다. 유아의 경우, 자신의 의사를 잘 표현하지 못하기 때문에 이러한 지식은 대단히 유용하다.

경험을 통해서 아이에게 일어나야 할 것으로 기대되는 반응이 나타나지 않는다고 가정해 보자. 뒤에서 다시 설명하겠지만 특정 반응이 나타나는 일반적인 나이와 시기는 정해져 있다. 정해진 나이나 시기에 비해 반응이 많이 늦는다면 일반적으로 어떤 문제가 있음을 나타내는 것이므로 특수한 치료를 받아야 한다.(Pangrazi, R., 2001)

인간의 운동발달에 대한 이해는 개인이 운동능력을 보다 완벽하게 향상시키는 것에도 도움을 준다. 예컨대, 운동의 개념을 보다 확실히 이해함으로써 감성적으로 더 안정을 찾고 만족을 느낄 수 있다. 또 인간 행동의 모든 영역은 서로 연관되어 있기 때문에 운동능력이 발달된다는 것은 지적, 사회적 발달도 함께 이루어진다는 것을 의미한다. 이러한 맥락에서 운동능력의 개발을 돕기 위해서는 여러 가지 활동이 고안될 수도 있다.

운동능력의 개발을 돕기 위한 과정을 만들어 내기 위해서는 운동발달에 관한 일반적인 지식을 지녀야 한다. 그 지식과 자신의 능력에 맞는 운동과제를 통한다면 충분히 자신의 운동능력을 향상시킬 수 있다. 그리고 운동목표를 효과적으로 달성하기 위해서는 개개인의 능력에 맞는 운동을 하는 것이 중요하다. 왜냐하면 운동이 너무 힘들거나 쉬우면 쉽게 좌절하거나 지루해 할 수 있기 때문이다.

요컨대, 정상아를 대상으로 하는 운동 전문가들에게는 운동발달에 대한 지식이 매우 중요하다. 이 지식 역시 특수한 사람을 대상으로 하는 경우에도 마찬가지로 적용될 수 있다. 장애는 개인의 운동발달을 더디게 하지만 시간적으로 조금 늦게 발달할 뿐 발달하는 진행과정은 매우 유사하다.

예를 들어, 앞이 보이지 않는 아기는 앞이 보이는 아기에 비해서 물체를 잡는 행동이나 혼자서 걷는 것이 늦게 발달하지만 나중에는 대부분 해낼 수 있게 된다. 또 다운증후군을 갖고 있는 아이는 정상적인 아이에 비해 운동기술을 발달시키는데 두 배의 시간이 걸리지만 적당한 중재를 통해서 그 차이를 줄이거나 없앨 수도 있다. 결과적으로 장애아의 경우, 운동기술은 발달하는 시기가 조금 늦춰질 뿐이지 정상적으로 발달시키는 데는 문제가 되지 않는다.(Shaffer, D. R., 2009)

랄프 윅스트롬(Ralph L. Wickstrom)은 정신적으로 지체가 심한 아동은 운동능력 발달에서 지체가 있을 수 있다고 밝히고 있다. 정신지체가 심할 경우, 지체 정도가 덜한 동년배 집단의 아동에 비해 2년 이상 운동능력 발달이 늦어진다고 했다. 그리고 운동능력 발달의 지체는 정신적인 문제 정도가 심각해질수록 증가하게 된다고 했다. 그는 정신지체가 심한 사람도 정상적인 발달과정을 밟게 되지만 그 발달속도는 훨씬 늦어질 것이라고 했다.

6. 발달, 성숙, 성장

일생 동안 일어나는 동작의 변화는 대개 점진적으로 나타난다. 예컨대, 유아의 걷기 능력은 완전하게 걸을 수 있을 때까지 단계적으로 발달된다. 반면에 노년기의 경우처럼 역행하기도 한다. 노년기가 되면, 사람들은 걷기와 같은 단순한 동작도 예전만큼 능률적으로 할 수 없고 걷는 패턴도 유아와 유사해진다. 말하자면, 노년기에는 눈에 띄게 운동능력이 저하된다.(Shaffer, D. R., 2009)

이처럼 운동발달은 진보와 퇴화의 두 가지 면을 모두 의미하고 있다. 일반적인 발달의 경우도 마찬가지이다. 발달(development)이라는 용어는 인간 행동의 어떤 영역에도 적용될 수 있기 때문이다. 따라서 운동능력 발달에서의 '발달' 또한 일생 동안 인간에게 나타나는 변화, 즉 진보와 퇴화를 모두 의미한다. 이 정의는 분야에 따라 다양한 의미를 가질 수 있는데, 발달이란 용어는 인간 발달을 이야기할 때 중요한 역할을 하는 다음 용어들과 자주 혼동되는 경우가 많다.

일상생활에서 성숙(maturation)과 성장(growth)이란 두 단어는 서로 바꿔 써도 별로 차이가 없다. 예를 들어, 한 학생이 'I really grew during last semester's course(지난 학기에 정말 많이 컸다)'라고 말했다고 하자. 이 문장에서 grew(성장) 대신 developed(발달)이나 matured(성숙)이란 단어를 사용해도 말하고자 하는 뜻에는 별로 지장을 주지 않는다. 이 문장은 한 학기 동안 자신에게 긍정적인 변화가 있었다는 것을 말하고 있으므로 어떤 단어를 사용해도 의미 전달이 가능하다. 이처럼 일상생활에서는 이 세 단어(development, maturation, growth)를 같은 뜻으로 사용할 수 있겠지만 학문적으로 사용될 때에는 전혀 다른 의미를 나타낼 수 있기 때문에 정확하게 사용해야 한다. 이 책에서는 발달은 성숙과 성장의 의미를 모두 갖고 있다.

우리는 나이에 따라서 일어나는 기능상의 질적 변화를 성숙이란 단어로 표현한다. 성장은 나이에 의해 생기는 양적인 구조상의 변화를 나타낼 때 사용한다. <그림 2>를 보면, 성숙과 성장이 모두 유년기에서 성인기에 이르기까지의 특정한 변화를 표현하고 있지만 성숙이란 단어는 신체의 기관이나 조직의 기능에서 나타나는 변화를 말하는 것으로, 질적 변화의 결과에 따라 개인의 행동도 변한다는 것을 뜻한다. 성숙을 예로 들면, 유년기에 생기는 뇌 신경조직의 변화가 성숙의 좋은 예이다. 실질적으로 해부학적 부분들은 출생 전부터 이미 모두 갖고 있지만 뇌의 경우에는 질적 변화가 계속적으로 이루어지기 때문에 유아의 뇌 기능은 계속적으로 성장하게 되는 것이다.

성장은 단순히 육체적으로 커졌다는 것을 의미한다. 이러한 육체적 변화는 과다형성(hyperplasia)과 비대(hypertrophy), 그리고 유착(accretion)을 통해 일어난다. 과다형성은 세포의 수적 증가, 비대는 세포 크기의 증가, 유착은 세포 사이에 있는 물질의 증가를 의미한다. 물론 이러한 과정은 점진적으로 나타나기에 손쉽게 관찰할 수 없는 현상들이다.

성장 중에서 가장 눈에 띄는 현상은 청소년기에 나타난다. 이 시기가 되면 남성과 여성 모두 갑작스러운 성장을 경험하는데, 이 시기에 키가 순간적으로 커지는 현상은 전혀 이상한 일이 아니다. 다른 것에 영향을 받지 않고 큰다는 것 자체가 성장을 의미하기 때문이다.

성숙과 성장에 대한 이해를 용이하게 하기 위해서는 서로 다른 정의가 내려져야 한다. 그러나 인간의 발달과정과 밀접한 관련을 갖고 있는 이 두 단어는 상호 연관되어 있다. 왜냐하면 신체가 성장하면서 동시에 기능도 향상되기 때문이다. 물론 대부분의 경우에 체지방의 증가를 제외한 성장률은 20세 정도가 되면 급격히 감소한다. 이와 반대로 성숙은 죽기 전까지 계속 진행된다.

<그림 2> 일반적 용어로서의 성장은 살아가면서 나타나는 진보와 퇴화를 일컫는다. 성장은 구조상의 성장을 의미하고, 성숙은 인간의 성장에 나타나는 기능적 변화와 관련이 있다.

7. 큰 동작과 작은 동작

큰 동작(gross movement)과 작은 동작(fine movement)은 일반적으로 동작 종류를 구분하는 용어로 사용되지만 운동발달의 과정도 이 용어로 설명할 수 있다.

큰 동작이란 큰 근육이나 근육집단에 의한 동작을 말한다. 비교적 큰 근육집단으로는 다리의 위쪽을 들 수 있다. 이 근육들은 걷기와 달리기, 뛰기와 같은 동작을 위해 반드시 필요한데, 이러한 큰 근육집단들의 작용을 큰 동작이라고 부른다. 작은 동작은 작은 근육이나 근육집단에 의한 동작을 뜻한다. 대체로 손으로 하는 운동이 이에 속한다. 손가락이나 손, 그리고 팔을 구성하고 있는 작은 근육들은 손가락이나 손을 움직이는데 매우 중요한 역할을 한다. 그림 그리기, 바느질하기, 타자 치기, 악기 연주 등은 모두 작은 동작으로 분류할 수 있다.

운동은 대개 큰 동작과 작은 동작이란 두 분류에 포함되지만 둘 가운데 하나만으로 완벽하게 제 기능을 다하는 것은 별로 없다. 글쓰기를 예로 보자. 일반적으로 글쓰기는 작은 동작으로 간주된다. 그러나 대부분의 작은 동작에는 큰 동작의 운동 구성요소가 들어가 있다. 어깨의 큰 근육들은 팔을 적당한 위치에 놓게 함으로써 작은 근육들이 더욱 정밀하고 능률적으로 움직일 수 있도록 도와준다.

큰 근육집단과 작은 근육집단의 결합으로 생겨난 동작은 종종 큰 동작을 발생시키기도 한다. 예컨대, 던지기는 큰 동작으로 분류하는 것이 맞다. 세밀하게 관찰하면 가장 중요한 근육의 움직임이 어깨와 다리에서 나타난다. 어깨와 다리를 구성하고 있는 큰 근육은 이 정확성에 크게 기여하지만 동작을 완벽하게 하기 위해서는 시간과 손목, 손가락을 정확하게 조절해야 한다. 따라서 던지기는 큰 동작으로 간주되지만 정확하게 던지기 위해서는 작은 동작이 중요한 역할을 한다. 즉, 운동제어 능력이 뛰어나다는 것은 동작을 완벽하게 수행한다는 것을 말하며, 이를 위해서는 두 가지의 운동동작이 모두 필요한 것이다.

이처럼 큰 동작과 작은 동작이라는 개념은 운동 종류의 분류뿐만 아니라 운동발달 과정의 진행과 퇴행을 설명하는 데에도 유용하다. 어떤 동작을 완벽하게 이루어 내기 위해서는 작은 동작이 매우 중요한 역할을 하기 때문에 큰 동작과 작은 동작 모두 발달시키는 것이 중요하다. 반면에 노년기의 운동부족이 원인으로 작용하는 운동능력의 퇴화는 반대방향으로 진행되기도 한다. 작은 동작을 통합하는 능력을 먼저 잃고 그 다음에 큰 동작을 할 수 있는 능력을 잃는다.

8. 발달의 단계

단계(stage)라는 단어는 인간의 발달학 분야에서 매우 빈번하게 사용되는 단어 가운데 하나이다. 그리고 때때로 국면(phase)과 시간(time) 또는 수준(level)이란 단어와 같은 의미를 갖기도 한다.

단계라는 단어는 모든 인간에게는 나름대로의 특성이 나타나는 시기가 정해져 있다는 것을 뜻한다. 즉, 그 단계가 시작되기 전에는 없었던 특성이지만 그 단계가 끝날 때쯤이면 이미 다른 것으로 그 특성이 변한 뒤라는 뜻이다. 예컨대, '미운 두 살(Terrible twos)'이라는 단계는 일반적으로 두 살 정도 된 아이에게 흔히 볼 수 있는 혼란스러운 행동의 일면을 나타낸다. 물론 이 현상은 아이가 두 살 되기 전에는 갖고 있지 않았던 행동이다. 다음 단계로 넘어가기 전에 사라지거나 변형된다는 의미이다.(V. Gregory Payne, Larry D. Isaacs, 2017)

그렇다면 '미운 두 살'과 같은 단계가 실제로 존재할까. 발달 학자들에게는 이처럼 갑작스러운 단계의 시작과 끝이 실제로 가능한지 아닌지가 중요한 논쟁거리이다. 연속성과 불연속성에 대한 의견 또한 분분하다. 과연 태어나서 죽을 때까지 인생의 전 과정은 순탄하고 연속적인가, 아니면 불연속적이기에 살아가면서 비교적 갑작스러운 성격의 변화가 생기는 것일까. 이 논점은 발달 학자들이 상당히 흥미를 느끼면서도 아직까지 풀지 못하고 있는 숙제 중의 하나이기도 하다.

그러나 단계라는 것이 존재하지 않는다고 생각하는 것은 무척 어려운 일이다. 우리는 '미운 두 살'이나 '10대'라는 용어를 대중적으로 사용하면서 각 시기마다 나름대로의 특징을 갖고 있다고 생각한다. 그럼에도 불구하고 단계가 존재하느냐, 존재하지 않느냐의 문제는 발달 학자들 사이에서 여전히 뜨거운 논쟁거리로 남아 있다. 어느 견해가 옳은지를 결정적으로 입증할 만한 확실한 증거가 아직까지 발견되지 않고 있기 때문이다.

이 논쟁은 운동발달학 분야에서도 널리 회자되고 있다. 1978년 로버튼은 단계가 존재하기 위해서는 인간의 계층적, 질적 변화가 전제되어야 한다고 했다. 다시 말해서, 하나의 단계가 그 뒤에 일어나는 다른

단계에 질적으로 영향을 주어야 한다는 것이다. 또 각 단계는 다른 것
과 분명한 차이가 있으면서, 동시에 이전 단계와 연결되어 있어야 한
다고 했다. 로버튼은, 이러한 행동은 일반적이고 불변의 것이어야 하며
보편적으로 일어날 만한 순서로 정해져야 한다고 했다. 즉, 발달이 단
계를 역행하여 진행된다거나 뒤섞여서 진행되지 않아야 하며 모든 사
람들이 이 단계를 순서대로 경험해야 한다는 것이다. 현재까지 이러한
특징에 의거하여 운동발달 단계가 존재하는가를 놓고 많은 연구가 진
행되고 있다.(Roberton, M. A., 1989)

　단계가 존재하느냐 존재하지 않느냐의 문제는 아직까지도 운동발달
학 분야에서 중요한 과제로 남아 있다. 그러나 이 논쟁이 해결되지 않
았더라도 인간 발달에 관한 연구를 단계적으로 나누어서 하는 것이 편
리한 방법이라는 것만은 틀림없다. 인간의 발달과정을 단계적으로 나눔
으로써 인간 발달에 대해 보다 쉽게 이해할 수 있기 때문이다.

　따라서 이 책에서는 발달단계가 존재하는지에 대한 증거가 부족하다
는 점을 전제로 하되, 단계 또는 이와 비슷한 의미를 지니고 있는 '시
기들(periods)'과 같은 용어를 사용하려고 한다. 물론 이 책에서 표기하는
단계라는 용어는 특별하고 계층적인 시기나 보편적인 태도를 의미하는
것은 아니다.

제2장 인지와 운동발달

앞에서 언급했듯이, 인간 발달의 세 가지 영역은 행동, 감정, 인지영역이다. 이처럼 인간 발달의 영역을 세 영역으로 나누는 이유는 인간 발달의 연구를 조직적이고 단순하게 만드는데 유용하기 때문이다. 또 인간 개개인에 대한 연구에도 적합하다.

먼저 우리는 이 요소들이 끊임없이 상호작용을 한다는 점을 숙지해야 한다. 우리가 운동영역에서 하는 행동은 감정적, 사회적 발달과 인지의 발달에 영향을 주며 모든 감정적, 인지적 행동은 운동행동에 강한 영향력을 미친다. 따라서 제2장에서는 인지와 운동 사이의 주된 상호작용에 대해 논하기로 한다. 먼저 점차적으로 변하는 운동능력이 인지발달에 영향을 줄 수 있는지, 어떻게 인지발달이 운동발달의 영향을 받는지, 그 상호작용의 범위는 어디까지인지에 대해 알아보자.

1. 정신운동과 운동의 개념

이 책에서 말하는 운동(motor)이라는 개념은 정신운동(psychomotor)의 개념에 비해 보다 보편적인 의미로서 '인간의 모든 활동'을 가리키는 말로 사용되고 있다. 정신운동은 인간의 동작과 관련된 인간 발달의 영역을 지칭할 때 쓰이는 것이 적당하다.(McKenzie, T. L. & Rosengard, P. F., 2000) 그러나 운동과 정신운동이라는 개념을 동의어라고 여긴다면 실제로 이 두 단어는 두뇌 중심부(운동을 지배하는 대뇌피질)로부터의 자극에 대한 행동을 지칭한다. 인간의 움직임은 대부분 이러한 자극의 결과이다. 반면에 반사적인 운동은 하부두뇌 중심부 또는 신경계 중심부로부터 시작하기 때문에 이 또한 운동의 개념에서 배제하지 않기 위해 보편적 의미의 운동 개념을 사용하기로 한다.

정신운동이란 정신과 운동 사이의 상호작용을 인정함으로써 창조된 단어이다. 정신은 대부분 인간의 육체적 행동에서 대단히 중요한 요소이다. 따라서 이 장에서는 이 상호작용 관계를 중점적으로 다루려고 한다. 또 정신적 측면에서 인간의 행동과 인지발달이 대등하게 중요하다는 점도 함께 살펴볼 것이다.

2. 장 피아제와 인지발달

발달 학자들은 인간 행동의 몇 가지 요소 가운데 인지발달에 가장 큰 관심을 두고 있다. 그중에서도 장 피아제는 가장 혁신적이고 정확하고 풍부한 지식을 지닌 학자로 잘 알려져 있다. 그는 국제적으로 인정받고 있는 40여 권을 저술했고 아인슈타인 같은 인물로부터 '천재'로 불리기도 했다.

피아제가 인간의 지적 발달에 대해 관심을 가진 것은 오랫동안 관련 분야를 연구해 오는 과정에서 생겨났다. 그는 10세 때 조류의 서식을 관찰하고 글을 써서 학술지에 기고하는 등 유년기와 청소년기 대부분 생물학에 깊은 관심을 보였다. 이후 그는 인간이 '안다'는 것을 어떻게 증명할 수 있는지의 사고하는 과정에 대해 연구하기에 이르렀다.

피아제는 어린이가 질문하거나 문제 해결을 미숙하게 처리하는 과정에 대해서도 각별한 관심을 보였다. 그 결과, 어린이가 자기 또래 혹은 어른과 관계를 맺으면서 삶에 대한 감정을 나타낸다는 것을 알았다. 그의 임상의학 시스템의 내용은 문답 형태로 짜여 있는데, 이 연구체계는 유아의 사고발달을 이해하는데 충분하다. 그는 어린이에게 질문함으로써 어린이가 문제에 접근하는 방법을 주의 깊게 관찰했다. 인터뷰를 통해 여러 그룹의 어린이를 관찰하고 유사한 행동을 하는 어린이를 연령별로 4단계로 구분했는데, 이것이 바로 유명한 피아제의 인지발달이론이 되었다.

1. 피아제의 인지발달이론

1925년에서 1931년 사이에 피아제의 아내는 3명의 자녀를 출산했다. 피아제가 인지력의 발달과정이 변하는 것을 연구하게 만든 계기였다. 이 기간에 그는 인지발달이론에서 가장 폭넓게 인정받는 기본 원리를 발전시켰다. 실제로 그의 인지발달이론은 인간 발달의 모든 면을 세분화시켜 체계적으로 해석하고 있다. 특히 자신의 세 아이를 관찰하여 유년기부터 성인이 될 때까지의 인간의 사고 변화과정을 이해할 수 있다는 점에서 기존의 과학연구보다 더 훌륭한 지침이 되었다. 무엇보다도 그의 이론은 이제 막 연구를 시작한 발달 학자들에게 중요한 토대가 되어 주었다.(V. Gregory Payne, Larry D. Isaacs, 2017)

그의 논리는 신체의 운동발달 전반을 이해하는 데에 비판적 자세를 취할 수 있게 한다. 왜냐하면 인지와 운동발달은 끊임없이 상호작용을 하기 때문이다. 운동발달이 지적 능력에 좌우되듯이, 인지발달 역시 개인이 갖고 있는 운동능력으로부터 강하게 영향을 받는다. 이러한 상호연관성을 가장 확실하게 나타낸 것이 바로 피아제의 이론이다.

피아제의 인지발달 단계는 감각동작기(sensorimotor stage), 전조작적 사고기(preoperational stage), 구체적 조작기(concrete operational stage), 형식적 조작기(formal operational stage)의 4단계로 나누어진다.(Shaffer, D. R.,

2009; Ulrich, D. A., 2000)

<표 1>에서 언급한 연령은 피아제가 제시한 대다수 어린이의 발달과 정의 근사치이다. 어린이는 인지능력의 단계와 상관없이 피아제가 제시하고 있는 단계를 연속적으로 거치게 된다. 인지발달 단계의 속도나 정도는 다르지만 순서는 항상 같다. 그리고 어떠한 단계도 생략될 수 없다. 각 단계로 올라감에 따라 더욱 복잡해지고 상위 단계는 하부 단계의 내용을 포함하게 된다.

<표 1> 장 피아제의 인지발달의 주요 단계와 연령 혹은 발생 기간

단계	나이 / 시기
감각동작기	생후 2세까지
전조작적 사고기	2~7세
구체적 조작기	7~11세
형식적 조작기	청소년기 초반과 중반(11~12세)

2. 적응

피아제에 따르면, 인지 발달은 그 자신이 일컬은 '적응(adaptation)'에 의해 발생한다. 여기서 적응이란 주어진 환경의 요구에 자신을 맞추고 동화(assimilation)와 조정(accommodation)이라는 인지된 상태의 상호보완적인 관계행위를 말한다.

동화는 어린이가 현재 귀속된 세계의 판단에 기초를 두고 새로운 경험을 해석하려고 시도하는 과정이다. 과거의 사고하는 방식과 연관 지어 경험을 감지하는 과정은 마치 어린이가 큰 공을 가볍게 쥐고 있는 것을 연상하면 좋은 예가 된다.

적응의 두 번째 단계인 조정은 개인이 새로운 경험을 설명하거나 조화시키기 위해 기존에 갖고 있는 사고방식 구조를 알맞게 바꾸는 것을 말한다. 예컨대, 아기가 큰 공을 잡으려고 할 때, 아기는 자기가 친숙하게 갖고 놀던 딸랑이보다 크다는 것을 인지하게 된다. 그 결과, 한 손으로 잡고 있던 손의 위치를 달리하거나 다른 손으로 나머지 손이 공을 잡게끔 돕는 방식으로 접근방법을 달리하게 된다. 즉, 아기가 잡는 행동을 조정하기 위한 변화를 시도하는 것이다. 이처럼 새로운 경험이나 사건은 유아의 과거 행동 또는 사건을 이해하거나 해석하는 방식을 바꾸게 된다.

피아제에 따르면, 동화와 조정은 언제나 함께 작용한다. 동화를 통해 개인은 과거의 경험에 따른 새로운 사건을 경험한다. 인간은 조정을 통해 특정한 환경에 처한 개인의 행동을 수정한다.(Maier, 1978) 아기가 큰 공을 잡으려고 시도하는 예에서 보듯이, 적응의 두 가지 요소는 개인의 행동에 의해 크게 영향을 받는다. 적응, 그리고 그것의 두 측면인 동화와 조정은 피아제가 연구한 인지발달에 기초를 두고 있으며 인간의 발달에 있어서 그들이 처한 환경의 중요성을 강조하고 있다.

3. 피아제 이론의 비평

피아제의 이론은 발달 학자들로부터 주목을 받았고 폭넓게 수용되었다. 그러나 그가 제시한 이론 가운데 일부는 신중히 검토되어야 한다는 지적도 받고 있다. 어린이의 사고과정을 고려하여 날짜별로 자료를 수집한 것은 과학적 통제가 부족하다는 점이다. 자기 자녀를 대상으로 한 관찰이 주종을 이루었다는 면에서 잠재된 편견이 있을 수도 있다고 했다. 하지만 그의 인지발달 연구는 오늘날 모든 학문 분야에 중요한 영향을 미치는 지침서가 되고 있다.

피아제의 연구에서 가장 큰 논란의 대상이 되는 것은 어린이가 11세쯤 획득하게 된다는 가장 고차원적 발달 단계인 형식적 조작기이다. 물론 피아제는, 어떤 어린이는 영원히 형식적 조작기에 도달하지 못할 수도 있고 20세가 되어도 도달하지 못하기도 한다고 했다. 그러나 그의 이론을 강력하게 지지하는 학자들은 다섯 번째 단계가 될 '사색'을 시작하는 성인의 단계에 커다란 관심을 보였다.(Arlin, 1975; G. Kaluger & M. F. Kaluger, 1984) 피아제의 인지발달이론에는 이 시기에 대한 내용이 생략되었는데, 그럼에도 불구하고 인지발달은 성인이 된 후에도 지속된다는 점은 의심할 여지가 없다. 성인이 된 후에도 일어나는 인지변화 가운데 중요한 몇 가지 요소, 그리고 이 요소와 운동발달과의 관계에 대해서는 다음 장에서 논하기로 한다.

3. 유아기 : 감각동작기와 운동발달

운동과 인지발달의 상호작용은 일생에 걸쳐 일어나는데, 특히 생후 2세까지 두드러지게 나타난다. 이러한 인지발달의 첫 단계를 '감각동작기'라고 칭한 피아제는 유아의 사고수준을 '몸의 움직임에 의해 생각하는 것'이라고 설명하고 있다.(Shaffer, D. R., 2009) 다시 말해, 지적 발달은 움직이는 행위와 그 결과라는 것이다. 피아제에 따르면, 운동은 사고과정에서 대단히 중요하다.

24개월까지의 감각적 운동 수행단계는 유년기의 운동능력의 기본 자질을 점차적으로 늘려 가는 과정이다. 유아가 자신감을 갖고 물체를 쥐거나 잡는 경험은 유아의 의식 발달에도 영향을 미친다.(Shaffer, D. R., 2009) 이 단계에서 유아가 아는 것과 생각하는 것은 모두 몸의 움직임을 매개로 하여 일어나는 행위의 결과이다. 따라서 이 단계에서 가장 중요한 것은 환경과 운동발달이다.

감각동작기는 6단계로 세분화된다. 피아제는 자신이 제시한 인지발달 단계 중에서 이 단계를 가장 세분화하고 있다.(지성애 역, 1995)

첫 번째 하부단계는 '반사운동'이라 불리며, 출생부터 생후 1개월까지이다. 이 시기에는 반사와 반복이라는 최초의 운동형태로 유아의 행동이 특징지어진다. 피아제에 따르면, 반사신경의 반복은 운동과 인지의 이해를 위한 기본적 행동을 통해 세상을 쉽게 이해한다. 이러한 최초의 움직임은 지적 발달의 성장을 쉽게 하고 앞으로 일어날 지적 발달의 원동력이 되기도 한다.

유아의 반사신경은 뇌에 의한 자극 없이 발생하는 본능적인 운동의 형태이다. 그리고 반사는 경험에 의해 행동이 적응하고 변형하는 것을 쉽게 해 준다. 예컨대, 여성의 유두는 유아기 때 젖을 빼는 아기의 반사신경을 자극한다. 아기는 우연히 혹은 또 다른 반사신경의 반복으로 자기 손을 입에 가져간다. 그리고 이미 존재하던 반사신경의 시도와 실패 및 변형을 통해 손으로 입을 찾는 행동을 알게 되며 엄지손가락을 빨음으로서 자신을 만족시켜 주는 행동을 하게 된다. 이런 과정을 통해 아기는 새로운 행동을 습득하게 된다.

두 번째 하부단계는 '1차적 순환반사'라고 불린다. 1개월부터 대략 4개월까지 유지되는 이 단계에서는 자발적인 행동이 증가하기 시작한다. 유아는 어느 정도 판단능력을 갖기도 하며 어떤 운동행위는 능숙하게 할 수도 있게 된다. 단순히 우연하게 행동하는 첫 번째 하부단계에 비해, 이제는 자신이 바라는 행동을 위해 의식적으로 노력하려는 행위를 반복한다. 그리고 행위를 반복함으로써 어떤 자극이 자기에게 가치가 있는지를 깨닫게 된다. 그 결과, 그러한 자극이 다시 나타나면 자발적으로 전에 했던 행동을 반복하는데, 피아제는 이 행동의 반복을 '순환반사'라고 했다. 이 반사는 거의 유아기에 나타나는 최초의 행동이라고 할 수 있다.

운동은 사고과정 발달에서 없어서는 안 되는 역할을 한다. 그러나 유아의 눈과 손이 비슷한 방향으로 움직이는 것, 물체를 잡는 행위 등은 사고와 운동이 상호적인 관계에 있음을 보여 준다.

'2차적 순환반사'는 감각동작기의 세 번째 하부단계이다. 생후 4개월부터 8개월 동안 지속되는 이 단계는 대체로 1차적 순환반사의 연속이지만 1차적 순환반사와 달리 운동이 보다 오래 지속된다. 예컨대, 딸랑이를 흔들거나 장난감 총을 쏘는 행동 등이 지속된다. 유아는 이러한 행동을 통해 환경과 그 영향력에 친숙하게 되는데, 특히 이 시기에는 유아와 환경의 상호작용이 점차적으로 확장된다.

사실 두 가지 혹은 그 이상의 행동양식은 더욱 폭넓은 사고를 가능케 하고 환경을 이용할 수 있게 만든다. 예컨대, 유아가 자신의 딸랑이를 보면 그 딸랑이는 유아에게 쥐고 흔들고 싶다는 자극을 준다. 이러한 행동은 유아가 환경과 몸의 움직임이라는 상호작용을 통해 운동을 창조하는데 필요한 자극과 행동을 배운다는 것 이상의 의미를 지녔다고 볼 수 있다.

<표 2> 감각적 운동 수행 단계의 하부단계와 발생 나이

하부단계	발생 나이
반사운동	0~1개월
1차적 순환반사	1~4개월
2차적 순환반사	4~8개월
2차적 추리단계	8~12개월
3차적 순환반사	12~18개월
정신의 조합을 통한 새로운 방법의 발견	18~22개월

더욱이 유아가 보거나 듣는 것 혹은 사물을 쥐는 것 등 어떠한 움직임을 완전하게 할 수 있으면 2차적 순환반사 단계의 특징인 '흉내 내기' 행동을 할 수 있다. 그러나 이 시기에는 사건이나 사물을 모방하는 행동을 계속 진행할 수는 없다. 왜냐하면 사물은 자신의 시야 안에 있을 때만 존재하기 때문이다. 일단 시야에서 사라진다면 그 사물은 더 이상 존재하지 않는다고 단정 짓는다. 흉내 내기는 흉내 낼만한 근원이

가까이 나타나야만 가능하다.

네 번째 하부단계인 '2차적 추리단계'는 대략 8개월부터 12개월 사이에 나타난다. 이 단계에서도 운동은 여전히 지적 능력의 발달에 중요하다는 점뿐만 아니라 환경과 상호작용을 할 수 있도록 조작된 과거의 운동방식이 특수하고 새로운 환경에 적용됨으로써 여러 가지의 새로운 행동이 나타나는 게 가능하다는 것을 확인시켜 준다.

이 단계에서 나타나는 새로운 행동은 기어 다니거나 엉거주춤하게 서서 돌아다니는 것과 같은 운동능력의 증진으로 설명될 수 있다. 그리고 이러한 운동능력의 증가를 통해 주변 환경에 대해 더 많은 것을 알 수 있고 새로운 사물과 상황을 접촉할 수 있게 된다.

특히 이 단계에서 중요하게 다루는 것은 반복되는 경험의 증가와 반복되는 시행착오를 통해 탐색을 계속한다는 점이다. 이러한 습득과정을 통해, 유아는 자신이 처한 환경에서 필요한 행동이나 상황을 예측하는 능력을 발달시키고 자신의 행동 뒤에 일어날 수 있는 일을 예측할 수 있게 된다. 피아제는 이런 능력을 가리켜 '지적인 추리능력의 시작'이라고 했다.

그는 이러한 능력이 유아로 하여금 결정한 행동에 대한 준비를 할 수 있도록 한다고 했다. 예컨대, 8~12개월 된 유아에게 공을 굴리면 아이는 그 공을 미숙한 솜씨이긴 하지만 되돌려 보내는데, 이것은 그 공이 다시 자기한테 올 것이라고 생각했기 때문이라는 것이다. 즉, 공잡기 놀이와 연관 지어 생각해 낸다는 것이다.

다섯 번째 단계인 '3차적 순환반사'에서는 경험을 통해 유아가 바라던 결과를 얻기 위한 새로운 방법을 발견하게 된다. 사실, 유아기에는 대부분의 시간을 경험하는데 소비한다. 그리고 그 경험의 결과로 새로운 지식을 창조하기 위해 이미 존재하고 있던 지식들과 섞이게 된다. 추리력은 하위 단계에서 잘 발달되는데, 이 단계의 특징은 추론이 반복

행위에서 나타난다는 점이다.

더욱이 이 시기에는 주위 환경, 그리고 그 환경을 이해하려는 끊임없는 시도에 강한 흥미가 생기게 된다. 따라서 여러 감각계, 특히 시력은 주위 환경에 대한 중요한 정보를 제공하는 데에 대단히 중요한 요소가 된다. 피아제는 이 시기의 유아가 새로운 물체를 발견하고 그 물체의 실제의 쓰임새가 분리된 실체라는 사실을 깨닫게 된다는 사실에 주목했다.

예컨대, 즐거운 놀이를 위해 공을 던질 수 있다는 것은 알지만 곧바로 공을 찰 필요가 없다는 것도 안다는 것이다. 왜냐하면 나중에 공을 찬다고 해서 공의 고유한 특징을 잃지 않는다는 것을 알기 때문이라는 설명이다. 이러한 능력은 즉각적인 사용을 넘어서 사물을 구체화할 수 있는 능력의 첫 번째 신호이기도 하다. 하지만 이 단계에서는 단지 즉각적인 관계만을 명확하게 이해할 수 있다.

사람들은 유아기에 대한 문제를 풀기 위한 잠재적인 요소로 '3차적 순환반사'를 보다 중요하게 여기고 있다. 피아제에 따르면, 이 과정은 유아로 하여금 자신이 남들과 다르다는 것을 깨닫는 능력을 향상시키는 기능을 한다. 자신을 다른 사람과 구별하는 것은 다른 사람을 통한 문제 해결능력의 발달을 용이하게 한다. 예컨대, 문제 해결은 부모나 자기보다 나이가 많은 형제로부터 찾을 수 있다.

피아제는 사회성 발달과 더불어 인간의 감정 같은 요소를 발달시키는 게 중요한 역할을 한다고 주장했다. 말하자면, 인지와 운동발달은 상호관계뿐만 아니라 인간의 감정적인 요소에도 상당한 영향을 준다는 것을 강조하고 있는 것이다.

'정신의 조화를 통한 새로운 방법의 발견' 단계는 감각동작기의 마지막 하부단계이다. 18~24개월 동안 지속되는 이 단계는 환경과 운동의 상호작용을 포함한 모든 행위에 대한 반사신경이 증가하는 시기이다.

이 단계는 감각동작기의 최고조이면서 전조작적 사고기로 넘어가는 과도기적인 단계이다.

이 단계에서, 유아는 독립된 존재로서의 사물 그 자체를 명확히 인지하고 사물에 고유한 특징이 있다는 것을 인지한다. 또 자신이 세상에 존재하는 많은 존재물 가운데 하나라는 것을 깨닫는다. 주변 대상과의 상호작용은 운동활동을 매개로 하여 완전히 명확해지며 물체의 크기, 형태, 색깔, 빛깔 같은 사물의 특징을 이해하게 된다. 그러나 아직은 각각의 특징을 분리하여 인지하는 능력을 필요로 하는 단계이다. 유아에게 노란 색의 공을 설명한다고 가정하자. 이때 아이에게 그 노란 공을 단지 '큰 공'이라고 말하면 아이는 그 공이 무엇인지를 이해하지 못한다. 실제로 공이 노랗고 크다면 유아기의 아이는 그 공은 크지 않으면서 노랗다고 지적하며 반박할 수도 있을 것이다.

이 단계의 가장 중요한 특징은 자아에 대한 인지력, 그리고 과거, 현재, 미래의 간단한 물체의 상태를 인지하는 능력의 발달이라고 할 수 있다. 이러한 성숙된 인지력은 행동계획을 가능하게 할 것이다. 이것은 아마도 피아제가 언급한 '미숙한 정신작용(semimental functioning)'의 시작이라 할 수 있다.

이 단계의 후반부에는 '몸으로 생각하는 것'이 차츰 '마음으로 생각하는 것'으로 대치된다. 새로운 능력은 뭔가를 생각하게 만든다. 따라서 유아는 이제 무엇이 일어났는지, 육체적인 재연 없이 회상할 수 있게 된다. 게다가 이제는 양자택일을 할 수 있고 처음 행동으로 옮기기 전에 어떠한 상황이 일어날 수 있는지를 예견할 수 있게 된다.

감각동작기에서 일어나는 발달 사항을 정리하면 다음과 같다. 첫째로 자신과 다른 사람의 차이점을 깨닫는 횟수가 증가한다. 둘째로 자신의 시야에 사물이 없어도 그 사물은 계속 존재한다는 것을 인지한다. 셋째로 과거, 현재, 미래의 관찰을 가능케 하는 심적 이미지가 출현한다. 한편 이 단계의 모든 면을 경험한 유아는 유년기로 접어들게 된다.

4. 유년기 : 전조작적 사고기와 운동발달

'전조작적 사고기'는 2세부터 5세까지 진행되는 시기이다. 이 시기에는 이전에 습득한 기술을 보다 창의적으로 놀이에 응용할 수 있고 다른 사람과 다른 관점으로 사물을 인지하는 능력을 확립한다. 또 주변의 사물을 묘사하는 표현을 할 수 있는데, 표현은 인지능력, 언어소통을 가능케 하는 주요한 요소 가운데 하나이다.

언어 발달은 이 시기의 가장 중요한 특징이다. 그리고 이 시기에 이루어지는 급속한 운동능력의 발달과도 밀접한 관련이 있다. 유아는 혼자 걷는 것이 가능한 뒤부터 언어소통이 발달한다. 특히 걷기는 환경을 잘 관찰할 수 있게 해 주기 때문에 유아는 환경에 대해 더 많이 이해하고 언어 사용 또한 용이해짐으로써 새로운 관념을 습득하고 인지영역을 급속하게 확장시킨다. 이처럼 운동과 인지발달의 상호관계의 결과, 이 시기의 중반에는 대부분의 유아가 효과적인 언어소통 능력을 갖게 된다.

피아제는 대체로 자신이 제시한 각각의 단계에서 획득한 인지발달에 대해 인식적 특성에 초점을 맞추고 있는데, 이 시기에서는 지적 능력의 영역에 중점을 두고 있다. 그 이유에 대해, 그는 이 시기의 유아가 여전히 논리적이거나 조직적으로 사고하지 못한다는 점이 곧 '전조작적 사고기'라는 용어를 의미하기 때문이라고 했다.

그는 이 시기를 '전개념적 사고기'와 '직관적 사고기'라는 2개의 하부단계로 나누고 있다. 앞에서 언급했듯이, 전조작적 사고기에서 표현하는 능력은 새로운 환경의 사물을 나타내는데 이용된다. 예컨대, 돌은 거북이를 나타낸다거나 '아빠'라는 단어는 어떤 사람을 지칭한다. 이처럼 상징에 대한 새로운 능력은 언어 발달에서 중요할 뿐만 아니라 유아가 과거의 사건을 쉽게 재구성하고 현재의 놀이를 쉽게 하는데 도움을 준다.

유아는 흉내 내기 놀이를 하는 동안 자신이 다른 사람인 것처럼 가장하고 놀이에서 나타나는 사람을 표현하기 위해 소품을 이용한다. 이 놀이는 여러 가지 동작에 중점을 두기도 한다. 이러한 활동은 운동발달을 포함하여 유아 발달의 모든 영역에 걸쳐 크게 기여한다. 그리고 표현은 부모를 흉내 내는 행동 또는 자신이 좋아하는 행동을 다른 역할 등으로 가장하는 놀이에 의해 향상된다.

피아제는 전조작적 사고기가 성인이 된 이후의 사고력의 기본적 토대가 될 수 있는 인지력을 갖추는 나이라고 했다. 그는 이 시기의 유아는 생명력이 없는 사물을 생명력이 있는 것처럼 판단하는 경향이 있다고 했다. 예를 들어, '꽃이 슬프다'고 감정적인 발언을 하는데, 이것이야말로 세계를 지각하는 재미있고 흥미로운 방법이라는 것이다. 물론 이것은 비현실적이며 정확하지 않은 사고방법이다.

변형추론은 전조작적 사고기의 또 다른 특징이다. 유아는 완벽하지 못한 추론의 형태로 동시에 일어난 두 사건 사이에 원인과 결과가 함께 존재한다고 가정한다. 예컨대, 아침 식사를 거른 아이는 그날 아침은 아침이 아니라고 여긴다. 아침 식사가 준비되지 않았기 때문이라는 것이다. 물론 아침 식사 준비가 아침 식사의 원인이 되지 않음에도 불구하고 말이다.

변형추론은 가끔 잘못된 가정의 원인이 되기도 한다. 어쩌면 이 시기의 가장 심각한 인지적 결핍은 자기중심성일 것이다. 2세부터 4세까지의 유아는 자기중심적인 좁은 사고력으로 세계를 바라본다. 따라서 다른 사람을 이해하는데 어려움이 있을 뿐 아니라 상대방이 잘 이해할 수 있는 언어를 구사하지 못한다. 바로 이러한 점에서 운동행위는 이를 보완하는데 많은 도움을 준다. 왜냐하면 운동은 다른 유아와의 기차놀이 같은 연계놀이 수단을 통해 사회와 상호작용할 수 있으며, 결과적으로 사회생활과 사회에 대한 이해를 증진시키는 역할을 수행하기 때문이다. 사회활동 능력의 증진은 유아로 하여금 남을 배려할 수 있는 능력을 키워 주고 또한 이 시기의 특징인 자기중심적 성향을 감소시킨다.

전조작적 사고기의 두 번째 단계인 직관적 사고기는 자기중심적 성향의 감소, 그리고 계속되는 표현능력의 발달이 특징이다. 피아제가 직관적 사고기라고 부른 까닭은 세상을 이해하는 방법이 사물과 정확하게 실재가 묘사되지 않는 사물의 외형에 기본을 두고 있기 때문이었다. 피아제는 두 번째 단계 역시 어린이의 지적 능력에 한계가 있는 단계라는 특성으로 표현하고 있다.

결론적으로 전조작적 사고기의 유아에게 있어 피아제가 일컫는 '보존(conservation)'은 불가능한 것으로 보인다. 여기서 보존이란 '사물의 형태가 피상적으로 재정리되었을 때, 불변한 사물의 특정한 성질을 발견하는 능력'을 말한다.(Shaffer, D. R., 2009)

찰흙덩어리를 소재로 한 고전적 테스트 방법으로 예를 들어보자. 동그란 찰흙을 길게 늘여 소시지 모양으로 변형시켰을 때, 보존 개념이 없는 유아는 길게 늘어난 찰흙의 무게가 더 나간다고 답할 것이다. 그러나 보존의 사고방식이 가능한 어린이는 찰흙 모양의 변화가 무게에는 아무런 영향을 미치지 않는다는 것을 알고 있다.

보존 개념이 없다면, 한 번에 한 가지 이상의 측면을 고려하지 못하는 결과를 초래한다. 따라서 전조작적 사고기의 유아는 문제의 한 가지의 특정한 요소로부터 집중력을 분산시키지 못한다. 유아가 일단 집중력을 분산하는 능력을 획득한다면 문제의 한 가지 이상의 측면에 대해 고려하는 것이 가능해진다. 예컨대, 보존의 사고력이 가능한 어린이는 찰흙덩어리의 한 가지 측면만 고려하기보다 찰흙의 무게, 길이, 심지어 두께까지 관찰한다. 그리고 집중력을 분산시키지 못하는 것은 운동발달에도 큰 영향을 미친다.

이 시기의 유아는 운동경기 같은 게임을 즐기는데, 문제는 여러 가지 복잡한 측면을 동시에 고려할 수 없기 때문에 복합적인 전략이나 행동을 요하는 게임에서 어려움을 겪을 수밖에 없다는 점이다. 예컨대, 축구게임을 한다고 하면 유아는 점수를 올리는 데에만 집중하고 팀원들에게는 배려를 하지 못한다.

5. 후기 아동기와 청소년기 : 인지와 운동발달

후기 아동기에 속하는 대부분의 어린이는 피아제의 인지발달 단계 중 세 번째인 '구체적 조작기'에 접어들게 된다. 먼저 이 단계에 대해 살펴본 뒤, 마지막 단계인 '형식적 사고기'에 대해 알아보기로 한다.

1. 구체적 조작기

구체적 조작기는 대체로 7세부터 11세까지의 어린이를 가리킨다. 많은 전문가들은 어린이가 질량 보존을 지각할 수 있는 능력을 갖추면 구체적인 조작능력을 획득한다고 평가한다. 따라서 이 단계의 주된 특징은 문제 해결능력에서 집중력을 분산시킨다는 점인데, 앞서 언급했듯이 집중력을 분산시키는 능력은 운동발달에 중요한 암시가 된다.

이 시기의 어린이나 청소년기 초반의 아이는 자신의 사고방식을 수정, 조직하거나 심지어 역으로 생각하는 능력을 갖는다. 역으로 생각하는 능력이란 〈그림 3〉에서 보듯이, 튜브를 A, B, C의 순서로 굴러가는 공을 통해 설명될 수 있다.

우리가 어린이에게 '튜브를 통해 공이 빠져나가는데 어떠한 순서로 진행될까?'라고 질문하면 감각동작기나 전조작적 사고기의 유아는 분명히 'A→B→C'라고 답할 것이다. 그러나 구체적 조작기의 어린이는 이 과정을 역으로 사고할 수 있다. 다시 말해서, 공의 순서를 언급하지 않고 공을 굴린 후, 어떤 순서로 공이 빠져 나갈지를 질문하면 구체적 조작기를 거친 어린이들만이 'C→B→A'라고 대답할 것이다.

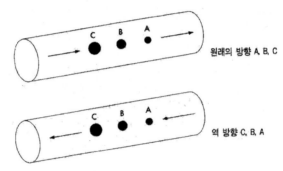

<그림 3> 역사고의 증명. 어린이는 튜브를 빠져 나가는 공의
진행 방향에 대해 원래의 방향과 역방향 모두 예측할 수 있다.

피아제에 따르면, 이 단계에 속한 어린이는 사고의 한계를 경험한다. 전단계의 사고는 능가하지만 실제 사물이나 상상이 가능한 사물, 사건, 상황을 고찰하는 데에는 여전히 한계가 있다. 즉, 상황을 가정하거나 추상하는데 있어서 장애로 작용하고 있다는 것이다.

그럼에도 불구하고 이 단계의 긍정적인 측면은 사물이나 행동 또는 사건의 연속을 정신적으로 표현하는 것이 가능하다는 점이다. 이러한 사고능력의 가능성은 운동발달의 가능성을 시사한다. 예컨대, 이 시기의 어린이는 자기 팀이 원하는 방향으로 전략을 계획함으로써 많은 운동행동을 계획할 수 있다. 또 앞으로 일어날 사건이나 행동을 추측함으로써 상대방 전략을 예상할 수도 있다.

피아제는 연관행동(seriation)을 통해 이 시기의 또 다른 특징을 설명하고 있다. 연관행동이란 어떤 특징에 의해 임의로 변경될 수 있는 조건을 나열할 수 있는 능력을 말한다. 예를 들어, 동료 팀원이 신장에 따라 역할이 분담된다면 그 조직은 이 조건으로 역할이 나뉜다. 즉, 구체적 사고기의 어린이가 농구경기에 참여할 때, 센터는 포워드보다 크고 포워드는 가드보다 크다. 따라서 어린이는 센터가 가드보다 크다는 것을 당연하게 여기게 된다.

앞에서 강조한 것처럼, 사고와 운동발달의 관계는 연속적이고 상호보완적이다. 피아제 역시 이 점을 간접적으로 언급하고 있다. 그는 다른 단계처럼 이 단계에서도 직접 실천하거나 행동함으로써 습득과정이 수월해진다고 강조했다. 다시 말해서, 어린이는 다양한 길이와 폭의 사물을 손으로 조작함으로써 연관관계와 같은 사고력을 가장 잘 습득할 수 있게 된다는 것이다.

피아제는 공간 개념을 가르치는 최고의 방법은 어린이가 직접 생각하고 물체를 옮김으로써 가장 쉽게 익힐 수 있다고 했다. 즉, 운동활동이 사고력 발달에 있어서 중요한 요소라는 것이다.

2. 형식적 조작기

피아제에 따르면, 인지능력의 최고 단계는 대략 11~12세에 이루어지는데, 이 시기를 '형식적 조작기'라고 칭했다. 인지발달 단계의 마지막 단계인 이 시기에 나타나는 특징은 더 이상 실제에 근거하지 않고도 사고할 수 있다는 점이다. 관찰할 수 있거나 상상할 수 있는 모든 것이 사고영역에 제한을 받지 않는다는 것이다.

구체적 조작기에 속한 어린이에게 추상적이거나 존재하지 않는 사물, 사건에 대해 질문을 하면 무척 힘들어하고 곤란해 한다. 어쩌면 대답을 못할지도 모른다. 왜냐하면 사고할 수 없는 개념은 존재하지 않는 것이라고 느끼기 때문이다. 반면에 형식적 조작기에 속하는 어린이는 새로운 개념을 고찰할 수 있는 기회에 도전할 수 있고 이를 즐길 수도 있다. 피아제는 많은 사람이 이 발달 단계의 수준까지 도달하지 못한다고 했다. 실제로 평균적인 지적 수준 이하인 사람들을 테스트한 결과, 대부분이 형식적 조작기에 도달하지 못했다.(Shaffer, D. R., 2009)

형식적 조작기에 도달한 어린이는 피아제가 일컬은 소위 '상호명제적 사유'가 가능하다. 여기서 '상호명제적 사유'란 주어진 상황의 일부분을 다른 측면과 관련시킬 수 있는 발달된 사고 단계를 가리킨다. 인지능력이 향상된 이 단계에서는 문제의 해결점에 도달하기 위해 어린이가 조건이나 상황의 한 가지 또는 그 이상을 다른 부분과 연계시키는 것이 가능하다.

'공은 나의 왼손에 있다' 또는 '공은 나의 왼손에 없다'고 하는 상반된 서술을 예로 들어보자. 구체적 조작기에 속한 유아는 반응하기 전에 시각적으로 확인할 필요가 있지만 형식적 조작기 단계의 어린이는 그것이 통상적인 것이 아니라고 해도 어떤 서술이 옳은지를 금방 알 수 있다. 이 서술의 두 가지 관점을 동시에 고려함으로써 공이 손에 있는지, 아니면 다른 곳에 있는지를 알 수 있다. 즉, 상호명제적 사유가 가능한 것이다.

상호명제적 사고를 수행하는 능력은 여러 상황에서 유용할 수 있다. 복합적인 운동상황의 경우, 개인의 성공을 전략적으로 향상시킬 수 있다. 운동경기 상황에서 선수 간에 포지션의 상호연관 관계를 알아차릴 수 있는 방어자는 이에 따라 대비할 수 있게 되며 팀은 경기에 대응하는 데에 도움이 된다.

피아제는 형식적 사고의 부차적 산물을 '가정적인 연역추론'이라고 칭했다. 이 개념은 체계적으로 연달아 이어지는 문제를 해결하는 방식을 가리킨다. 이렇듯 이성적이고 체계적이며 추상적인 추론 형태는 올바른 문제 해결방식의 선택을 용이하게 한다.

피아제는 추상적 사고가 가능한 새로운 방식의 추론 형태는 어린이의 풍부한 감정 발달에 막대한 영향을 끼친다고 했다. 이와 함께, 추상적인 사고의 산물로써 얻어진 새로운 가치관은 이제 막 성인이 된 청소년의 운동능력에도 영향을 끼친다고 추정했다.

6. 성인기 : 형식적 조작기 이후의 단계

피아제는 그의 인지발달 연구에서 성인에 대해 특별히 고려하지 않았다. 그러나 많은 학자들이 관심을 갖고 연구하면서 인지발달의 다섯 번째 단계를 제안했고 피아제의 인지발달이론에 덧붙여서 '구조적 분석기'라고 불렀다.(G. Kaluger & M. F. Kaluger, 1984) 그들은 이 단계에서는 형식적 조작기 이상으로 지적 능력을 발휘할 수 있다고 했다.(Shaffer, D. R., 2009)

패트리샤 알린(Patricia K. Arlin, 1975)은 인지의 다섯 번째 단계를 '문제 발견의 단계'라고 제안했다. 이 명칭이 암시하는 것처럼 형식적 조작기 이후의 단계는 주어진 문제에 대해 간단하고 이론적인 답변 혹은 잘 정의된 대답 대신 새로운 문제를 발견하는 단계라고 할 수 있다. 그러나 존 라이바쉬(John M. Rybash)와 그의 동료들은 형식적 조작기 이후 단계의 형태에 대해 인지발달의 정의 단계라기보다는 단순히 사고방식의 이질적 스타일이라고 평가하고 있다.

확실히 많은 인지발달 학자들은 성인이 된 후에도 사고력의 명확한 변화가 계속된다고 보았으며 일생에 걸쳐 진행된다고 믿고 있다. 물론 이러한 변화의 특징은 명확하게 밝혀지지 않고 있지만 유아기, 아동기,

성인기의 예에서 보았듯이, 인지와 운동발달의 관계는 성인이 될 때까지 상호작용을 계속하는 것으로 보인다.

7. 성인기 : 지적 발달의 2가지 보편적 이론

성인기의 지적 발달에 관한 조사 연구를 살펴보면, 상당수의 학자들은 이 시기의 인지능력에 대해 두 가지의 주요 논리를 제시하고 있다. 첫 번째는 성인기에 걸쳐 지적 능력이 지속적이고도 점차적으로 감소한다는 논리이다. 그리고 이에 비해 훨씬 덜 감소한다는 게 두 번째 논리의 일반적 입장이다. 오늘날 인정받고 있는 이 두 번째 이론의 제안자들은 인지력의 감소가 부분적으로 일어나지만 모두 감소하는 것은 아니라고 확신하고 있다.

1. 전체적인 지적 능력 감소이론

전체적으로 지적 능력이 감소한다는 이론은 가장 전통적인 관점이긴 하지만 오늘날의 학계에서는 10~15년 전과 비교할 때 덜 인정받고 있다. 물론 성인기에 인지능력 전반에 걸쳐 점진적이며 지속적으로 감소현상이 일어난다는 이론을 성립시킬 연구 결과는 있다. 그것을 뒷받침하는 가장 확실한 증거는 웩슬러 성인용 지능검사(WAIS)로부터 얻은 자료이다.(Dacey, 1982)

이 자료는 6개의 언어 능력과 5개의 목표달성 능력, 총 11개의 지적 능력을 측정하는 평가 기준으로 이루어져 있는데, 이 지능검사의 모든 테스트에서 지적 능력이 감소하는 현상이 나타났다. 그러나 전체적인 지적 능력의 감소이론을 비판하는 학자들은 이 테스트가 지적 능력의 모든 측면을 측정하지 못했다고 반발한다. 더욱이 WAIS는 조사원의 사

회경제적, 직업적, 교육적 측면에 의해 영향을 받는다는 비판들을 받아
왔었다.

그럼에도 불구하고 WAIS의 자료는 지적 능력이 성장곡선과 평행을
이룬다는 믿음을 반박할 수 있을 만한 논쟁거리를 제공한다. 지적 능력
이 안정기에 도달하는 나이는 대략 15세쯤이며 그 이후부터는 지적 능
력이 계속해서 조금씩 저하된다.

2. 부분적인 지적 능력 감소이론

현재 학계에서 가장 폭넓게 인정받고 있는 논리는 지적 능력이 일정
부분에 걸쳐 감소한다는 부분적인 감소이론이다. 오늘날 널리 행해지
고 있는 조사 결과로도 뒷받침되는 이 논리는 특히 심리적인 측면에서
강한 설득력을 갖고 있다. 즉, 전체적인 지적 능력 감소이론이 자아성
취적인 생활을 하고 있는 사람들로부터 비판을 받아 왔기 때문이다.
그들은 만약 전체적인 지적 능력 감소이론을 따른다면 나이가 들수록
지적 능력을 서서히 잃고 있다는 말이 되지 않느냐고 반문한다.

성인기의 인지 변화와 관련된 많은 연구를 보면, 대부분 기억력이라
는 개념을 포함하고 있다. 기억력은 운동능력 완성에서 대단히 중요한
요소이다. 왜냐하면 과거에 수행했던 운동을 기억하는 것은 미래에 시
도할 운동을 수월하게 하기 때문이다.(Jensen, E., 2000) 과학적인 조사에
따르면, 기억력은 최소한 세 가지 부분으로 구분된다.

1차적 기억력(primary memory)은 새롭게 소개받은 사람의 이름을 상
기하는 것처럼 짧은 기간 지속된다. 정상적인 성인의 경우, 1차적 기억
력은 노화과정과 관계없이 나타난다. 2차적 기억력(secondary memory)은
새롭게 익힌 단어의 목록이나 소개된 여러 사람의 이름을 기억해 낸다.
2차적 기억력의 능력은 나이가 들면서 감소한다. 3차적 기억력(tertiary
memory)은 지속되는 기간이 길다. 몇 년 전 혹은 수십 년 전에 익힌 이

름이나 장소를 기억해 낸다. 앞서 언급한 과학적 조사는 이처럼 노화가 진행되어도 대부분의 3차적 기억력은 손실되지 않는다는 것을 나타내고 있다. 따라서 오래된 기억은 단지 특이하거나 쓸모없는 정보라는 기존의 주장은 설득력을 잃고 말았다.(Fozard, 1985) 그리고 전체적인 수준이 아니라 부분적인 면에서 지적 능력이 감소한다는 이론이 뒷받침되었다.

정보를 처리하는 속도나 문제 해결능력 같은 다른 인지능력의 측면도 연구되었는데 기억의 종류와 관계없이 연령이 높은 사람은 정보를 처리하는데 더 많은 시간이 걸린다는 사실이 발견되었다. 이것은 나이가 듦에 따라 습득한 정보가 더욱 풍부하기 때문에 일어나는 현상일 수도 있다.(Fozard & Poon, 1980) 따라서 상당수의 학자들은 인지능력에서 퇴화 흔적이 있더라도 사고력을 상실할 만한 원인은 될 수 없다고 지적한다.

일반적으로 인지능력 감소의 원인에 관계없이 나이가 많은 사람은 나이가 젊은 사람보다 기억력이 감소하는 속도가 빠르다. 사실 노화하고 있다는 이야기는 '자극에 의한 반응속도가 늦어진다'는 말이기도 하다.(Ford & Plefferbaum, 1980) 그런데 흥미롭게도 인지력 반응속도의 가장 일반적인 측정형태는 운동능력을 결정하는데 널리 이용되고 있다. 이 측정은 정보처리 과정의 속도를 나타내며 반응속도가 늦어지는 것은 곧 중추신경계의 기능 감소를 의미한다.

노화와 동반되는 인지능력 속도의 저하는 운동능력에도 중요한 의미를 갖는다. 대부분의 운동은 상황 판단에서 신속한 결정을 필요로 하는데 나이가 많은 사람들은 운동능력에 필요한 판단력이 점차 감소하므로 운동능력 또한 원활하지 못하게 된다. 더욱이 앞서 언급한 것처럼 2차적 기억력은 정상적인 노화 기간에 퇴화한다. 퇴화 역시 개인의 운동행위에 영향을 미친다. 결국 기억력의 감소는 특정한 부분의 운동능력을 잠재적으로 퇴화시키게 된다.

그러나 성인기에 발생하는 2차적 기억력의 감퇴, 반응속도 저하라는 현상을 늦추거나 퇴화하는 것을 막을 수 있는 방법이 전혀 없지는 않다. 바로 인지의 특성을 잘 활용할 수 있도록 되어 있는 우리의 생활양식에서 찾을 수 있다. 만약 성인이 자신의 인지능력을 계속 활용한다면 기억력의 퇴화 현상은 급속하게 진행되지 않을 수도 있다. 어쩌면 완벽하게 피할 수 있을지도 모른다. 이런 점에서 운동경기가 인지능력을 극대화하는데 효과가 크다는 점은 시사하는 바가 크다.

일반적으로 심장계질환 환자나 고혈압 환자는 여러 사고과정을 완수하는데 매우 서투를 수밖에 없다.(Shaffer, D. R., 2009) 그러나 일상생활에서 적극적으로 운동을 하면 어느 정도 해결할 수 있다.

우선 생활양식으로서의 적극적인 운동활동은 인지의 민감도와 지각도를 높인다. 운동을 하면 대뇌 혈액순환이 활발해지고 신경조직에도 긍정적인 변화가 일어나기 때문이다. 또 운동을 통한 신체활동은 신경시냅시스(synapsis)의 밀도를 좁히는 동시에 운동신경의 크기를 늘린다. 따라서 이 두 요소는 모두 나이가 듦에 따라 일반적으로 나타나는 인지와 운동능력을 감퇴를 막는데 중요한 요소로 작용한다. 실제로 반응속도와 인지 수행능력은 자연히 노화되는 사람과 노인병 환자를 구분하는 요소가 되고 있다.(Shaffer, D. R., 2009) 다시 말해서, 성인기에 운동능력을 유지하는 것은 인지와 운동발달에도 큰 영향을 미친다.

8. 지적 능력과 운동행위

제리 토마스(Jerry R. Thomas)와 그의 동료들(K. E. French, K. T. Tomas, J. D. Gallagher, 1988)은 지적 능력의 발달이 보다 나은 운동을 수행할 수

있다고 평가하고 있다. 그들은 어린이가 운동 수행능력이 부족한 원인은 풍부한 지식 기반이 부족하고 통제하는 능력이 미숙하기 때문이라고 지적한다.

사실 이러한 통제 작용은 알맞은 지식의 축적과 더불어 기억 속에서 지식을 효과적으로 활용하는 것을 필요로 한다. 어떤 연구에서는 젊은 나이의 성인과 숙련된 사고를 하는 어린이를 비교했는데(cited in Thomas et al., 1988), 어린이가 성인보다 사고력이 우수할 가능성이 높다. 왜냐하면 그 어린이의 지식이 풋내기 성인보다 깊고 풍부하기 때문이다.

존 앤드슨(John R. Anderson, 1976)은 지식이 서술상의 지식(decalarative knowledge)과 절차상의 지식(procedural knowledge)이란 두 가지의 형태로 나타난다고 했다. 절차상의 지식은 '조직적 생산'이나 '무엇을 하는 방법' 등으로 생각되는 반면, 서술상의 지식은 '사실적 정보'를 나타낸다. 전문가와 초보자를 비교하면, 전문가는 개념의 지식에서 보다 풍부하고(Charness, 1979) 문제 해결능력에서 뛰어나다는 것을 알 수 있다.(Ulrich, D. A., 2000)

인지능력과 특정한 운동 수행능력 사이의 상호관련성을 면밀하게 조사해 보면 경기 진행능력이 경기의 승패를 좌우하는데 꼭 필요한 요건이 아니라는 것을 알 수 있다.

농구경기를 예로 들어보자. 경기 종료 7초 전이고 공격팀이 1점 뒤지고 있다. 공은 그 팀에서 가장 공을 잘 다루는 선수가 갖고 있다. 경기가 종료하기 직전, 그 선수는 오른쪽을 보고 재빨리 코트의 왼편에 있는 팀 동료에게 완벽한 비하인드백 패스를 한다. 불행하게도 이 완벽한 패스는 팀에서 공을 가장 잘 다루지 못하고 슈팅 능력도 가장 저조한 선수에게 전달된다. 결국 경기는 마지막 슛을 시도하기도 전에 종료된다. 오른쪽에 위치한 팀의 주 득점원에게 슛 찬스가 났었기 때문에 더 아쉽기만 하다. 미숙한 판단력이 그의 뛰어난 기술을 망쳐 놓은 것

이다. 이처럼 성공적인 경기는 특별한 스포츠 지식과 숙련된 운동기술
이 조화를 이루어야만 가능하다. 위의 예에서, 공을 가진 선수는 팀의
가장 유능한 선수에게 공을 전달하는 것이 팀의 전략이라는 것을 반드
시 알고 있었어야만 했다

프렌치와 토마스(K. E. French & J. R. Thomas, 1987)는 구체적인 스포츠
지식과 실제 운동경기에서의 성공 사이에 두 가지의 깊은 경험적 관계
가 있다고 지적했다. 첫 번째의 실험연구에서, 연구자들은 8~10세 그
룹과 11~12세 그룹이 시합을 벌인 농구경기를 통해 지적 능력과 운동
수행능력의 관계를 조사했다.

이 두 그룹의 참가자들은 농구 지식과 미국체육학회(AAHPERD)의 농
구기술 테스트(슛스피드와 드리블)에 적합한 50가지 아이템으로 복합적인
테스트를 받았다. 실제의 경기 진행과정과 동일하게 실력을 판단할 수
있도록 개발된 실험방법이 사용되었다.

실험방법은 경기가 ¼정도 진행될 동안에 참가자들의 행동을 컨트롤,
판단력, 농구 실력에 따라 기호화하여 기록하는 방식이었다. 컨트롤은
농구공을 잘 다루는 능력, 판단력은 공이 자신의 영역에 있을 때 어떻
게 다뤄야 할지를 판단하는 능력, 농구 실력은 슈팅, 패싱, 드리블을 규
칙에 맞게 행할 수 있는지를 알아보기 위해 적용되었다. 코치에게는 두
그룹에 속한 어린이들의 농구 실력을 관찰하여 질문지를 채우는 과제
가 주어졌다. 그리고 추가로 선수들과의 공개 인터뷰가 있었는데, 여러
경기상황을 제시하고 그때마다 어떻게 대처할 것인지를 묻는 내용이었
다. 예를 들면, '2대 1 샌드위치 마크에 대한 공격 전략은 무엇인가'와
같은 질문이었다.

첫 번째 실험의 결과, 두 그룹의 어린이들 가운데 더 오래 훈련을 받
고 경험이 많은 어린이들이 우월한 것으로 나타났다. 그리고 더 오래
경기를 진행한 어린이들이 그렇지 못한 어린이들(51%)에 비해 정확한

답을 선택했다(85%). 경기능력 테스트와 농구 지식에서도 숙련된 어린이들이 더 높은 점수를 기록했다. 결국 특정한 경기능력의 발달은 운동행위와 연관된 판단력 혹은 운동 지식과 관련된 인지의 발달과 밀접한 관련이 있는 것으로 결론이 났다.

두 번째 실험에서는 일정 기간 경기가 진행되는 동안에 농구 실력의 향상과 경기 관련 지식의 향상 변화를 측정했다. 관찰 대상은 첫 번째 실험에 참가했던 14명의 농구 초보자와 17명의 능숙한 어린이들이었다. 정확성을 기하기 위해 농구를 한 번도 접해 본 적이 없는 16명의 어린이들도 함께 관찰했다. 실험은 농구경기에 참가한 어린이들을 대상으로 드리블과 순간슈팅 속도를 테스트했고, 처음과 마지막 시간에는 농구에 대한 지식을 테스트했다. 농구경기에 대한 경험이 전혀 없는 어린이들에게도 7주 동안 세 가지의 테스트를 실시했다.

그 결과, 두 번째 실험에서 확인된 것은 어린이들의 실력 향상이 경기 전반에 걸쳐 이루어졌고 실력 향상은 경기에 적합한 판단력의 발달로 인해 이루어졌다는 사실이었다. 실제로 7주 동안의 관찰 기간 동안에 드리블이나 득점 점수에는 특별한 변화가 없었다. 따라서 운동 수행능력보다 특정한 경기에 관한 지식 발전이 더 빨리 나타난다는 것을 알 수 있었다.

결론적으로 어린이들은 경기전략을 성공적으로 수행할 수 있도록 정신적 사고기술을 터득하기 이전에 먼저 주어진 상황에 무엇을 해야 할지를 습득한다는 사실을 확인하는 실험이었다.(V. Gregory Payne, Larry D. Isaacs, 2017)

제3장 사회성 발달과 운동발달

인간을 인지적, 감정적, 행동적인 존재로 분류하는 것은 자의적인 면이 없지 않지만 인간 발달에 대한 논의를 쉽게 해 준다. 그러나 이 세 영역이 인간의 전부는 아니다. 인간의 행동에는 인지적, 감정적, 행동적 영역간의 끊임없는 상호작용이라는 복잡한 체계가 있기 때문에 어느 하나로 정확하게 구분될 수 없다. 한 가지 영역에서 영향을 준다는 것은 다른 영역에도 모두 영향을 준다는 것을 말한다.

앞에서, 인지적 변화가 운동기능의 변화를 가져온다는 인간의 지적 기능과 운동발달 사이의 관계를 언급했다. 이러한 변화는 중대한 것은 아니기 때문에 인간의 삶에 중요한 영향을 미치지 못할 것이다. 하지만 어떤 변화는 굉장히 중요하고 사회적, 감정적, 육체적 행복뿐만 아니라 일생 동안 인간의 행동과 관련된 것을 내포하고 있다. 여기서는 사회적 행동과 인간의 운동발달에 대한 또 다른 상호관계의 중요성을 설명하고자 한다. 사회적 행동은 개인의 운동능력에 영향을 주고 역으로 운동발달은 개인의 사회적 발달에 영향을 주는 효과가 있다.

1. 사회화

사회화(socialization)란 사회적 역할, 규칙, 규율을 배워 가는 과정이다. (Kenyon & McPherson, 1973) 일반적으로 유년 시절의 성장과정과 관계가 있지만 사회화는 일생 동안 진행되는 과정이며 유년기와 청소년기, 성인기를 통해 사회 안에서의 역할을 배워 가는 것이다. 주로 사회적 상호작용을 통한 학습과 관련이 있지만 인간이 사회에 대한 정보를 수집한다는 의미까지도 포함하고 있다.

사회적 역할과 규칙의 가장 중요한 의미는 인간의 활동이 사회적 상호작용을 통한 것이며 상호작용을 통해 인간의 활동을 배워 간다는 사실이다. 우리 주변에서 생겨나는 여러 가지 영향은 인간이 언제, 어떻게, 어떤 행동을 습득하는지를 결정짓는데 아주 중요하다.(황덕호 외 1인, 2004)

사회화 과정은 사회 구성원에게 사회적 역할(social role)을 가르치는 것이다. 사회적 역할이란 특정한 사회집단의 구성원에게 특정한 상황하에서 기대되는 행동을 말한다.(Kaluger & Kaluger, 1984) 어느 사회이든지 수많은 사회적 역할이 있기 마련이다. 교수나 경찰관처럼 직업상 생겨나는 역할은 사회에서 기대되는 특수한 행동이라는 것을 보여 준다. 가족의 역할은 부모가 사회와 가족 구성원과의 관계에서 어떤 행동을 보이게 되는가로 설명될 수 있다.

사회적 역할은 인간의 행동발달에 커다란 영향을 미친다. 사회활동은 각자 적절한 역할의 행동을 하는가에 따라 이룩될 수도 있고 그렇지 않을 수도 있다. 달리 말하면, 개인의 행동은 사회에서 자신의 역할이 무엇이라고 생각하느냐에 따라 적절한 행동을 떠맡게 되는 것이다. 이처럼 행동에 대한 일련의 기대치를 가리켜 '기준(norm)'이라고 한다. (Kimmel, 1974)

사회의 기준은 개인적 관점에 따라 사람들의 행동발달을 억제할 수도 있고 증진시킬 수도 있다. 미국의 경우, 수많은 지역에서 이러한 기준은 나이 많은 소수의 어른들이 기대하는 것이고 실제로 수많은 노인들 중 소수가 그러한 것을 기대하고 있는 것으로 나타나고 있다. 그들에게는 연령과 관련된 사회적 기준에 의해 행동이 억제되거나 행해지게 된다. 그런가 하면 육체적 행동과 관계된 청소년 남자에 대한 기준은 원기왕성함이며, 이것은 그 사람의 사회적 성공을 좌우하게 된다.

2. 자아존중감의 발달과 육체적 행동

인간이 사회적인 상호 활동과 육체적인 활동에 영향을 받는 중요한 특성 중의 하나는 자아존중감(self-esteem)이다. 자아존중감이란 인간으로서 자기 자신에게 부여하는 가치를 말한다.(Gruber, 1985; Harter, 1988) 흔히 자아개념(self-concept)과 혼동되기도 하는데, 자아개념은 단순히 자신에 대한 지각을 가리킨다.(황덕호 외 1인, 2004)

그동안 자아존중감과 자아개념은 대단히 폭넓게 연구되어 왔다. 그리고 대부분의 연구를 통해, 우리는 자아존중감과 자아개념이 육체적 활동과 연관되어 영향을 미친다는 사실을 알게 되었다.

수많은 문학 논평을 하면서, 이 문제를 깊은 연구를 해온 하워드 그루버(Howard E. Gruber)는 자아존중감이나 자아개념에 대한 육체활동의 효과에 대해 84개의 기사가 발표되었고 그 중 27개는 변형분석에 사용할 수 있을 만큼 충분한 자료를 제공하고 있다고 했다. 이 27개 가운데 18개의 기사를 통해 신체활동이나 통제된 경기상황에서 체육활동을 하고 있는 어린이의 66%에게 자아존중감이나 자아개념이 더 높게 나타난다는 사실을 밝혀냈다고 했다. 다시 말해서, 건강을 목적으로 하는 체육프로그램은 어린이를 대상으로 연구하는 것이 훨씬 적절하다는 지적이었다.

그는 또 감정적, 정신적, 교육적, 지각적으로 통제된 어린이, 그리고 경제적으로 가난한 어린이가 체육활동에서 훨씬 열등한 자아개념을 보인다고 주장했다. 따라서 이러한 어린이가 전문가로부터 배울 수 있거나 다양한 프로그램을 제공받는다면 자아존중감을 더 높일 수 있다고 판단했다.

결론적으로 그루버는 이유가 명확하지는 않지만 통제된 경기나 체육활동은 어린이에게 자아존중감을 증진시킬 수 있다고 설명한다. 단순한 오락경기도 자아존중감을 증진시키기에 충분하고 심리적 변화를 일으킬 수 있다는 것이다. 체육활동은 엔돌핀이나 모나민(monamine) 분비에 영향을 주는데, 이것 또한 어린이의 정신적 상태를 변화시키는 요소라는 것이다. 일반적으로 자아개념을 증가시키는 것은 미래의 행동에 필수적이라는 점에서, 그루버 또한 이 점을 대단히 중요한 것으로 여기고 있다.

수잔 하터(Susan Harter)는 예측이 가능한 일련의 단계에 따라 자아존중감이 발전된다고 주장했다. 예를 들어, 어린이는 인간으로서 자기 자신에게 부여된 가치에 대해 의미 있고 일관된 판단을 할 수 없다고 했다. 사회적 경쟁과 자신의 주관적 행동에 대한 자기가치(self-worth)의 요소를 정확히 구분할 수 없다는 것이다. 하지만 그러한 요소에 대해 나름대로의 판단을 내릴 수는 있다고 했다. 즉, 인지적 기술과 육체적 기술 안에서 자신의 능력을 구별할 수 없다는 말은 어린이가 자기가치를 갖고 있지 못한다는 뜻이 아니라 인지능력의 한계 때문에 단지 말로 표현하는데 어려움이 있다는 뜻이라는 주장이다.(황덕호 외 1인, 2004)

그녀에 따르면, 이런 현상은 인지능력의 증가를 통해 유년 시절부터 변하게 된다. 어린이는 8세 정도가 되면 자기가치에 대한 느낌을 말로 표현하기 시작하고 자아존중감에 대한 판단을 내릴 수 있다. 8~12세의 어린이는 교육적이고 신체적인 능력과 동등한 사회적 위치, 육체적 외형, 그 자신의 행동에 대해 구분할 만큼 발달한다. 그리고 청소년은 자기가치 요소들과 관련된 언변과 인지(구별) 능력이 훨씬 발달하여 친한 우정, 로맨틱한 매력에 직업능력이 더해지면서 동일한 요소들을 구별해 낸다. 이러한 발달과정은 대학생에게도 계속 큰 차이를 보인다.

그녀는, 대학생 연령층은 자기가치의 12가지 요소를 정확하게 구분하여 표현할 수 있다고 했다. 여기서 12가지 요소란 교육적 능력, 지성적 능력, 창의력, 직업 능력, 신체적 능력, 육체적 외형, 로맨틱한 매력, 동료에 대한 애정, 친한 우정, 부모와의 관계, 유머 감각, 그리고 도덕성을 가리킨다.

우리는 성인이 되면서 보다 많은 자아존중감의 요소를 구분할 필요가 있다. 즉, 보다 젊은 층이 꼽았던 요소에 더하여 친한 관계, 보살핌, 부양자로서의 타당성, 가사 관리 등을 구분해야 한다. 하터에 따르면, 각각의 연령층에 따라 새로운 요소가 내재할 필요가 있으며 인간이 성장한 정도에 따라 자아존중감도 변하게 된다.

그녀는 또 자아존중감의 요소 가운데 어떤 것은 연령층에 따라 다르게 자기가치에 기여한다는 사실에 주목했다. 육체적 외형과 사회적 지위는 초등학생들의 자기가치에 가장 크게 기여하고 청소년에게는 부모나 학우의 도움이 친구와 선생님의 도움처럼 자기가치에 가장 크게 기여한다. 그녀는 특히 청소년의 경우, 부모에 대한 믿음이 점차 줄어들고 동료에 대한 믿음이 증가하는 것으로 생각한다는 점에 다소 놀라움을 표시했다.

대학생에게 있어서, 자기가치는 개인적으로 자신이 인지할 수 있는 능력을 나타낸다. 그러나 모든 연령층에서 나타나고 있듯이, 대부분의 학생은 자신이 속한 사회에서 신체적 능력이 자기가치를 형성하는데 가장 크게 기여하고 있다는 점을 알지 못하고 있다. 어떻게 보면 이 사실은 우리가 앞서 언급했던 그루버의 주장과는 모순되는 것처럼 보인다. 그루버는 신체활동이 자아존중감을 증가시키는 중요한 요소라고 말했는데, 수잔 하터는 이와 반대로 신체적 능력은 자기가치에 큰 영향을 주지 못한다고 여기고 있는 것이다.

그러나 그루버가 말한 '신체적 활동'은 움직임과 관계된 것이고 하터가 말한 '신체적 능력'은 단지 경쟁적인 운동경기에서 나타나는 승패의 구분만을 내포한다. 바로 이 점이 자아존중감에 미치는 영향에서 분명하게 구분되며 뚜렷한 차이가 있는 것이다.

다른 연령층과 마찬가지로, 젊은 성인의 자기가치는 육체적 외형과 사회적 지위에 의해 가장 큰 영향을 받는다. 이 두 요소는 친한 관계 및 사회성과 더불어 나타난다. 지성과 부양자로서의 능력도 젊은 성인의 자기가치에 기여하는 바가 크다. 자기가치에 영향을 미치지 못하는 요소는 가사 관리와 신체적 능력뿐이다.

일반적으로 자기가치에서 주목되는 성장의 변화를 보면, 이른 유년 시절에는 자기가치의 개념을 나타내는 것이 불가능한 것으로 보인다. 그러나 이러한 능력은 여러 요소들의 일부를 구별하고 자기가치의 표현능력이 증가하는 유년 시절 중반에 가면 나타나기 시작한다. 우리는 또한 나이에 따라 사회관계의 변화가 자기가치에 영향을 주는 요소에 반영된다는 것을 알고 있다. 예를 들어, 동료를 편애하는 것과 낭만적인 매력은 청소년기에 중요한 반면에 친한 관계와 보살핌은 성인에게 보다 높은 가치를 갖게 된다.

그루버와 마찬가지로 수잔 하터 역시 자기가치나 자아존중감과 관련된 발견이 중요한 것으로 여기고 있다. 높은 수준의 자기가치를 지닌 사람은 매사에 기분 좋은 만족과 높은 수준의 에너지를 발산하는 반면에 자아존중감이 적은 사람은 행동에 우울함을 갖기 마련이다. 확실히 기분 변화가 행동발달에 간접적인 영향을 줄 수 있다. 참여하고자 하는 욕망이 결여되고 그 이후에 나타나는 참여의 결여는 행동기술을 발달시키는데 필요한 실천을 억제한다. 반대로, 행동발달의 성공적 성취라는 측면에서도 자아상에 대해 상반되는 결과를 갖게 된다. 그루버가

3. 사회성 발달과 운동발달 *65*

설명한 것처럼, 단순한 참여나 행동에 있어서 성취의 감정은 자아상에 긍정적인 영향을 줄 수 있다.

3. 유아 시절의 사회적 영향

인간이 처음 태어났을 때는 자기중심적이고 비사회적이기 마련이다.(G. Kaluger & M. F. Kaluger, 1984) 성인이 되기까지 계속적으로, 그리고 점차적으로 사회화되지만 생후 몇 달간은 제한된 사회적 상호작용에 속할 수밖에 없다. 아기는 전적으로 돌봐 주는 사람에게 의존하기 때문에 이 시기에는 모든 사회적 상호작용이 돌봐 주는 사람의 일시적 생각에 달려 있다. 말하자면 유아 시절에는 일종의 사회적 속박이 있는 것이다.

유아 시절의 사회적 애착에서 나타나는 형태는 세 가지이다. 첫째는 시각적 교환이나 상호 접촉을 통해 애착 대상과 접촉하려는 시도이고, 두 번째는 애착의 대상이 없어지거나 떠났을 경우에 종종 불안감을 표현한다. 세 번째는 아기들이 분별력을 가짐으로써 돌봐 주는 사람에게 다르게 반응한다는 점이다.

바바라 뉴먼과 필립 뉴먼(Barbara M. Newman & Phillip R. Newman, 1979)에 따르면, 사회적 애착은 4단계에 걸쳐 형성된다. 처음에는 유아가 뭔가를 잡고 빨고 비벼 대면서 수많은 반사작용을 하게 된다. 또 애착의 대상과 친밀한 사회적 접촉을 시작하고 유지하는 과정에서 시각적으로 뭔가를 추적하고 응시하며 울거나 웃기도 한다. 뉴먼 부부에 따르면, 이런 모든 행동은 3개월 정도까지 사회적 애착과정과 관계가 있고 어린이와 돌봐 주는 사람 사이의 유대감을 형성하는 요소라는 것이다.(황덕호 외 1인, 2004)

그 후 3개월 동안 아기는 낯선 사람과 친숙한 사람의 얼굴을 구별하는 능력이 급속도로 빨라지며 7개월에서 두 살 정도까지의 세 번째 단계에서는 이동능력이 점차적으로 발달한다. 이와 같은 새로운 능력은 아기가 애착의 대상에 대한 육체적 친밀함을 행동적으로 추구할 수 있도록 해 준다.

마지막으로 네 번째 단계에서는 점점 팔과 손의 사용을 조절하는 능력을 배우고 손으로 사회적 접촉에 반응함으로써 자신을 표현한다. 그 결과, 새롭게 발달된 행동은 사회적 상호작용을 쉽고 폭넓게 해 주는데, 증가되는 사회적 복잡함이 보다 큰 행동으로 이끌도록 자극하고 증진시키기 때문이다. 그리고 확대된 사회적 구조는 아기로 하여금 환경에 보다 활동적으로 적응하게 하고, 나아가 지성적 행동과 감성적 행동뿐만 아니라 운동 수행능력까지도 발달시킨다.

4. 유년 시절의 사회적 영향

유아 시절에는 사회적, 지적, 행동적 능력이 부족하기 때문에 사회적 상호관계가 제한되지만 사회적 영향은 이 시기를 통해 확장한다. 그러므로 많은 특정한 영향이 유아의 사회적 발달과 운동능력 발달에 기여한다. 예를 들면, 가족은 유년 시절에 사회화를 배울 수 있는 주요한 기관이다.(Kenyon & McPherson, 1973)

현대사회의 문화적 경향 때문에 가족의 영향력은 줄어들고 있으나 그래도 가족은 여전히 다른 어떤 것보다 유아에게 많은 영향을 미치고 있다. 다시 말해서, TV시청이나 유아를 대행으로 길러 주는 곳, 그리고 다른 사회화의 대행기관(Loy & Ingham, 1973)인 조기교육 기관(유치원, 유아원 등)이 증가함에 따라 가족의 영향이 줄어들었지만, 그럼에도 불구

하고 가족은 여전히 그 어떤 요소들보다 중요한 사회화 기관이다.(황덕
호 외 1인, 2004)

유년 시절, 혼자 혹은 다른 사람들과 같이 하는 놀이는 사회화에서
주요한 영향력으로 작용한다. 또 즐거운 신체활동은 문제 해결, 창의성,
언어, 그리고 많은 동작능력을 발달시키는데 중요한 것으로 간주되고
있다.

가족 이외에 주요한 또 하나의 사회화 기관은 학교이다. 일반적으로
4~5세 유아에게는 해당되지 않지만 학교에서 선생님과 지도자들은 어
린이가 '문화를 배우는데' 직접적인 역할을 담당한다. 어쩌면 학교는 어
린이가 어린 시절을 거쳐 청소년기로 접어들면서 가족의 영향력을 능
가하는 사회화의 주요 기관일지 모른다. 학교는 또 동년배 그룹을 형
성할 수 있도록 해 주는데, 이 그룹의 형성 또한 사회화 과정에 중요한
영향을 끼친다. 동년배 그룹과 어린이의 관계는 청소년기에 가까워지
면서 더욱 중요해진다.

1. 놀이

놀이(play)라는 말은 주로 어린이와 관련된다. 모든 연령대의 사람들
이 놀이를 즐기지만, 놀이라는 말을 들으면 뭔가 기쁘고 창조적인 활
동을 즐기는 어린이의 이미지부터 떠올린다.

놀이에 대해, 캐서린 가비(Catherine Garvey, 1977)는 항상 즐겁고 참여
자들로 하여금 긍정적인 마음을 갖게 하는 활동이며 그 동기 또한 다
른 목적을 갖지 않는 순수한 것이라고 규정하고 있다. 그녀는 놀이가
원래부터 비생산적이고 자연스러우며 자발적인 것이라고 했다. 참가자
에 의한 활동적 참여와 관련되고 제도적으로 관련 있는 것은 놀이가
아니라는 주장이다. 다시 말해서, 놀이와 같이 겉으로 보기에 대수롭지
않은 행동이 실제로는 그 사회에 중요하게 작용하는 다양한 기술뿐만

아니라 사회의 규칙을 배우는 중요한 부분이라는 것이다.

놀이는 동작을 기초로 한다. 달리고 점프하고, 심지어 손뼉을 치거나 웃는 것과 같은 움직임이 연관될 때, 놀이의 유쾌한 측면이 가장 명확하게 드러난다. 사실 유아에게 기쁨의 형태로 가장 먼저 나타나는 것은 돌봐 주는 사람이 만지거나 들어 올리는 것과 연관이 있다. 물론 유아는 나이가 듦에 따라 다른 유아들과 많은 관계를 맺고 놀이 경험을 늘려 간다. 이때 놀이집단은 특히 유치원 또래에서 분명하게 나타난다. 하지만 일반적으로 놀이는 집단관계가 형성되기 전부터 점차적으로 나타나며 보다 사회적인 일련의 단계를 통해 전개된다.

브라이언트 크래티(Bryant J. Cratty, 1968)에 따르면, 놀이는 심지어 사회적 접촉 기회가 있는 어린이에게조차 다소 비사회적이라는 생각을 갖게 한다.

24개월부터 30개월까지의 유아에게 나타나는 가장 흔한 형태의 놀이는 고독이다. 곁에서 놀고 있는 두 아이는 서로에게 거의 관심이 없고 사회적 상호작용과 같은 시도를 거의 하지 않는다. 자신의 행동에 너무 몰입해서 주위의 다른 사람에게는 별로 신경을 쓰지 않는다.

이러한 행동은 곧 같은 장난감을 가지고 함께 놀기는 하지만 혼자서 노는 평행놀이(parallel play)로 발전한다. 이때 아이는 대략 두 살 반에서 세 살 반 정도이다. 아이는 여전히 사회적으로 상호작용을 하지 않지만 서로 안다는 것을 조금씩 보이기 시작하고, 심지어 관찰과 모방을 통해 서로의 행동을 묘하게 흉내 내기도 한다. 그렇다고 해도 보다 넓은 범위의 상호작용을 한다고는 보기 힘들다.(황덕호 외 1인, 2004)

아이가 세 살 반에서 네 살 반 정도가 되면, 전에 보이지 않던 상호작용을 보이기 시작한다. 둘 혹은 그 이상의 아이들이 같이 놀고 있으면 서로를 안다는 것을 나타내면서 장난감을 바꾸기 시작한다. 그러나 집단으로서의 목적의식은 없는 상태이다. 이처럼 이른 유년 시절에 나타나는 집단의식의 결여는 단지 같이 노는 것, 그리고 놀이의 마지막 단계라고 할 수 있는 협동하면서 노는 것과 차별화된다.

협동적 놀이는 일반적으로 네 살 반에서 다섯 살 정도의 유아에게 나타난다. 이 놀이는 게임이나 집단을 이끌어 가는 사람과 관련된 목적의식 있는 집단놀이 활동과는 명확하게 구별된다.

협동적 놀이의 기능은 보다 큰 사회적 조직을 형성하는데 있다. 움직이는 행위는 유아로 하여금 보다 폭넓은 사회적 인지에 필요한 감각을 형성하게 하며 서로 경쟁하고 협동하는 감각을 배울 수 있게 한다. 뿐만 아니라 보다 큰 집단 안에서의 리더십 발달을 가능하게 해 준다. 이처럼 유아의 사회적 기능이 발달함에 따라 집단활동이 관심을 끌게 되는데, 집단활동을 통해 보다 많은 것을 추구하게 되는 것이다.

인기 있는 집단활동을 통해 참여기회가 증가하면 유아의 운동발달은 쉬워진다. 결과적으로 긍정적이고 상호적인 관계는 사회적 발달과 운동능력의 발달을 통해 발전될 수 있는 것이다. 실제로 놀랄 만큼 발달의 형태가 다른 것에 의존하는 경우도 많다. 예컨대, 다섯 살이나 여섯 살의 아이에게 있어서 집단의 리더는 달리기, 던지기, 균형잡기와 같이 육체적 활동의 수행능력이 뛰어난 아이인 경우가 많다.(McKenzie, T. L. & Rosengard, P. F., 2000) 이 현상은 대체로 청소년기 초반에서 후반기에 예상되지만, 이러한 활동과 사회적 성공 사이의 관계가 젊은 세대에게 갑작스럽게 찾아오는 경우 또한 적지 않다.

2. 가족

앞에서 언급했듯이, 가족은 유아의 삶에 가장 중요하게 사회적 영향력을 끼치는 요소이다. 대부분의 경우에 가장 일찍, 그리고 가장 크게 유아의 행동선택과 그 성공 여부를 결정짓게 만든다. 왜냐하면 가족이야말로 유아의 행동에 대한 태도와 기대에 강하게 영향을 미치기 때문이다. 가족은 또 유아의 사회적 역할에 책임을 진다. 육체적 활동과 관련하여 유아는 가족의 견해에 따라 행동과 관계된 역할을 떠맡을 수도 있고 그렇지 않을 수도 있다.

유아는 부모의 성격을 연상시키는 수많은 행동성향을 습득한다. 예컨대, 자세나 걸음걸이, 태도 등과 관련된 행동습성을 형성하는 데에는 부모가 큰 영향을 미친다. 그중에서도 유아와 동성인 부모가 행동성향 습득에 가장 큰 영향을 끼친다. 왜냐하면 자신을 돌봐 주는 사람을 오랜 기간 관찰함으로써 대부분의 행동습성을 습득하게 되기 때문이다.(황덕호 외 1인, 2004)

유아의 행동에 대한 가족의 찬성 여부 또한 미래의 행동습관을 결정하는데 중요한 역할을 한다. 어떤 식으로든지 자기 행동이 인정을 받으면 유아는 그 행동을 반복하게 되기 때문이다. 물론 자기 행동이 무시되거나 부정적인 반응을 받으면 피동적인 행동을 야기할 수도 있다. 따라서 가족은 의식적이든 무의식적이든, 유아의 행동양식을 형성하는 중요한 요소가 된다.

엘던 스나이더(Eldon E. Snyder)와 엘머 스프레이처(Elmer A. Spreitzer) 역시 일반적으로 스포츠와 관련된 것이 유년 시절부터 시작된다는 결론을 내리고 있다. 부모의 관심이 높으면 유아가 참여할 가능성이 훨씬 크다는 사실도 확인하고 있다.

수잔 그린도르퍼(Susan L. Greendorfer)와 존 루코(John H. Lewko)는 8세부터 13세까지의 어린이 95명을 대상으로 '어린이 운동에 관한 사회화 과정에서 가족 구성원의 특정한 역할'에 대해 조사했다. 두 사람은 논문(Role of family members in sport socialization of children)에서, 운동에 관한 사회화는 유년 시절에 시작되고 청소년기에도 계속되며 특정한 가족 구성원의 역할이 어린이의 사회화 과정에 매우 중요하다는 결론을 내렸다. 즉, 어린이의 운동행동에 대해 부모가 중요한 영향을 미친다는 것이다. 하지만 형제자매는 운동과 관련된 선택에서 남자아이든 여자아이든, 어느 쪽에도 중요한 영향을 미치지 못하는 것으로 나타났다. 반면에 아버지는 남성이든 여성이든 아이가 스포츠를 선택하는데 중요한 조언자였다.

일반적으로 남자아이는 여자아이보다 운동과 관련된 사회화 과정의 대행기관에 보다 많이 참여한다. 대행기관들 역시 여자아이보다 남자아이에게 보다 많이 참여하도록 권장한다. 이러한 현상은 아버지, 또래 아이들, 선생님 모두 남자아이에게 중요한 영향을 미친다는 사실을 통해서도 확인할 수 있다. 그러나 여자아이에게는 단지 또래 아이들과 아버지만이 중요한 영향을 미쳤다. 결국 그린도르퍼와 루코의 연구는 남자아이가 운동에 관한 사회화에 보다 많은 기회를 갖는다는 사실, 그리고 이런 부분에 성적 차별이 분명히 존재한다는 전통적 견해를 다시금 입증한 것이다.

가족의 중요성은 수잔 그린도르퍼와 마르타 유잉(Martha E. Ewing)의 연구로 더욱 강조되고 있다. 먼저 두 사람은 가족이 스포츠와 관련하여 중요한 조언자가 될 수도 있고 인종과 성에 따라 사회화 과정이 어린이에게 다르게 작용한다는 점을 인식하고 9~12세의 남녀 어린이와 흑인 및 백인 어린이 100명을 대상으로 연구했다.

두 사람은 '운동과 관련한 어린이들의 사회화 과정에서의 인종과 성적 차이점(Race and Gender Differences in Children's Socialization into Sport, 1981)'이란 논문에서, 성과 인종에 따라 어린이가 각기 다르게 사회화된다는 결론을 내리고 있다. 백인 어린이의 경우, 남자아이는 아버지와 동년배에 의해 크게 영향을 받고 여자아이는 교사나 어머니에 의해 가장 크게 영향을 받는 것으로 나타났다. 그리고 흑인 어린이의 경우, 남자아이는 동년배에게서, 여자아이는 교사나 자매에 의해 가장 크게 영향을 받는 것으로 나타났다. 이러한 결과는 여자아이들이 교사나 자매

로부터 큰 영향을 받지 않는다는 그린도르퍼와 루코의 견해와 사뭇 대
조적이다. 가장 뚜렷한 차이점은 그린도르퍼와 유잉이 내린 최종 결론,
즉 어린이가 게임이나 스포츠를 시작하는 과정에는 여러 다른 영향력
들이 존재한다는 것으로 설명될 수 있을 것이다.

5. 후기 아동기와 청소년기의 사회적 영향

어린이가 청소년기로 접어들면 가족의 영향은 줄어들고 또래집단은
점차적으로 사회적 영향력을 발휘한다. 또래집단의 영향력이 커짐에 따
라 부모나 선생님 혹은 그 밖의 다른 성인들은 어린이로부터 서서히
설득력을 잃게 되는 것이다. 이 새로운 사회적 영향력, 즉 또래집단은
성인 사회집단에 비해 덜 체계적이지만 아동의 입장에서는 이전 사회
적 환경에서의 그 어떤 집단보다 훨씬 체계적으로 다가온다.

또래집단은 일상이나 이웃, 그리고 학교에 이르기까지 다양하게 조직
되어 있다. 이들은 어린이의 복장이나 말투 혹은 행동양식의 형성에 영
향을 끼치고 운동참여와 관련된 결정에도 영향을 미친다. 예컨대, 또래
집단의 구성원들은 서로 유사한 걸음걸이나 말투를 보이는 경향이 강
하다.(황덕호 외 1인, 2004) 또래집단의 어린이나 청소년은 우정, 도움, 동
료애 등 가족을 통해서 얻을 수 없었던 재미를 얻기도 한다. 일반적으
로 가부장적 권위의 형태를 지닌 가족과 달리 또래집단끼리는 상호작
용을 함으로써 서로에게 큰 영향을 미치기도 한다.

후기 아동기에는 가족으로부터 벗어나 점차 독립적인 생활이 증가하
면서 자기중심주의에 빠지는 경향이 강하다. 그러나 또래집단을 통한
일상의 상호작용을 통해 많은 경험을 갖게 해 주기도 한다. 또래집단의
구성원들이 다양한 의견을 나타낸다는 점에서 어린이는 수많은 관점의

이해력을 발달시킬 수 있다. 또 청소년은 점차적으로 사회적 기준과 사회의 영향력을 깨닫게 된다.

사실 청소년이 사회적으로 인정받는다는 것은 사회집단의 기대에 어떻게 부응하느냐에 달려 있다. 특히 남자의 경우, 사회의 인정을 결정하는 가장 흔한 요소는 신체적 활동과 관계된 육체적 능력 및 자발성이다. 그밖에 외모, 학식, 성취력, 직업, 인종, 특별한 재능 등이 있는데, 이것들은 동년배 그룹에 의해 그 기준이 정해진다. 그중에서도 외모와 특별한 재능 같은 것은 인간의 행동능력과 관련지을 수 있기 때문에 다른 많은 성향을 다시금 반영하는 것일 수도 있다. 물론 이러한 성향이 일반적으로 특정한 또래집단을 한정짓지는 않지만 구성원을 선택하는 일관된 기준은 될 수도 있다.

앞에서 언급했듯이, 운동능력은 부분적으로 또래집단에 의해 결정되고 집단 안에서 형성될 수도 있다. 다양한 의견이 제시됨으로써 전에 해 보지 못한 새로운 것을 시도하거나 이미 있던 것을 새롭게 고쳐 참여의식을 높일 수도 있는 것이다. 그리고 순응의 형태는 각 집단마다 상당히 다양하지만 또래집단의 경우에는 강제성을 띠기도 한다.

물론 또래들이 운동에 참여할 때 집단에서 통용되는 기준이 적용된다면 그 기준은 구성원을 활동적이게끔 영향력을 행사하게 된다. 그 결과, 그룹의 구성원으로부터 존경과 동의를 얻어 내는 것이 점점 중요해지는데 그에 대한 판단 여부는 집단이 기대하는 바에 대한 지지를 얼마만큼 얻느냐에 달려 있다. 이것은 곧 동년배 그룹이 운동의 참여와 성취를 유도한다는 것을 의미한다.

1. 팀플레이

후기 아동기와 청소년기 시절에는 팀이나 클럽 활동이 증가한다. 이것은 어린이나 청소년이 어떤 운동종목을 선택할 것인지, 즉 선택할 운동의 형태에 커다란 영향을 끼친다는 이야기가 된다. 아동기와 유아기 시절에는 혼자 놀거나 소그룹에서 놀지만 청소년기로 접어들면서 변하게 된다. 사회적 영역이 증가되는데다가 또래 그룹과의 관계 때문에 능동적으로 그룹이나 팀 활동을 추구하게 되는 것이다. 또 팀의 성공을 확실히 하기 위해 전념하기도 한다.(B. M. Newman & P. R. Newman, 1979)

팀의 구성원으로서 팀 활동에 참여하는 것은 어린이나 청소년의 성장에 아주 큰 영향력을 미친다. 우선 팀의 활동에 참가함으로써 개인의 목표보다는 그룹이나 팀의 목표를 성취할 수 있는 능력을 배운다. 그러면서 자신의 삶에 일찍 자리 잡은 자기중심주의를 점차 극복해 나간다. 팀은 구성원들에게 작업 분담의 중요성을 가르치기 때문이다. 그에 따라 팀의 모든 구성원에게는 책임과 의무가 있다는 것을 배우게 되고, 팀의 목표는 의무와 책임을 나눔으로써 성취될 수 있다는 것을 배운다. 그리고 팀의 구성원은 초기 유아기의 개인적 활동이나 조직화되지 않은 그룹보다 더 많은 지적 요소를 요구한다. 유년 시절의 그룹 활동과 달리, 팀 활동에서는 보다 많은 규칙과 전략의 책임이 흔하게 나타나기 때문이다.

또 어린이는 팀플레이에서 보다 높은 수준의 사회적 책임을 떠맡게 된다. 만약 자신에게 부여된 의무를 이행하지 않으면 조롱당하거나 추방당한다. 대부분의 경우, 숙련된 참가자가 많으면 많을수록 최소한의 노력으로 팀의 이익을 가져올 수 있다. 반면에 그 최소한의 노력마저 부족하여 각자가 의무를 다하지 않으면 팀은 조롱받게 되고 팀의 실패를 통해 무능력하다는 비난을 받게 된다.

팀플레이에서 조롱당하고 추방당하는 어린이 또는 청소년을 생각하는 것은 결코 유쾌하지 않다. 그럼에도 불구하고 팀은 여러 가지 면에서 일반적인 삶의 모델이 된다. 예컨대, 팀 참여는 수치스럽고 당혹스러운 것과 같은 감정뿐만 아니라 성공과 실패에 관한 것도 가르친다.

팀을 보다 성공적으로 만드는 구성원에게 있어서 팀플레이는 겸손함을
표현하는 길이다. 이런 감정을 개인적으로 경험하는 것과 다른 사람에
게 자신을 증명하는 것은 삶의 과정에서 있을 수 있는 어려운 상황을
헤쳐 나가는데 유익한 교훈이 될 수 있다.

2. 성 역할의 자각과 운동활동

동년배 그룹이 제공하는 또 하나의 중요한 성장 기회는 자신과 반대
되는 성을 통해 사회적 상호작용을 쉽게 한다는 점이다. 청소년기 시
절이라면 남녀 데이트가 시작되고 성적 역할이 점점 분명해지는 시기
이다. 청소년에게 영향을 미치는 성적 역할은 몇 가지 요소에 달려 있
는 것으로 간주되어 왔다.

먼저 또래집단은 젊은 청소년의 성 역할정체성(gender role identity)에
영향을 주지만 성의 역할을 자각하는 것은 훨씬 일찍 시작된다. 성을
기초로 한 행동은 이미 유년 시절부터 시작되고 때로는 동성의 부모와
관련된 어린이의 자질로부터 출발하기도 한다.

이 시기에는 그동안 한 가지 성별에 대해서만 받아들여졌던 수많은
행동들이 양쪽 모두로부터 받아들여지는 시기이다. 물론 수많은 인간
의 특성 가운데 상당수가 여전히 남성적이거나 여성적인 것으로 나뉜
다. 예컨대, 마이클(Michael, 1970)은 진취적인 행동은 남성으로부터 받아
들여지는 것이라고 규정지었다. 실제로 남성이 남에게 지나치게 의존
하면 조롱받지만 여성에게는 정반대의 양상을 보인다. 이러한 성적 관
념은 개인의 능력과 행동에 대해 엄격한 개념을 만들어 내고 운동활동
과 관련되는 결정에도 영향을 미친다.

성에 대한 고정관념은 청소년이 운동활동에 참여하는 것을 결정하는
데 중요한 영향을 미칠 수 있다. 성에 대한 고정관념이 꽤나 그럴 듯
해도 성적 역할은 그것이 청소년 스스로 옳다고 생각하는 역할과 상반

된다는 점에 관련된다. 즉, 역할갈등(role conflict)이 발생한다. 왜냐하면 다양한 감성적 충격을 통해 청소년은 자신이 속한 사회에서 올바르게 통용되는 성 역할에 대해 스스로 올바르다고 생각하는 성 역할을 주장하기 때문이다.

이러한 현상을 연구한 조셉 앤스롭(Joseph Anthrop)과 마리아 앨리슨(Maria T. Allison)은 고등학교 여자 운동선수 133명을 대상으로 하여 성적 역할에서의 대립을 측정했다. 조사 결과, 여자 운동선수의 절반은 역할대립이 거의 없는 것으로 나타났다. 약간 있는 것으로 나타난 사람이 32%이고 전체 여자 운동선수의 17%는 큰 어려움을 겪은 것으로 조사되었다. 여자 운동선수들은 운동이 완전한 사회화 과정에 합당할뿐더러 성의 역할을 배우는데 도움을 주긴 하지만 운동은 월등히 남성적이라고 주장했다. 다시 말해서, 남성의 참여는 긍정적인 것으로 간주되지만 여성의 참여는 보다 많은 성적 역할의 대립이 야기될 수 있다는 것이다.

두 사람은 논문(Role Conflict and the High School Female Athlete, 1983)에서, 운동이 여성에게 잠재적으로 위험하다는 현상을 가리켜 '빅토리아 영향(Victorian influence)'이라고 표현했다. 영국에서 빅토리아 여왕이 다스리던 시대에는 여성이 수동적이고 의존적인 존재였고 건강한 자녀를 출산하는 역할이 강요되었기 때문이다. 즉, 여성은 남성보다 연약하고 운동은 여성의 출산 능력을 방해하는 경향이 있을뿐더러 여성의 출산 능력이 손상된다는 것은 여자로서의 매력이 감소한다는 것을 의미한다는 이야기이다. 두 사람은 오늘날만큼은 아니더라도 이런 견해는 계속해서 유지될 것이라고 했다.

남성의 사회적 입장에서 볼 때, 운동과 관련된 활동은 대단히 긍정적일 수 있다. 남성의 전형적 성격인 공격, 거침, 우월감, 강함 등은 생기 넘치는 다양한 운동을 통해 훨씬 강화되기 때문이다. 말하자면, 여성의 운동 참여는 역할대립으로 인해 멸시받을 수 있지만 남성은 역할대립의 감정적 분쟁을 피할 수 있는 것이다.

확실히 운동 참여를 통해 성적 역할에서 마찰을 경험한 여성은 자신의 운동역할을 스스로 단념하거나 다른 사람의 기대치에 못 미치는 경우가 많다. 특히 비사회적으로 허용된 운동에서 여성에게 용기를 잃게 한다고 설명되어 왔는데, 실제로 이 문제는 가정된 것보다 덜 보편적인 수준임을 보여 주고 있다.

앤스롭과 앨리슨에 따르면, 역할대립의 '아주 큰 문제점' 중에서 비교적 낮은 수준의 문제는 역할대립을 예상했던 사람에 의해 운동에 대한 혐오감 때문일지도 모른다는 가능성 제시라고 했다. 두 사람은 역할대립으로 고통을 받는 사람은 이미 운동 참여를 그만두었을 것이라고 추정했다.

앤드류 오스트로우(Andrew C. Ostrow)와 다이안 존(Dianne C. Jones), 데이비드 스피커(David D. Spiker)는 선택된 12가지의 운동활동에서 역할의 기대가 존재하는지를 연구했다. 이들은 93개의 주제를 통해 활동 정당성의 척도와 성 역할을 분석했는데, 두 가지 점에서 남성이 여성보다 운동활동을 통해 훨씬 쉽게 사회화되는 것으로 나타났다고 했다.

첫째, 상대적으로 적은 수의 여성들이 할 수 있는 운동은 여성 참가자의 수를 감소시키게 된다, 둘째 12가지 스포츠 중 10가지는 '남성적인 것'으로 간주된다고 했다.

이들은 앞서 언급한 바와 같이, 역할대립의 정도에 따라 여성의 지위가 결정될 수 있기 때문에 여성의 참여 가능성이 줄어들었다면서 발레나 피겨스케이팅은 오히려 여성에게 보다 적절한 운동활동으로 판단했다.

오늘날 운동에서 여성의 역할과 관련된 오해는 많이 줄어들었다. 1972년 미국의 모든 교육기관에서 성차별을 금지하는 것을 골자로 하는 연방명령(일명 Title IX)은 중고등학교와 대학의 모든 남녀 학생들에게 체력적, 육체적 교육프로그램을 동등하게 적용시키도록 했다. 이 명령으로 미국에서 여성이 이용할 수 있는 프로그램은 질적, 양적 측면에서 크게 증가했다.(Anthrop & Allison, 1983)

1972년 이전에는 여학생에게 운동 참여의 기회가 지금처럼 주어지지 않았다. 예컨대, 1972년 전체 고등학교 운동선수 가운데 여성의 비율은 단지 7%에 지나지 않았지만 오늘날은 35% 수준에 달하고 여성에게 주어지는 대학교에서의 운동 장학금의 수 또한 거의 10배 이상 증가했다. (NEA Today, 1985. 3)

결론적으로 여성이 보다 높은 수준의 운동활동에 참여할 수 있는 기회가 증가하면 할수록 운동활동에 있어서도 여성이 보다 수준 높은 운동행위를 할 수 있다는 가능성을 보여 주고 있다고 하겠다.

6. 성인 시절의 사회적 요인

청소년기가 끝나면 성인기가 시작된다. 그 시기에 대해서는 모든 전문가들이 동의하는 것은 아니지만 20세부터 시작하는 것으로 가정한다.

불행하게도 성인기가 되면 운동활동이 감소하기 시작한다. 루드먼(Rudman, 1984)의 연구에 따르면, 소득과 교육수준, 사회적 계급을 비교했을 때에 나이가 가장 주요한 결정인자였다. 나이가 들수록 개인적으로 운동에 계속 참여하기 때문에 나이는 팀스포츠에서 가장 강력한 영향력을 갖는 것으로 나타났다.

성인기에는 세 가지의 사회적 요인이 운동에 영향을 준다. 동시에 성인의 운동에 가장 부정적인 효과를 미친다. 삶의 방식에도 영향을 미치고 운동활동에의 참여의식을 감소시키는 경향 또한 나타나게 한다. 여기서 말하는 사회적 요인이란 학교를 떠나 직장에 다니고 지속적인 관계를 목적으로 동료와 사귀거나(결혼 포함) 자녀를 갖는 일을 말한다. 대부분의 사람들은 성인기의 초반에 이런 요인들을 경험한다.

성인기에 접어들어 일정한 직업을 갖고 결혼이나 지속적인 관계의 동료를 사귀고 자녀가 생기면 심리적 퇴보와 그 결과로 일어나는 운동행위가 크게 감소하게 된다. 예컨대, 체력, 심폐기능 능력, 유연성 모두 감소하기 시작한다. 이러한 감소는 유년기나 청소년기에 생기는 수많은 운동변화보다 예상하는 게 훨씬 힘들다. 왜냐하면 성인들 사이에서는 상호간에 개인적 변화가 크기 때문이다.(Kausler, 1982)

물론 지속적인 운동활동을 통해 사회적 요인을 극복할 수 있다면 퇴보의 수준은 현저하게 떨어질 것이다. 이처럼 사회적 요인들이 운동발달에서 퇴보를 가져오는 것은 주목할 만한 일이긴 하지만 운동발달은 일생을 통해서 꾸준히 증가하는 게 일반적이다.

많은 사람들은 자녀를 갖는 것이 부모의 전반적인 활동 수준을 증가시킨다고 믿는다. 하지만 일반적으로 볼 때 그런 것만은 아니다. 처음에 아기가 출생하면 수면 부족과 새로운 책임감, 그리고 일상생활 스케줄의 변화 때문에 피곤함이나 극도의 피로감을 느낀다. 따라서 부모는 자녀로 인해 운동활동에 규칙적으로 참여할 수 있는 자유로움이나 자발성을 억압당하기 쉽다. 삶의 방식에서 훨씬 많은 제한을 받기에 앉아 있는 시간이 많아지는 것이다. 결국 부모의 심리적 능력은 감소하고 결과적으로 운동능력이 감소하게 된다. 물론 긍정적 영향을 미칠 수도 있다는 장점을 무시해서는 안 된다. 자녀를 갖는 일의 가장 큰 장점은 보다 '가족적인' 경향을 보이는 축구와 같은 경기에서 두드러지게 나타난다.(Rudman, 1984)

사회생활을 시작하면서 갖는 직업활동에서도 유사한 효과가 나타난다. 우선 직업은 자신에게 기쁨의 원동력을 제공하던 활동에의 참여

시간을 제약함으로써 삶의 방식을 변하게 만든다. 더욱이 직장에는 자신과 유사한 운동활동에 관심을 갖고 있는 동료가 적기 마련이다. 직장생활을 하면서 홀로 운동에 참여할 수밖에 없거나 직장 밖에서 동일한 관심을 가진 동료를 얻지 못한다면 자연히 활동력이 감소하고 전과 같은 운동활동을 지속할 수 없다.

　이러한 일은 유사한 관심사를 지닌 동년배들에 둘러싸인 학창 시절과는 아주 대조적이다. 고등학교 학생은 야구경기를 통해 9명의 친구를 사귈 수 있지만 성인으로서 직장인은 한 사람의 라켓볼 파트너를 찾을 만한 기회조차 얻기가 쉽지 않다.

　사회적 역할과 기대는 유년기와 청소년기처럼 성인기에도 배우게 된다. 이 역할과 기대는 그룹 구성원과 사회가 공동으로 얽매여 있다는 믿음에서 생겨난다.(Colarusso & Nemiroff, 1981) 만약 성인이 사회적 기대에 따르지 못하면 역할마찰이 생기는데, 그러한 마찰은 활동적인 삶의 방식을 유지하려는 시도와도 관계가 깊다. 우리는 육체적, 심리적 퇴보를 막기 위해 원기왕성한 운동이 필요하다는 것을 잘 알고 있다. 그러나 성인은 나이가 들어감에 따라 점점 앉아 있는 시간이 많아진다.

　위에서 언급했던 오스트로우와 그 동료들의 연구에 따르면, 나이 장벽은 성인의 운동활동 참여와 관련하여 '보이지 않게 존재한다.' 나이에 따라 12가지 스포츠 참여에 대한 적절함이 점차 줄어들고 있는 것으로 나타난다는 것이다. 20세에서 80세까지의 성인을 대상으로 살펴봤을 때, 수영, 조깅, 테니스, 농구와 같은 운동활동에 대한 적절함의 정도는 나이에 따라 점차 감소했다. 다만 볼링만이 예외였다. 볼링은 20대 만큼이나 40대에게도 적절한 운동으로 간주되고 있었다.

　오스트로우와 그의 동료들은 나이에 근거한 고정관념이야말로 운동의 적절함과 관련해서 '성적 고정관념보다 훨씬 심하다'고 했다. 이 심각한 고정관념은 나이에 따라 생기는 운동활동과 '분리될 수 없다'는 사실을 크게 뒷받침한다고 했다. 나이 든 사람은 활동적인 삶을 살고자 하는 노력이 억제될 경우에 사회적 활동을 누리기란 거의 불가능하다. 즉, 사회적 기준과 기대는 사람들의 행동을 제한한다. 그러나 성인은 운동과 분리되어서 행동할 수 없다.

보니 버거와 릴리안 헥트(Bonnie. G. Berger & Lillian M. Hecht)도 나이가 들어감에 따라 육체적 활동의 적절성이 떨어진다고 판단했다. 나이에 따라 육체활동에 대한 욕구가 감소하고 초등학생, 특히 성인들에게서 나타난다고 했다.

두 사람은 나이가 들어감에 따라 육체활동과 운동이 감소한다는 '나이에 따른 운동순환(exercise aging cycle)'을 제안했다. 먼저 운동이 감소하면 심리적 변화뿐만 아니라 운동능력이 감소한다. 예컨대, 지방이 증가하고 체력과 인내력이 감소한다. 이런 현상은 당연히 스스로 나이를 인지하게 만들고, 그 결과 스트레스가 증가하고 자부심의 감소가 뒤따른다. 또 육체활동과 관련된 자극을 약화시키고 체력 저하를 가져온다. 결국 건강을 심각하게 해치는 일이 순환된다는 것이다.

두 사람은 그러한 순환 자체는 쉽사리 드러나는 것은 아니라고 했다. 더 오래 살아가기 위한 공동체 사회에서 나이는 육체적 수행능력의 감소라기보다는 지혜, 품위와 더 관련이 있다고 했다. 운동은 나이에 따른 육체활동의 부정적 순환을 막아 주기 때문에 가치가 있다는 것이다. (Berger & Hecht, 1989)

사실, 운동을 하는 습관은 그러한 순환의 역행을 막아 주고 활동적인 동기를 증가시켜 준다. 그리고 육체활동은 육체적 능력과 운동행위를 증가시킨다는 것을 보여 준다. 이런 변화야말로 우리의 능력과 활동이 훨씬 신장될 수 있도록 도와주고 있는 것이다.

그런데 미국에서 나이와 관련된 고정관념은 '연령차별(ageism)'이라고 불릴 정도로 부정적인 모습을 띠고 있다. 연령차별이란 인종이나 성보다 상대적인 개개인의 나이를 바탕으로 차별하는 태도나 행동을 말한다. 인종차별, 성차별과 마찬가지로 사회 구성원들이 나이 많은 노인을 회피하거나 제외시킴으로써 연령차별은 더욱 심각해지고 있다. 나이가 들어가는 것에 대한 사회적 혐오감을 조장하고, 그 결과 노인을 죽음으로 몰아가고 있는 것이다.(V. Gregory Payne, Larry D. Isaacs, 2017)

이러한 차별로 인해 노인은 당연히 사회에 활동적 참여자가 되기 위한 노력이나 시도에서 방해를 받는다. 말하자면, 많은 노인들이 활동적인 노력에도 불구하고 비활동적인 삶을 강요당하고 있는 것이다. 결국 노인들은 많은 다른 행동뿐만 아니라 운동능력에서도 퇴보할 수밖에 없게 된다.

제4장 유아기의 자극과 결핍에 미치는 영향

인간의 발달에 관한 연구에서 논쟁의 여지가 가장 많은 주제는 바로 선천성과 후천성에 대한 논쟁(nature-nurture issue)이다. 역사적으로 오랜 기간 되풀이되어 온 이 논쟁은 인간 행동의 기원, 즉 인간 행동은 유전의 기능인가, 아니면 환경과 상호작용하는 기능인가 하는 문제와 관련이 있다.

아리스토텔레스의 스승인 플라톤은 인간이 태어남과 동시에 몸에 영혼이 들어가기 때문에 인간은 유전의 산물이라고 믿었다. 개개인이 영혼에 속해 있는 현재의 생각들을 갖고 태어났다는 것이다. 중세의 기독교인들 역시 인간 발달이 유전적, 선천적으로 정해지는 것이라는 견해를 지지한 사람들이었다.

그러나 중세의 기독교인들은 태어날 때 영혼이 존재한다는 것을 믿었다기보다 영혼이 육체 형성되기 이전부터 존재한다고 생각했다. 이러한 견해는 호문크루스(Homonculous)의 존재를 믿는 것으로부터 출발한다. 호문크루스는 성인의 축소판이고 출생과 동시에 창조되었으며 사람들의 머릿속에 살고 있다고 추정되는 작은 인간이다. 나아가, 기독교인들은 호문크루스가 모든 지식의 근원이자 타고난 악으로서 모든 인간들을 괴롭힌다고 믿었다.

18세기 영국의 경험주의자인 존 로크(John Locke)는 환경이 인간 행동의 형성에 절대적인 요소라고 믿었다. 그는 인간의 생각을 묘사하기 위해 '타불라 라사(Tabula Rasa)'라는 단어를 사용했다. '타불라 라사'란 원래 글씨를 써넣거나 흠집이 전혀 나 있지 않은 석판을 뜻하는데, 로크는 인간이 태어났을 때 아무것도 씌어 있지 않은 종이, 즉 백지라는 의미로 이 표현을 사용했다. 하지만 로크는 인간이 태어났을 때 백지 상태와 같더라도 환경과 상호작용하면서 점차 발달해 간다고 믿었다.

선천성과 후천적 교육에 대한 수많은 견해가 오랜 논쟁거리였음에도 불구하고 왜 아직까지 이 문제는 해결되지 않은 것일까.

1985년 앤 아나스타시(Anne Anastasi)는 선천성과 후천성의 이슈와 관련된 현재까지의 모든 견해 가운데 가장 널리 수용되는 권위 있는 논문(Heredity, environment and the question 'how?')을 발표했다. 그러나 그녀가 논문을 발표한 까닭은 이 문제에 대한 절대적인 정의를 내리기 위한 것이 아니었다. 그녀는 연구원들로부터 '선천성과 후천성 중에서 어떤 것이 더 인간 행동에 영향을 끼쳤는가'와 같은 그릇된 질문을 받는다고 지적하면서, 인간 행동이 부분적으로 유전이나 환경의 어느 한쪽 때문에 발생한다고 보는 것은 옳지 않다고 했다.

그녀에 따르면, 유전 요인과 환경은 똑같이 인간의 모든 행동의 형성과 밀접한 관련이 있으며, 이 두 가지 요인을 분리하려고 노력하는 것은 개념적 혼동과 궁극적으로 무의미한 논쟁을 초래한다. 따라서 우리가 논해야 할 문제는 '선천성과 후천성이 행동발달을 위하여 어떻게 상호작용을 하느냐'라는 문제라는 것이다. 이 문제는 선천성과 후천성이 모두 인간의 행동을 결정하는데 관련이 있고 개개인은 어느 것 하나가 없는 상태에서는 발달할 수 없다는 점을 시사한다. 그녀는 이러한 사고방식이야말로 인간 행동의 원천에 관한 의문을 해결하는데 도움이 될 것이라고 주장했다.

이러한 논쟁을 해결하기 위한 노력으로 많은 연구가 있었지만 아나스타시의 연구 주제는 아직도 상당한 논쟁을 일으킬 만한 여지가 있다. 여기서는 선천성-후천성 문제와 관련된 몇몇 연구와 이론을 검토하고 환경과 그것이 인간의 성장에 미치는 영향, 특히 운동능력 발달에 대해서 알아보기로 한다. 그중에서도 인간이 결핍되었거나 자극적인 환경에 놓였을 때에 나타나는 현상에 대해 집중하고자 한다. 이것은 모든 연령대의 사람들이 운동능력을 효과적으로 강화하는 학습과제를 만들어 내기를 원하기 때문에 중요한 관심 분야가 될 수 있다. 그리고 이 목표를 달성하기 위해서는 최선의 운동능력 발달을 위해 필요한 환경적 자극의 종류를 이해하는 것이 중요하다. 어떤 상황에서 이런 형태의 자극이 최대로 또는 최소로 영향을 끼치는지, 또 방대한 양과 종류의 환경적 자극으로부터 결핍되어 있을 때에 나타나는 영향은 무엇인지에 대해서도 알아보기로 한다.

논리적으로 볼 때, 철학적으로 말하는 자극(stimulation)은 대개 좋고, 결핍(deprivation)은 항상 나쁘다는 점은 흥미롭다. 마찬가지로 아이에게 자극을 주는 부모는 존경받지만 자극을 주지 않는 부모는 경멸의 대상이 될지도 모른다. 그렇다면 다음과 같은 문제가 제기된다. 과도한 자극은 발생할 수 있는가, 아이에게 필요한 결핍은 없는가, 자극이 가장 중요한 때는 언제이고 자극의 결핍이 가장 나쁜 영향을 미치는 때는 언제인가, 자극은 모든 인간 행동을 배우는데 도움을 주는가, 유아기의 자극적인 경험을 통해서 촉진시키지 못하는 행동도 있는가 등의 문제는 학자들이 자극과 결핍이 미치는 영향을 검토할 때마다 살펴보는 질문들이다.

1. 자극과 결핍에 관한 개념

자극이나 결핍이 인간의 성장에 미치는 영향을 보다 폭넓게 이해하기 위해 그동안 학자들은 주로 흥미롭고 비극적인 상황에 대한 연구를 진행해 왔다. 그러나 모두 서로 다른 종류의 자극이나 결핍을 대상으로 연구했기 때문에 확실히 결론지어진 것은 별로 없다. 그럼에도 불구하고 유아기 자극과 결핍에 관한 많은 이론이 제시되고 있는데, 대부분이 임계기(critical periods), 준비도(readiness), 따라잡기(catch-up)의 개념에 관한 것들이다. 먼저 이 용어들을 설명하고 유아기의 자극과 결핍에 어떠한 관련성을 갖고 있는지에 대해 알아보기로 한다.

1. 임계기

임계기는 환경의 자극에 특히 예민할 때를 말한다. 이 시기에 적당한 자극을 주는 것은 인간의 태도를 결정하는데 커다란 영향을 미친다. 이 용어는 '후성적 시기(epigenetic period)'의 동의어로도 자주 사용된다. 후성적인 시기란 출생하기 전의 시기로서, 특히 주위 환경의 손상에 민감한 때를 말한다. 여기서는 출생 이전의 요인들 가운데 임계기를 정의하는데 초점을 두기로 한다.

먼저 임계기와 관련하여 명확하게 알려진 내용은 별로 많지 않다는 점을 염두에 둘 필요가 있다. 실제로 임계기가 존재한다는 증거가 충분함에도 불구하고 대부분의 사람들은 그 존재 자체를 대단히 이론적인 견해로 여긴다. 물론 임계기가 정확히 언제 일어나는지에 대한 증거는 실제로 부족하다. 그렇다면 임계기가 얼마나 오랫동안 지속되는지, 그리고 인간 태도의 어느 부분에 영향을 미치게 되는지에 대해 살펴보기로 하자.

먼저 임계기는 인간의 삶에서 한순간에 일어난다는 사실부터 유념해야 한다. 인간은 이 시기에 적절한 자극이 주어지지 않으면 장래에 발현될 최적의 발달이 이루어질 수 없다. 그렇다고 해서 이 시기에 자극을 주지 않으면 특정한 발달의 전체적인 수용력이 억제된다는 것을 말하는 것은 아니다. 임계기에 적절한 자극이 가해지지 않아도 주어진

기술의 숙달은 가능하지만 인간의 유전학적 잠재력에 의해 발달할 수 있는 최적의 상태에는 도달하지 못한다는 이야기이다.

많은 연구와 조사, 그리고 자연적인 사례를 통해서 임계기가 존재한다는 가정이 도출되었다. 예를 들어, 뇌의 왼쪽 반구가 유아기 초기에 손상되었을 경우에는 오른쪽 뇌가 언어발달과 같은 기능을 맡기도 한다. 하지만 언어를 습득한 후에 왼쪽 뇌가 손상을 입었을 경우라면 유창하게 말하지 못한다. 왜냐하면 오른쪽 뇌가 발달하는 임계기가 이미 지나갔기 때문이다. 오른쪽 뇌는 화학적으로나 구조적으로 더 이상 왼쪽 뇌의 기능을 수행하지 못하게 된 것이다.

미소를 짓는 동작 또한 임계기가 존재한다는 사실을 증명해 주는 증거의 하나로 생각된다. 대부분의 경우, 미소는 생후 5주에서 14주 사이에 처음으로, 그리고 자발적으로 나타난다. 친숙한 사람이든 낯선 사람이든지 웃으면서 얼굴을 바라보거나 살포시 만져 주면, 또 높은 음조로 말해 주면 9주에서 10주 가량 된 아기는 미소를 띤다. 그러나 생후 20주 정도가 되면 눈앞에 친숙한 사람이 나타났을 때에만 미소를 짓는다. 자극에 대한 민감함이 줄어든 까닭에 눈앞에 보이는 것에 대해서만 미소를 짓게 되는 것이다.

미소의 임계기에 대해서는 앞을 볼 수 없는 유아를 대상으로 한 연구에서도 입증되고 있다. 정상아와 마찬가지로 비시각적인 자극에 미소를 지었던 맹아는 임계기 동안에 만져 주거나 높은 음조의 목소리를 들려주는 자극이 계속 주어지지 않으면 미소를 짓지 않았다.

임계기에 대한 보다 많은 정보를 얻기 위해 동물을 대상으로 한 계기 연구도 많았다. 페르난도 노테봄(Fernando Nottebohm)은 1970년 푸른머리되새(chaffinch)에게 노래를 배우는 임계기가 정해져 있는지, 있다면 그 시기가 언제인지를 알아보기 위해 새의 발성법을 연구했다. 일반적인 환경에서, 새는 다 자란 어미새로부터 발성법을 배우고 일 년이 채

안되어 일정한 종류의 노래를 안정된 상태로 부를 수 있는 것으로 알려져 있다.(V. Gregory Payne, Larry D. Isaacs, 2017)

먼저 노테봄은 푸른머리되새에게 다른 새의 노랫소리를 듣지 못하게 했다. 그러자 그 새는 다른 새와 다르게, 그리고 비정상적으로 노래를 불렀다. 즉, 다른 새의 노래를 듣지 못하도록 제한을 가하는 정도에 따라 정상적으로 노래를 부를 수 있는 정도가 매우 다르게 나타났다. 그러나 일 년 동안 정상적인 생활을 한 뒤, 다른 새의 노래를 듣지 못하게 했을 때는 아무런 변화를 미치지 못했다. 말하자면 푸른머리되새는 생후 10개월부터 1년이 노래를 배우는데 가장 중요한 시기였던 것이다. 이 시기에 노래 부르는 법을 제대로 익히면 완벽하게 노래 부르는 법을 터득하게 되고 그렇지 못하면 영원히 완벽하게 숙달하지 못하게 되는 셈이었다. 이러한 예는 임계기에 대한 가장 본질적인 네 가지 요소를 잘 설명해 준다.

첫째로 유기체는 주변의 자극을 효과적으로 받아들이기 위한 준비를 갖춘 상태이어야 한다.

둘째로 주어진 태도를 습득하는데 필요한 시기가 여러 부분으로 나뉜 경우도 있을 수 있지만 각각의 태도를 완벽하게 숙달하도록 자극시켜 주는 시기는 따로 정해져 있다. 이 특정한 시기에 적절한 자극을 주지 않으면 최적의 발달은 영원히 이룰 수 없다.

셋째로 이 시기에 가해진 자극의 영향은 영구적이고 영속적인 표시를 남겨 둔다. 그러므로 임계기에 완벽하게 익힌 행동은 잠시 동안 행하지 않더라도 훗날 최적의 상태로 복원할 수 있는 기회가 주어진다. 만일 임계기에 적절한 자극이 주어지지 않았다면 영원히 최적의 상태로 복원할 수 없게 된다.

넷째로 인간의 모든 행동은 모두 임계기가 다르게 나타난다.

임계기는 사회적으로, 그리고 운동능력 개발뿐만 아니라 신체의 성장

에도 대단히 중요한 역할은 한다. 고든 브론슨(Gordon W. Bronson)은 뇌
의 신경조직이 '기능적 유의성(functional significance)'이라는 최적의 수준
에 도달하게 될 때에 임계기가 일어난다고 주장했다. 임계기가 끝난다
는 것은 신경조직의 예민함을 느끼는 기능이 줄어들고 있다는 것을 뜻
한다는 것이다. 그리고 이러한 기능 감소는 대체로 급격한 신체구조의
변화가 있은 뒤에 나타난다고 했다.

　그의 주장은 많은 학자들에 의해 받아들여졌고 이 이론에 대한 토대
를 세워 주었지만 실용적인 평가방법으로는 충분하지 못하다. 현재까
지도 임계기를 언제 경험하는지를 증명할 만한 충분하고도 확실한 증
거는 발견되지 않고 있다. 운동능력의 개발 분야에서는 더욱 그렇다.
우리는 육아가 완벽하게 운동을 습득하도록 준비시키는데 필수적인 선
행조건이 무엇인지를 깨닫지 못하고 있다.

　2. 준비도

　준비도는 흔히 임계기라는 용어와 같이 사용하는 경우가 많다. 중요
한 시기는 때때로 '극도의 예민함이 일어나는 시기 또는 특정한 기술의
발달을 위해 준비하는 시기'라고 정의될 때도 있다. 이 정의가 나타내
듯이, 준비도의 가장 근본적인 형태는 바로 임계기가 된다.

　그러나 이것은 정확한 정의가 아닐 수도 있다. 왜냐하면 준비도는 어
떤 특정한 행동을 익힐 준비가 되었다는 뜻을 나타내기 때문이다. 바
꿔 말하면, 한 사람이 발전해 나가는 과정에서의 특수한 운동기술 또는
인간의 어떠한 행동을 습득하기 위해 필요한 최소한의 특성을 확립할
수 있게끔 일정한 고지에 도달했다는 의미인 것이다. 하나의 행동을
나타내기 위해 충분한 정보와 능력이 축적되고 필요로 하는 육체의 특
성을 획득했다는 것을 뜻하는 것이다.

　이처럼 필요로 하는 육체의 특성을 획득한다는 것은 개인이 어느 정

도 성장을 달성했음을 의미하며 새로운 운동기술을 효과적으로 습득하는데 필요한 신경학 패턴이 만들어졌다는 것을 말한다. 하지만 완전한 준비도를 갖추기 위해서는 그 행동을 수행하도록 자극, 다시 말해서 내면적인 자극과 외부적인 자극을 모두 주어야 한다. 그래야만 스스로 그 기술을 습득하고 싶어 하게 된다. 물론 가족과 같은 외부적 영향으로부터 적절한 격려도 있어야 할 것이다.

1935년 머틀 맥그로우는 쌍둥이 형제인 '조니와 지미'를 관찰하면서 유아기 자극과 운동발달의 관련성을 연구했다. 그녀는 생후 22개월 동안 한 아이(조니)에게는 많은 장난감을 주면서 다양한 종류의 운동을 경험하게 하는 한편, 다른 한 아이(지미)에게는 장난감을 별로 주지 않으면서 운동능력에 최소한의 자극만 주었다. 그러면서 세발자전거 타기라는 특정한 운동을 선택하여 자극의 정도에 따른 영향을 파악하는 실험을 했다.

실험에서, 일찍이 많은 자극과 경험을 겪은 조니는 생후 11개월이 되었을 때에 세발자전거를 타는 연습을 시작했다. 그러나 정작 세발자전거 타기에 관심을 보이기 시작한 것은 8개월이 지난 뒤였고 다시 2개월이 지나서야 겨우 탈 수 있었다. 반면에 최소한의 자극만 주어진 지미의 경우는 생후 22개월에 세발자전거를 받자마자 곧바로 타기 시작했다. 즉, 유아기에 주어진 자극과는 상관없이 생후 11개월 된 조니는 세발자전거를 탈 준비가 안 된 상태였고, 상대적으로 불행한 환경에서 자란 지미는 생후 22개월에 세발자전거를 타기 위해 필요한 육체적인 특성을 모두 습득했던 것이다. 달리 말하면, 이들 쌍둥이 형제가 경험한 자극의 차이에도 불구하고 22개월 된 지미는 세발자전거를 탈 준비가 되어 있었는데 반해 11개월 된 조니에게는 너무 이른 운동이었던 것이다.

위의 사례에서 드러났듯이, 정확한 의미의 준비도는 준비가 덜 된 상태에서 특정한 운동을 미리 경험하거나 배우는 것은 크게 중요하지 않다는 것을 의미한다. 오늘날 널리 행해지고 있는 조기교육 프로그램의 대부분이 효과가 없다는 것을 반증하고 있는 것이다.

물론 모든 학자들이 준비도의 개념을 선뜻 받아들이고 있는 것은 아니다. 제롬 브루너(Jerome S. Bruner)는 준비도를 위한 가장 큰 짐은 부모나 교사가 갖고 있다는 견해를 피력하고 있다. 브루너에 따르면, 아기는 항상 새로운 행동을 배울 준비가 되어 있는데 행동을 습득하기 위해서는 적절한 자극이 있어야 한다는 것이다. 만약 그의 이론이 정확하다면 적절한 자극이 무엇인지는 알기 어렵고 언제 알아낼 수 있을지 예상조차 하기 힘들다.

준비도의 이론을 찬성하는 학자들도 향후 전망을 걱정하기는 마찬가지이다. 특히 운동능력 개발과 관련된 경우에는 더욱 불투명하다. 일반적으로 우리는 아이가 준비되었다는 신호를 알아차리지 못하고 있다. 아니, 정확하게 말하면 준비도라는 개념이 아직까지 하나의 가설이기 때문에 그러한 신호가 존재하는지조차 확실하지 않다.

우리는 다만 아이에게 운동을 가르칠 가장 적절한 시기를 추정하고 있는 게 오늘의 현주소이다. 만약 우리가 준비상태를 나타내는 이러한 신호들을 인지할 수만 있다면 운동기술을 효율적으로 배우는데 더 많은 도움을 줄 수 있을 텐데, 현재로서는 그 능력이 존재하지 않는다는 게 참으로 안타깝고 불행한 일이 아닐 수 없다.

3. 따라잡기

자극과 결핍은 모두 인간이 성장하는 데에 여러 가지로 영향을 미친다. 그 결과 또한 다양한 변수에 따라 아주 다양한 결과를 초래한다. 예컨대, 과도한 결핍상태라도 어떤 사람의 성격은 영구히 손상을 입는 반면에, 어떤 사람은 일시적인 영향만을 받는다. 이것은 따라잡기라고 불리는 현상 때문이다.

따라잡기란 인간이 갖고 있는 특이한 능력으로 성장이나 발달의 궤도에서 벗어났다가 제자리로 되돌아가는 능력을 말한다. 그리고 과도한 결핍이나 잘못된 치료에 대한 반응으로 나타난다. 말하자면, 인간이 정상적인 시기보다 회복기에 새로운 행동을 더 빨리 습득하고 신체의 성장이 훨씬 빠르다는 것을 증명해 주고 있는 것이다(그림 4> 참조).

따라잡기라는 용어는 때때로 신체의 성장이란 말과 결합되어 '따라잡기 성장(catch-up growth)'이란 용어로 인간의 성장과 관련된 연구에서 자주 사용된다. 즉, 성장을 저해하는 요인이 있다가 그것이 제거되었을 때, 그 전의 손실을 보충하고 원래 성장되어야 할 정도가 된 뒤에 정상 속도로 자라는 것을 가리킨다.

따라잡기는 지적, 사회적인 능력뿐만 아니라 운동능력에서도 가능하다. 인간의 성장영역이 직접적으로 영향을 받는 것에 상관없이 운동능력 개발에서도 어느 정도 변화가 나타난다.

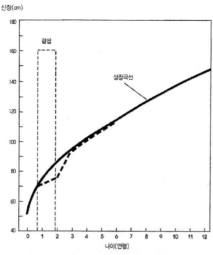

<그림 4> 극심한 영양결핍 후, 아이가
성장을 따라잡는 하나의 가정된 예

제2장에서 언급했듯이 인간의 성장영역은 모두 밀접한 관련을 가지고 있다. 인간의 성장영역 가운데 어떤 것이 가장 직접적으로 영향을 받든지 간에 회복속도나 따라잡기는 그 손상의 정도, 길이, 그리고 시간에 의존하는 것처럼 보인다.

이처럼 놀라운 회복 능력을 보임에도 불구하고 따라잡기에 성공한 사람은 유전학적 잠재능력에 대해 이해하기 힘들다. 왜냐하면 회복기까지 올라서는 동안에 너무나 많은 시간을 잃어버렸기 때문이다.

예를 들어보자. 킹슬리 데이비스(Kingsley Davis)가 미국사회학회지에 기고한 논문(Final Note on a Case of Extreme Isolation)은 극단적인 고립에 희생자가 된 '애나'라는 어린 소녀의 따라잡기와 그 다양성의 예를 보여 주고 있다.(황덕호 외 1인, 2004)

사생아로서 거의 6년 동안 다락방에서 고립된 생활을 해온 애나는 정상적인 여섯 살짜리가 할 수 있는 행동을 대부분 하지 못했다. 그러나 이웃 사람에게 발견된 뒤에 많은 보살핌과 알맞은 치료를 받은 다음부터는 많은 부분에서 정상적인 아이들을 따라잡기 시작했다. 가장 눈에 띄는 변화는 신체적인 성장이었다. 처음 발견될 당시에는 몹시 작고 허약했는데, 또래 아이에 비해 덩치가 더 커지기까지 했다.

따라잡기는 큰 동작을 요하는 특정한 운동기술에서도 나타났다. 처음 발견되었을 때, 애나는 여섯 살인데도 불구하고 걷지 못했다. 하지만 아홉 살 무렵에는 뛸 수도 있고 공을 튀기면서 놀거나 나무 위로 올라갈 수도 있었다. 다만 언어와 지적 능력은 운동기술처럼 많이 발전하지 못했다.

따라잡기에 관한 가장 흥미로운 사례로는 1959년 해리 할로우(Harry F. Harlow)의 붉은털원숭이에 대한 연구가 있다. 그는 원숭이들을 세 무리로 나누어 3개월간, 6개월간, 12개월간 외부와 접촉하지 못하도록 완전히 또는 부분적으로 격리시켰다. 그 결과, 완전히 격리시키는 것과 부분적으로 격리시키는 것은 비슷한 행동패턴을 이끌어 낸 반면, 오랫동안 격리시켜 놓는 것이 가장 뚜렷한 효과를 가져왔다.

먼저 3개월간 격리되었던 원숭이들을 다시 일상으로 환원했을 때에 보여준 모습은 일종의 정서적인 쇼크 상태였다. 다른 원숭이를 두려워했고 접촉하기를 꺼려했다. 자기 자신을 붙잡거나 깨물기, 몸 흔들기,

자기 머리카락을 잡아당기기 등과 같은 별난 행동을 보였다. 그러나 같은 또래의 원숭이들과 무리지어 놀 수 있도록 환경을 만들어 주자, 곧 예전의 모습으로 돌아왔다.

6개월간 격리되었던 원숭이들은 예상했던 것보다 상태가 심하지 않았다. 3개월간 격리되어 있던 원숭이들과 똑같은 특징을 나타냈는데 회복하는 능력에서는 뒤떨어진 모습을 보였다. 또래의 원숭이들과 노는 것을 피하면서 같이 격리되었던 원숭이들만 접촉했다.

12개월간 격리되었던 원숭이들은 예상했던 대로 가장 비정상적인 모습을 보여 주었다. 3개월간, 6개월간 격리되었던 원숭이 무리에게서 나타난 특징과 함께 또래의 원숭이들에 대한 무관심의 정도가 훨씬 컸다. 심하게 움츠린 상태였고 극도로 소극적이었기 때문에 또래의 원숭이들이 공격해 오면 거의 무방비 상태로 당하기만 했다.

추적조사를 통해서도 6개월간이나 그 이상 격리된 원숭이들은 계속 비정상적인 태도를 나타내는 것으로 드러났다. 예컨대, 원숭이들의 청년기와 성인기에 나타난 사회적 태도 역시 별난 모습이었고 성적 관계를 맺는 데에도 많은 어려움을 겪는다는 것을 알 수 있었다.

할로우는 6개월 이상 격리된 원숭이들로부터 나타나는 문제점을 통해서 첫 6개월이 사회와 상호작용을 하는 임계기일 수도 있다는 결론을 이끌어 냈다. 다시 말하면, 이 시기 동안 사회와 접촉하지 못하도록 격리시키면 완전한 또는 최적의 사회적인 태도는 영원히 발달시키지 못하게 된다는 것이다.

그러나 할로우는 스티븐 수오미(Stephen J. Suomi)와 공동으로 진행한 또 다른 연구를 통해서 자신의 첫 번째 이론이 정확하지 않을 수도 있다는 증거를 발견했다. 장기간 동안 격리되었던 원숭이를 다시 갱생시키기 위한 방법의 하나로, 두 사람은 3개월 된 어린 원숭이들을 장기간 격리되었던 원숭이들과 한 우리에 넣고 26개월간 치료했다.

관찰 결과, 어린 원숭이는 나이가 많은 원숭이에 비해서 덜 공격적이고 덜 활동적인 탓에 조심스럽게 격리되어 있던 원숭이들에게 다가가는 경향을 보였다. 그러나 서로를 알기 위한 시간이 지나자 친해지는 모습까지 보였고, 심지어 어린 원숭이는 격리되었던 원숭이들에게 매달리는 행동까지 보여 주었다. 말하자면 어린 원숭이의 사랑이 격리되어 있던 원숭이들의 성품을 정상화시켜 주는 역할을 한 것이다. 26주가 지나자, 격리되어 있던 원숭이들은 회복단계로 보이는 상태까지 이를 수 있었다. 결론적으로 따라잡기는 일반적으로 신체의 성장과 관련이 있지만 사회적, 정서적, 지적, 그리고 운동능력 개발에도 영향을 준다고 할 수 있다.

2. 유아기의 자극이 미치는 영향

최근 부모들은 그 어느 때보다도 어린 자녀에게 수영, 체조, 피아노, 바이올린으로부터 시작하여 외국어, 독서 등 거의 모든 분야의 조기교육에 관심을 보이고 있다. 심지어 출생과 동시에 시작하는 자극 프로그램도 있다.

1983년 뉴스위크지는 '슈퍼베이비 양육(Bringing Up Superbaby)'이란 제목의 기사를 통해, 생후 3개월 정도 된 유아의 지능 발달과 언어 습득을 위해 조기교육 열풍에 매달리는 부모 문제를 다루었다.

오늘날 많은 부모들이 실제로 유치원 과정은 너무 늦다고 보는 견해도 늘어나는 추세이다. 「생후 첫 3년(The First Three Years of Life)」을 저술한 버튼 와이트(Burton L. White)에 따르면, 부모들은 아기를 창조해내는 역할에 그치지 않고 아기에게 영향을 주는 선생님의 역할까지 하게 되었다고 한다.

글렌 도만(Glenn Doman)은 아기에게 수학이나 책읽기를 가르치는 법, 백과사전 지식을 전달하는 법, 그리고 신체적으로 뛰어나게 가르치는 방법 등을 저술한 학자이다. 그에 따르면, 책읽기나 수학은 흔히들 지적 활동이라고 생각하지만 눈의 움직임을 잘 제어하는 능력이야말로 책읽기나 수학을 잘하는데 큰 영향을 끼친다고 한다. 신생아가 태어났을 때, 처음 며칠 동안 플래시카드(flash card)를 가지고 교육을 시작하면 책읽기나 수학을 가르치는데 최고의 효과를 거둘 수 있다는 것이다. 그러나 과학적 근거를 제시하지 않은 탓에 이 프로그램의 효과에 대한 의견은 분분하다. 어떤 유아는 플래시카드를 제대로 이용할 수 있게 된 반면, 다른 어떤 유아는 단순히 카드를 가지고 놀기만 한다.

도만의 조기교육 프로그램에 대해 비평가들이 이의를 제기하는 것은 플래시카드를 이용한 단순한 인지능력 강화의 이점 때문이다. 비평가들은 이 프로그램을 수행하면서 유아가 느끼는 중압감은 훗날 비슷한 경험을 하게 되면서 두려움을 느끼게 할 수도 있다고 주장한다.

소아과 의사이면서 아동발달 학자인 벤저민 스포크(Benjamin Spock)도 유아들이 '지나치게 지적 교육을 받고 있다'고 우려했다. 어렸을 때부터 지나친 지적 교육을 강조하면 유아의 정서나 신체 또는 창조적인 면의 개발이 방해받을 수도 있다는 것이다. 우드 스미서스트(Wood Smethurst) 역시 어릴 때부터 책읽기를 지나치게 강요하면 정작 책을 읽어야 할 나이가 되어서 제대로 책을 읽지 못하는 상황을 초래할 수도 있다고 지적했다.

아직까지도 조기교육이 주는 가치와 단점을 결정짓는 근거는 명확하지 않다. 그럼에도 불구하고 부모들은 수많은 조기교육 프로그램의 인기를 통해서 조기교육이 필요하고 가치 있는 일이라고 믿고 있다. 어쨌든 유아의 나이와 자극의 종류, 그리고 부모와 자녀의 태도가 유아기 자극을 수반하는데 중요한 역할을 한다는 것은 의심할 여지가 없다

3. 유아기의 운동능력 개발을 위한 프로그램들

위에서 언급한 것처럼, 유아기의 자극 프로그램은 해를 거듭할수록 인기가 높아지고 있다. 그에 따라 소비자들의 욕구를 충족시키기 위해 다양한 프로그램이 새롭게 등장하고 있는데, 이들 가운데 조기 운동능력을 개발시키는 프로그램들은 대체로 노-프로그래밍(No-programmin)과 프로그래밍(programming)의 두 가지 종류에 속한다.

노-프로그래밍의 영역은 미래의 운동능력에 대해 특정한 연습을 강조하지 않는 프로그램과 관련이 있다. 이 방식은 헝가리 국립유아교육원이 처음으로 주창했다. 이 방식의 주창자로 볼 수 있는 에미 피클러(Emmi Piker)는 아기가 자신의 몸을 조절할 수 있을 때까지 교육을 보류하는 것이 좋다고 했다. 그녀는 아기를 돕거나 아기가 아직 할 수 없는 동작을 하도록 요구하는 것처럼 특정한 운동능력에 대한 훈련도 하지 말라는 것이다.

노-프로그래밍 방식은 아기가 스스로 처한 상황을 알아서 바꿀 수 있을 정도가 될 때까지 마음대로 하도록 놔둘 것을 제안한다. 아기의 움직이는 활동을 자극하기 위해 장난감을 근처에 놓기는 하지만 너무 가까이 놓거나 손에 쥐어 주지 말아야 한다. 또 아기가 혼자 지탱할 수 없는 자세로 놓아서도 안 되며 혼자 할 수 있을 때까지 앉거나 서 있는 자세로 놓아서도 안 된다. 심지어 도움을 받지 않고는 걸을 수 없는 경우, 몇 걸음을 더 걸을 수 있도록 잡아 주는 일을 해서는 절대로 안 된다고 강조한다.

노-프로그래밍 체계는 아기에게 아무런 제한을 주지 않는 옷을 입히도록 권한다. 신발은 웬만하면 아기가 혼자의 힘으로 일어설 수 있을 때까지 피하는 것이 좋고 꼭 필요할 때에 한하도록 권하고 있다. 피클러에 따르면, 이러한 방법은 아기가 어렸을 때부터 구르기, 기어다니기,

앉기, 서기와 같은 움직임을 익히는데 도움이 된다고 한다.

반면에 프로그래밍 방식의 조기운동 프로그램에서는 부모가 아기를 움직이게 하거나 팔다리를 움직이게 하는데 중요한 역할을 수행한다. 그렇게 하면 자세를 잡아 주고 일찍 운동력을 촉진시켜 주기 때문에 걷거나 뛰어 돌아다니는 아기에게 기운을 북돋아 준다는 것이다. 이 범주의 프로그램들은 유아의 적합성과 적응성을 도모하기 위해 종종 아기의 팔다리 위치를 바꿔 주는 방법을 이용한다. 또 유아의 움직임에 용기를 북돋아 주거나 도와주기 위해 쿠션, 인형, 공, 막대기, 후프, 장난감처럼 특수한 도구를 이용하기도 한다.

마르셀라 라이드너(Marcella V. Ridenour)에 따르면, 프로그래밍 계획의 좋은 예는 태어나서 6세까지 자녀를 건강하게 키우기 위해 부모가 집에서 응용할 수 있도록 만들어진 프루덴 프로그램(Prudden program)이란 아동적합성 프로그램이다. 이 프로그램은 수많은 활동을 포함하고 있는데, 하루에 대략 15분간 프로그램을 수행할 것을 권하고 있다. 또 아기의 팔과 다리의 위치 조작을 통한 정기적인 활동도 권장하고 있다.

크레티 교과과정(Krettee Curriculum) 역시 상호작용하는 일련의 모듈을 통해 생후 1개월까지의 아기에게 프로그래밍 원리를 사용하도록 권고한다. 각 모듈들은 아기의 반응에 대한 평가 및 행동수행(주로 언어상)에 대해 권장할 만한 활동을 담고 있다. 그러나 이 교과과정은 프루덴 프로그램과 달리, 부모를 위한다기보다는 전문가들이 사용하는데 적합하도록 만들어졌다.

오늘날까지도 조기운동 자극에 대한 노-프로그래밍이나 프로그래밍 방식을 검증하는 연구는 별로 많지 않다. 따라서 라이드너가 조언한 대로 보다 확실한 연구결과가 발표될 때까지 부모로서 아기의 운동신경이나 지적 개발을 위해 지나치게 요구하는 일은 피하는 것이 좋을 것이다. 현재로서는 아기가 자연스럽게 발달하도록 촉진하는 자극을 주는 정도로 집안 환경을 꾸미는 수준이 적당하다.

라이드너의 견해는 더 많은 자극이 항상 좋은 것은 아니라고 주장한 주디스 가드너(Judith M. Gardner), 버나드 카르멜(Bernard Z. Karmel), 존 다우드(John M. Dowd)에 의해서도 뒷받침되고 있다. 이들 세 사람은 활동의 강도나 종류가 개인의 기호에 맞지 않으면 오히려 해로울 수 있다고 주장했다. 특히 부모로서 그릇된 가정을 내릴 가능성이 적지 않다는 점을 경계해야 한다고 했다. 부모는 자신이 요구하는 프로그램을 아기가 성취하지 못할 때, 부모로서 아기에게 충분하고 적당한 기회를 주지 않은 점을 자책한다는 것이다. 프로그램에 등록하지 않은 부모 또한 자녀에 대한 기대를 낮추고 '스스로 실패에 대해서 예언할 줄 아는 사람'으로 만들어 가는 게 중요하다고 했다.

이들 세 사람 역시 조기교육 프로그램에 대한 연구가 너무 적다는 점을 지적하고 있다. 물론 기존의 연구 중에는 조기자극 개념을 지지하지 않는 견해들도 적지 않다. 그러나 그 대부분은 사람이 아닌 동물을 대상으로 하고 실제로 확인되고 증명된 사실도 매우 미비하다. 또 처음에 유익한 결과가 나왔다고 해도 나중에 해롭다고 증명되는 경우도 가끔씩 있었다. 정상적인 중추신경 기능의 연속성이 와해된다는 실험의 결과가 그 대표적인 사례이다.

1. 짐보리

오늘날 조기운동 자극 프로그램이 수없이 많이 등장하고 또 운영되고 있지만 짐보리 프로그램(Gymboree program)만큼 관심과 평가를 받고 있는 프로그램도 드물다. 3~4세의 영유아를 위해 만들어진 최초의 짐보리 프로그램은 1976년 미국에서 처음 시작되었고 1988년 전 세계적으로 263개의 체인점에서 운용될 정도로 글로벌화 되었다.

설립자 조안 반스(Joan Barnes)에 따르면, 짐보리 프로그램은 유치원

기간이 아동교육에서 가장 중요한 시기이며 동시에 자녀를 교육시키는데 외부의 도움을 가장 적게 받을 수 있는 시기라는 믿음에 기초하고 있다. 집이나 놀이터, 보육학교에서 손쉽게 이용할 수 없지만 유치원 아동에겐 필수적인 놀이활동의 제공을 당연시한다. 그러면서 유치원생이 비경쟁적으로 정신운동에 도전한다고 설명한다. 짐보리 프로그램은 1주일에 45분짜리 과정을 기준으로 9~13주까지 지속된다.

짐보리 프로그램에는 부모의 지도하에 아기가 호기심을 갖고 살펴볼 수 있는 다양하고 작은 기구들이 마련되어 있다. 즉, 균형 잡힌 들보, 공, 스쿠터, 터널, 롤러, 굴렁쇠, 사다리 등은 자유시간에 탐구할 수 있는 도구에 속한다. 여기서 자유시간은 짐보리 프로그램 과정의 한 부분이다. 프로그램의 진행요원은 각 과정마다 아기가 장비를 이용하거나 갖고 노는데 도움을 준다. 보통, 장비를 이용하는 자유시간에는 단체활동이 뒤따르는데, 춤추기, 노래 부르기, 몸짓 활동 등은 감각의 자극, 협동작용, 그리고 사교적인 상호작용에 초점을 두고 있다.

짐보리 프로그램을 지지하는 사람들은 부모의 참여가 유익하다고 말한다. 자녀에게 필요한 것, 그리고 자녀의 성장과 발전에 대한 이해도를 높일 수 있다는 이유에서다. 또 부모의 참여는 자녀 스스로 필요로 하는 것을 융통성 있게 할 수 있도록 돕고, 능력 개발을 능률적이고 재미있는 방법으로 격려해 줄 수 있다고 생각한다.

짐보리 프로그램은 연령별로 세 가지의 하위 프로그램으로 나누어져 있다. 베이비짐(Babygym)은 3개월에서 1년 된 영아를 위한 프로그램이며, 짐보리(Gymboree)는 1년에서 2년 반 된 유아를 위한 프로그램, 짐가드(Gymgrad)는 2년 반에서 4년 된 유아를 위한 프로그램이다.

베이비짐 프로그램에서는 영아의 제한된 기동성을 고려하여 부모가 보다 활동적인 역할을 수행하도록 촉진된다. 먼저 아이는 팔다리가 만져지고 마사지를 받음으로써 자극을 받게 된다. 트램펄린 위에서 여러 가지 구조물을 만지고 노래를 부르며 상대방과 손바닥치기(pat-a-cake)와 같은 놀이를 하거나 유연성, 기동성, 그리고 힘을 향상시키는 팔다리 조작운동도 경험한다. 그러나 이 프로그램은 일차적으로 놀이를 위한 것이며 아이에게 필수적인 것으로 인지되어서는 안 된다는 점이 중요하다.

한 살에서 두 살 반 된 유아를 위한 짐보리 프로그램에서는 자유시간 동안 부모의 역할이 줄어든다. 아이 스스로 무엇을 할 것인지를 결정하는 주체가 된다. 물론 그 선택에는 옳고 그른 것이 없다. 아이의 독립심과 자부심을 강화시키고 배움을 용이하게 하는 게 중요하다. 프로그램에 따르면, 과다한 형식적 교육은 유아로 하여금 중요한 경험을 갖지 못하도록 저해할 뿐이다. 자유시간과 그룹활동은 유아의 발달을 촉진시키는데 도움을 줄뿐만 아니라 부모에게도 자녀가 겪는 발달의 복잡성을 이해하도록 돕는 역할을 한다.

마지막 하위 프로그램인 짐가드는 유아가 짐보리 프로그램을 통해 좀 더 조직적인 놀이를 할 수 있다는 준비가 되었을 때를 위한 과정이다. 이 과정에서는 더 많은 사회적 상호작용을 인정하고 놀이에서도 사고와 활동을 조정하는 특별한 노력을 기울인다. 즉, 교육, 집중, 반복 진행되는 활동, 상상의 활용, 협동과 같은 것을 수행하는 능력과 결단력을 높이는데 초점을 맞추고 있다. 게임과 노래 부르기는 이러한 목적을 달성하기 위한 수단의 하나이다. 이 연령대에서는 보다 어렸을 때의 단계보다 적은 수준의 발달이 일어나므로 이전 단계에서 배웠던 움직임을 다듬는 것도 함께 강조한다.

짐보리 프로그램에 따르면, 프로그램에 참여할 경우에 균형잡기가 향상되고 달리기, 점프, 던지기, 잡기와 같은 기본적인 운동이 실행된다고 강조한다. 또 이동방식의 전환, 신체 상태의 변화, 방향과 속도의 변화, 나누기와 순서 지키기 등 사교적 변화, 그리고 상상력의 자유로운 표현

효과를 가져 올 수 있다고 주장한다.

　프로그램에 참가했던 부모를 대상으로 프로그램의 효과를 측정한 조사 결과에 따르면, 상당수의 응답자들이 자신과 자녀에게 많은 도움을 준 것으로 평가했다. 특히 자녀와 보내는 시간에 아무런 방해를 받지 않고 지낼 수 있는 시간이 증가했다고 답한 부모가 많았다. 그들은 다른 가족들을 만나서 의견을 교환하는 일도 가치 있는 일이었다고 했다. 자녀가 프로그램에 참여하고 나서부터 능동적이고 공동의식과 사회 기술이 성장했다고 평가했다.

　그러나 앞에서 언급했던 바와 같이, 짐보리 프로그램과 같은 조기자극 프로그램이 주장하는 효과가 과연 사실인지를 실증해 주는 연구는 현실적으로 너무나 부족하다. 따라서 짐보리 프로그램이 주장하는 자체 평가에 대해서는 신중하고도 조심스럽게 받아들여야 한다.

　객관적이고도 실증적인 연구가 행해질 때까지, 우리로서는 짐보리 프로그램이 목표를 달성할 것인지, 혹은 평범한 발달상의 과정인 단순한 기술의 개발을 이룬 것인지를 명확하게 알기 힘들다. 이 프로그램에 참여할 것인가 하는 결정은 가족의 필요, 희망, 그리고 참가 비용을 지불할 수 있는 능력에 기초해야 할 것이다. 우리는 신중한 소비자가 되어야 한다.

2. 유아와 유치원 아동을 위한 수영 프로그램

　유아와 유치원생을 위한 수영 프로그램은 최근 10년간 가장 일반적인 형태의 조기운동 자극프로그램 중 하나이다. 하지만 돌도 지나지 않은 유아에게 수영을 가르치는 프로그램은 정당화될 여지가 별로 없다. 그보다 약간 연령이 높은 유치원생이 수영능력을 발전시키는 것은 가능하다. 2~6세의 아동을 대상으로 수영능력과 나이의 상관관계를 연구한 사라 에르바우(Sarah J. Erbaugh)는 2~4세 사이에 수영능력이 점차적으로 발달될 수 있다는 결론을 내렸다. 더 중요한 발달은 4~5세 사이에 발견된다.

일반적으로 유치원생에게 기대할 수 있는 장기적인 변화로는 이동거리를 늘리는 것, 팔의 추진력을 향상시키는 것, 발차기 능력을 향상시키는 것, 물속에서 수평 유지능력을 향상시키는 것, 그리고 머리 위치를 개선시키는 것 등이 포함된다. 그러나 이와 같은 발달은 취학전 유아에게 점진적으로 나타난다는 점에서, 유아기에는 수영능력의 발달이 별로 없을 것이라는 사실을 유추하게 해 준다.

그럼에도 불구하고 몇몇 조기수영 프로그램은 올림픽 메달을 꿈꾸는 부모의 열망으로 인기를 끌고 있다. 유아 때 수영 프로그램에 참여한 것이 성장한 후의 수영기능과 관계가 있는가 하는 문제에 대해서는 모순되는 결과를 보이고 있다. 어떤 유아는 조기수영 프로그램을 졸업한 뒤에 수영능력에서 두각을 나타냈지만 아무런 성과도 얻지 못했다고 말하는 사람도 있다. 오히려 아이가 물에 대한 두려움을 더 갖게 되었다고 주장하는 부모도 있다.

조기수상 프로그램 가운데 일부는 수영을 가르치는 프로그램이라기보다 '익사 방지' 혹은 유아를 물의 위험으로부터 안전할 수 있도록 가르치는 것이라고 주장한다. 그러나 대부분의 전문가들은 '익사 방지'와 같은 용어는 적절하지 않으며 실제로 익사를 방지하는 것은 불가능하다고 말한다. 미국 적십자사 역시 '많은 프로그램들이 익사 방지를 달성할 수 있다는 것은 불가능하다'고 지적하고 있다.

부모의 입장에서 볼 때, 자녀가 물에서 안전하기를 바라는 마음은 종종 자녀의 수영능력에 관심을 갖게 한다. 흥미로운 점은 아이가 수영 프로그램에서 위험을 당할 경우, 아이의 익사 가능성은 조기수영 프로그램에 참여함으로써 증가할 수 있다는 사실이다. 더군다나 익사 방지 프로그램은 부모에게 그릇된 안전의식을 갖게 할 수도 있기에 비극적

결과로 이어질 수도 있다.

조기수상 프로그램에서 건강상 유의해야 할 또 하나의 점은 '물 중독'이란 후유증으로, 특히 유아에게서 잘 나타난다. 이 후유증은 11개월 된 유아가 수영강습에 참가했다가 평소보다 많은 물을 마시고 발병한 사례를 대상으로 한 연구에서 생생하게 묘사되었다.

당시 유아는 수영장에 있는 동안에는 아무런 문제가 없었다. 하지만 수영장을 떠나고 30분 후, 무기력하고 혼란스러운 상태가 되었다. 병원에 가는 도중에 토하기까지 했고 병원에 도착해서는 발작을 하기 시작했다. 물의 과다한 섭취는 혈청나트륨의 수준을 낮추어 저나트륨혈증을 유발하고, 위에서 언급한 징후 외에 불안함, 허약함, 극단적인 경우에는 죽음에 이를 수도 있다.

우리는 정확히 얼마나 많은 물을 삼켜야 물 중독을 일으키는지 모른다. 또 정확한 수치의 물 중독 사례에 대한 정보도 많지 않다. 매우 드문 것으로 알려져 있지만, 이미 알려진 것보다 더 많을 수도 있다. 왜냐하면 분명하지 않은 자연적인 징후이며, 물을 삼키고 나서 몇 시간이 지나서야 증상이 나타나기 때문이다. 따라서 질병과 물의 관계는 아직까지도 명확하게 정립되지 않은 상태이다.

물 중독의 위험은 수중 참여를 금지시키는 것으로 피해 갈 수도 있다. 그럼에도 많은 지역의 수영단체들은 유아 수영 프로그램에서 아이를 물속에 넣어야 하는 필요성을 계속 강조하고 있다. 물속에 있는 횟수가 증가하면 물을 마신 양도 증가한다는 것은 분명한 사실이다.

미국 YMCA의 유아 수영 가이드라인(Guidelines for Infant Swimming)과 미국 소아과학회의 유아 수영 프로그램 정책보고서(Policy Statement on Infant Swimming Programs from the American Academy of Pediatrics)는 수상 프로그램에서 유아를 물속에 완전히 잠수시키는 것을 금하도록 권고하고 있다. 미국 적십자사도 지침서에서 유아와 유치원생을 위한 수상 프로그램에서는 '강요, 오래 하는, 아니면 빈번한 잠수는 해서는 안 되는 기술들이다' 라고 밝히고 있다. 하워드 베넷(Howard. J. Bennett)과 와그너(Teekie Wagner) 역시 연구논문(Acute hyponatremia and seizures in an infant after a swimming lesson)에서, 유아에게 잠수를 시키지 말아야 하며 유아가 너무 많은 물을 마시거나 위에서 언급한 증상을 나타내면 즉시 수영 강습을 중지해야 한다고 지적하고 있다.

유아 수영 프로그램에서 나타나는 보다 일반적인 문제는 편모충류에 속하는 지아르디아(giardia)의 감염이다. 창자의 벽에 붙어 서식하는 이 기생충은 심한 설사를 일으키는데 포낭(cyst)이 풀장을 오염시키고 있을 때 쉽게 전염될 수 있다. 미국 YMCA의 유아 수영 지침서에는 수영장 물을 통해서 감염될 수 있는 모든 지아르디아를 씻어 내기 위해 수업 후 반드시 샤워와 같은 예방조치를 취해야 한다고 적혀 있다. 질병이 있는 아이, 특히 설사병이 있는 아이는 수영실습에 참여시키지 말 것을 권고하고 있다.

미국 소아과학회(AAP, American Academy of Pediatrics) 또한 유아 수영 프로그램에 대해서 1985년 여러 방안의 지침을 제시했다. 이러한 조치는 미국 소아과학회가 유아의 수영관련 프로그램의 정당성을 인정하고 있지 않지만 프로그램의 존재, 그리고 증가하는 유익함에 대한 주장을 인정한다는 점에서 주목을 받았다.

우선 미국 소아과학회는 모든 수영관련 프로그램에게 YMCA의 지침서에 따를 것, 물의 오염을 줄이기 위해 여러 단계를 거칠 것, 그리고 잠수를 금할 것을 권고하고 있다. 또 조기수영 프로그램에 참여하는 아동이 3세 미만이라면 전문강사나 부모 또는 믿을 만한 성인과 함께 참여해야 하며 단체교육은 가급적 피하라고 조언하고 있다. 모든 교사들은 자격을 갖추되, 유아의 심폐소생술을 익혔다는 증명이 필요하다고 했다. 질병을 앓았거나 의학적인 문제를 겪는 아동은 수영 프로그램에 참여하기 전에 내과 의사의 상담을 받고 참가 여부를 결정해야 한다고 했다. 그러면서 이 문제에 대한 연구가 중요하다는 점을 다시금 강조했다.

미국 소아과학회가 제시한 방안은 미국 적십자사에서 유아 및 유치원생을 대상으로 제시하고 있는 지침과 흡사하다. 앞서 언급했듯이, 미국 적십자사는 '익사 방지'와 같은 용어를 사용하지 말고 YMCA의 지침과 마찬가지로 아동이 수영을 할 때에는 반드시 어른이 감독해야 한다는 것을 강력히 권고하고 있다. 특히 물에서 즐거움을 경험하는 것을 배우는 게 주된 목적의 하나임을 강조하고 있다. 적십자사가 마련한 수상 프로그램에 등록하려면 유아가 자발적으로 머리를 가눌 수 있는 정도는 되어야 한다고 했다.(YMCA Division of Aquatics, 1984)

어쨌든 조기수상 프로그램이 갖고 있는 여러 가지의 결점에도 불구하고 어렸을 때 물과 접촉하는 것은 참가자들에게 잠재적으로 많은 이익을 제공한다. 이를 뒷받침하는 구체적인 자료는 부족하지만 어렸을 때 조기수상 프로그램에 참여하면 물에 대한 친밀도를 높일 수 있는 것만은 분명하다. 그리고 조기수상 프로그램은 부모와 아이가 질적인 상호작용을 할 수 있는 독특하고 훌륭한 환경을 제공해 주기도 한다. 어쩌면 편안함을 줄지도 모른다.

그러나 이러한 주장을 실증해 주거나 조기수상 프로그램에 대한 일반인의 이해를 높이는데 도움을 주는 과학적 증거는 많지 않다. 물에 대한 조기 노출, 물 중독이란 문제점 외에도 수영기술에 대한 조기교육 개발과 관련하여 더 많은 연구가 요구된다. 물의 상태, 설비의 디자인, 새로운 수상 교육과정의 설립을 도울 수 있는 수상 교육방법과 같은 보다 본질적인 정보도 더 필요하다. 결론적으로 우리는 아직도 유아와 유치원생의 수상 프로그램에 관해 연구하고 보완해야 할 점이 많다고 볼 수 있다.

3. 스즈키 방법으로 바이올린 연주하기

아동의 적절한 태도 발달을 위한 조기자극 가운데 가장 인기 있고 오래된 프로그램은 바이올린 연주를 가르치는 스즈키 방법(Suzuki method)이다. 아동의 조기운동과 지적 능력을 강조하는 이 프로그램은 1940년대 후반에 일본에서 시작되었다.

이 프로그램의 창안자인 신이치 스즈키(Shinichi Suzuki)는 먼저 한 살이나 두 살 된 일본의 모든 아동이 모국어인 일본어를 잘 한다는 사실에 주목했다. 사람이 태어나 말을 배울 때에 부모가 말하는 것을 따라 하면서 시작하는데, 부모가 일본인이고 일본어로 둘러싸인 환경에서 자라니 당연히 일본어를 잘할 수밖에 없다는 점에 유의한 것이다. 바이올린 연주법을 배우는 것도 음악에 둘러싸여 있게 한다면 마찬가지로 잘할 것으로 믿었다. 그는 음악교육 역시 모국어 교육처럼 '귀에서부터' 시작하는 게 바람직하다는 점에서 '듣고 연주하기' 방법으로 바이올린을 가르치기 시작했다.

스즈키 방법은 아기가 태어나자마자 시작할 수도 있는데, 아기에게 규칙적으로 틀어 줄 곡을 선곡함으로써 시작된다. 아기가 처음 선택된 곡에 익숙해지거나 만족해하면 다른 곡을 선택할 수도 있다. 그러나 이 프로그램의 성공 열쇠는 연주된 음색의 질에 달려 있다. 스즈키에 따르면, 부모가 다른 말로 음정에 맞지 않게 노래를 부르면 유아에게 긍정적인 영향보다는 부정적인 영향을 더 미친다는 것이다.

대략 두 살에서 두 살 반 정도가 되면, 유아는 사실상 바이올린 수업을 시작하게 된다. 이 단계에서는 특히 태도를 중요시하는데, 유아로서는 바이올린 수업을 반드시 받아야 한다는 강제성을 느끼지 않는 게 중요하며 바이올린을 켜는 것에 흥미를 느껴야 한다. 스즈키에 따르면, 이러한 태도는 참된 부모의 적극적인 관심을 받아 발전된다. 왜냐하면 유아는 부모가 바라는 것을 하려고 애쓸 것이고 어릴수록 부모로부터 인정받고 싶은 심리가 크기 때문이다. 따라서 부모는 직접 유아의 레슨에 함께 참여하여 집에서 아이들이 연습하면서 도움을 요청할 때 도울 수 있는 정도를 익혀야 한다.

스즈키 방법에서 가장 독특한 원리는 유아들 사이의 경쟁을 부추기지 않는다는 점이다. 기본적으로 합주를 통해 협동심, 일등 자리를 놓고 다투지 않은 사회성, 배려심을 길러 준다. 특히 경험이 많은 선행학습자는 진도가 느리거나 새로 프로그램에 참여한 유아를 돕는 게 중요하기 때문에 협력이 강력하게 장려된다.

거의 모든 프로그램이 유아의 조기자극에 관계되고 있는데, 스즈키 방법의 효과에 대해서는 아직까지 밝혀지지 않은 것이 많다. 비록 눈에 띄는 몇몇 바이올리니스트들이 이 프로그램으로 이름을 떨쳤지만 현실적으로 이에 대한 관심은 많이 줄어들었다. 일부 비평가들은 아주 어린 나이에 바이올린을 많이 켜면 오히려 커서 음악적 관심이 줄어들거나 심할 경우 악기를 다루지 않으려 한다고 지적한다.

4. 보행기

유아용 보행기(infant walker)는 최근에 발명된 것이 아니다. 누가 만들었다는 기록은 없지만 1440년 유럽에서 그려진 그림에 등장한다. 최근까지 사용하는 가정이 많아지고 있으나 안전 문제와 함께 아기에게 더 빨리 걷도록 가르치는 도구로서의 효과에 대해서는 의문점이 많이 제기되고 있다.

1980년의 경우, 2만 3900명 이상이 보행기 때문에 부상당했다. 병원의 진료 기록에 따르면, 부상은 대체로 두개골 파괴, 찰과상, 열상, 치아 손상, 그을림, 손가락 골절 등이었다. 1986년 한 병원에서 1년간 보행기로 입은 상해를 조사한 리더(M. J. Rieder), 슈와르츠(C. Schwartz), 뉴먼(J. Newman)의 연구논문(Patterns of walker use and walker injury)에 따르면, 이 기간에 139건의 보행기와 관련된 부상자가 발생했다. 같은 기간에 250명의 아동이 자동차사고로 부상당한 것에 비교하면 적지 않은 숫자였다.(황덕호 외 1인, 2004)

보행기로 인해 상해를 당한 유아들 대부분은 머리 부상이었고 상당수는 집에서 보행기를 탄 채 계단에서 굴러 떨어져 발생한 상해였다. 때문에 연구자들은 위험이 보행기 때문인지, 아니면 계단 때문인지를 규명해야 한다고 주장하기도 했다. 분명한 것은 보행기를 탄 유아를 계단 가까이 가지 않도록 주의를 기울인다면 사고를 충분히 예방할 수 있다는 점이다.

이들 세 사람은 보행기의 가장 유용한 기능을 알아보기 위해 보행기 사용에 대한 부모의 견해도 함께 조사했다. 조사 결과, 보행기가 보모 역할을 하기에 좋다는 응답이 많았고 거의 모든 부모들은 아기의 운동성이 증가되어 흐뭇했다고 답했다. 아기가 혼자 걷는 방법을 익히는데 도움이 되었다고 답한 부모도 많았다. 여기서 주목할 점은 보행기 사고를 당한 아기들은 하루 평균 2시간 정도 보행기를 탄 채로 있었고 사고를 당한 이후에도 계속 보행기를 이용했다는 사실이다.

5. 조니와 지미

미국의 머틀 맥그로우는 1935년 유아기 자극 및 운동발달과 직접 관련된 연구를 수행했다. 유아 성장에 관한 실험적 비교연구를 개척한 인물로 평가받는 그녀가 사용했던 방법은 오늘날 전통적인 연구방법의 하나로 자리 잡고 있다.

당시 그녀는 쌍둥이 형제인 조니와 지미를 관찰하면서 상황이나 환경 변화 등이 유아의 운동 개발능력에 미치는 영향을 알아보고자 했다. 이를 위해 그녀는 생후 22개월까지 조니에게는 장난감을 주면서 많은 양의 자극과 다양한 종류의 운동경험을 시킨 반면, 지미에게는 장난감을 주지 않고 운동능력에도 최소한의 자극만을 주었다.

앞서 언급한 세발자전거 타기 외에, 그녀는 자극의 정도에 따른 영향을 알아보기 위해 몇 가지 운동을 대상으로 삼았다. 먼저 스케이트의 경우, 조니는 돌도 지나기 전에 스케이트를 배웠고 곧 숙련된 솜씨를 보이기 시작했다. 그녀는 무게 중심을 낮춰 균형을 잘 잡을 수 있어서 스케이트를 잘 타는 것이라고 여겼다. 반면에 지미는 생후 22개월이 되어서야 스케이트를 처음 배웠지만 잘 타지 못했다.

그러나 실험이 끝난 후 스케이트를 더 이상 타지 않게 되자 둘의 스케이트 실력은 급격하게 저하되었다. 그리고 3세 때 다시 스케이트를 타게 했더니 둘 다 균형을 잡는데 어려움을 겪었다. 놀라운 사실은 자극을 많이 받았던 조니가 지미에 비해 더 어려움을 보였다는 점이다. 이에 대해 그녀는 새롭게 나타난 태도의 차이 때문이라고 분석했는데, 조니는 다소 무모해진 반면에 지미는 침착하다 못해 너무 신중하게 운동에 접근했던 것이다.

두 아이는 산비탈을 오르내리는 태도와 기술에서도 달랐다. 조니는 지미에 비해 산비탈을 올라가는 기술이 좋았고 비교적 자신의 능력을 잘 유지했다. 침착하게, 그리고 전략을 짜는 능력이 지미에 비해 훨씬 좋은 것처럼 보였다. 반면에 지미는 산비탈을 내려갈 때면 올라갈 때보다 더 머뭇거리고 지나치게 주의 깊었으며, 때때로 비협력적이었다. 조니에게는 산비탈을 내려갈 때 망설이는 모습을 거의 볼 수 없었다. 이에 대해, 그녀는 개인이 갖고 있는 태도가 운동에 영향을 미칠 수도 있는 것으로 판단했다.

두 아이의 태도는 뜀뛰기 능력에도 영향을 미쳤다. 낮은 받침대에서 뛰어내리게 했는데, 조니처럼 어렸을 때 많은 운동경험을 하지 않았던 지미는 아무리 달래도 뛰어내릴 생각을 하지 않았다. 반면에 조니는 익숙한 탓인지 상당한 기술을 가지고 쉽게 뛰어내렸다.

수영을 배우는 능력에서도 마찬가지였다. 그녀는 이른 시기에 두 아이로 하여금 물속에서 놀게 한 뒤에 17개월이 되자 중지시켰다. 그리고 6세 때 다시 실험했더니, 조니는 물속에서 다양한 기술을 선보이는 등 매우 편안해 보였다. 물속에서 팔을 수평으로 휘저으며 매우 자연스럽게 수영을 하는 반면에, 지미는 팔을 수직으로 젓는 등 매우 불안정한 자세로 수영을 했다. 조니의 수영 실력은 참으로 놀라운 것이었다. 왜냐하면 조니가 보여준 기술은 그 누구도 가르쳐 준 적이 없었기 때문이었다.

한편, 그녀는 유아기에 가해진 자극의 정도가 운동능력의 개발 외에 다른 부분에도 많은 영향을 미친다는 것을 알아냈다. 일상생활에서 조니와 지미는 모두 즐거워했고 적응능력이 뛰어났지만 사회적으로는 조니가 사랑을 받는 경우가 더 많았다. 그래서인지, 지미는 가끔 조니를 때리거나 장난감을 빼앗는 등 질투심을 보였다. 어떤 때는 반대로 지미에 대한 엄청난 사랑을 나타내기도 했다. 또 조니에 비해 엄마에게 의존하는 경향이 강했고 화를 잘 참았다. 그녀는 두 아이의 심리와 성격을 보다 정확하게 파악하기 위해 로르샤흐 검사(Rorschach test)를 실시했다. 그 결과, 지미는 정서적으로 더 미성숙했고 자기중심적이며 남에게 의지하는 반면, 조니는 보다 사회적이고 자신감이 넘쳤으며 때론 지나치게 용감했고 비교적 활동적이었다.

물론 쌍둥이 형제를 대상으로 삼은 그녀의 장기적 연구는 여러 가지 면에서 비과학적이다. 실험 대상으로 2명만 사용했기 때문에 두 아이의 경험이 다른 또래 아이에게도 나타난다고 단정 지을 수 없다. 그럼에도 불구하고 그녀는 두 아이의 운동능력 차이에 대해 빈틈없고 통찰력 있는 설명을 제시하고 있다.

먼저 그녀는 운동의 활동 상태가 유지되는 수준은 정착도(fixity)에 의해서 결정된다고 했다. 그녀에 따르면, 정착도는 하나의 기술을 긴 시간 동안 익히지 않고 있다가 훗날 어느 정도로 완벽하게 구사할 수 있는지를 설명해 준다는 것이다. 예컨대, 이 현상은 쌍둥이들이 일정 기간 세발자전거를 타지 않다가 상당한 시간이 지난 뒤에 세발자전거를 타는 능력이 어느 정도 남아 있는가를 통해서 평가된다. 그리고 세발자전거를 처음 탔을 때에 익혔던 고난도 기술은 추후에 똑같은 과제가 주어졌을 때, 그 능력을 촉진시켜 주는 역할을 하게 된다.

그녀는 또 연습과 태도가 기술능력에 큰 영향을 주는 요인이라고 했

<표 3> 쌍둥이 형제의 운동 개발능력에 대한 맥그로우의 연구

운동능력 개발에 영향을 미치는 요인	맥그로우의 설명
태도	조니는 생후 11개월 롤러스케이트를 완벽하게 탈 수 있었으나 시간이 지나면서 무모해지자 그 능력이 퇴보했다. 지미는 자주 비협력적인 태도를 보였다. 때문에 산비탈을 내려오거나 뛰어내리는 행동을 잘하지 못했다.
연습	조니는 지미보다 산비탈을 훨씬 잘 오르내렸고 내려오는 동안에도 매우 영리한 전략을 만들어 내곤 했다. 어렸을 때, 산비탈을 오르내리지 않았던 지미는 조니에 비해 오르내리는 능력이 떨어졌고, 특히 내려올 때에는 겁이 많아 자주 머뭇거리며 망설이곤 했다.
준비	조니는 생후 11개월에 처음으로 세발자전거를 탔지만 8개월이 지나기 전까지는 제대로 타는 기술을 터득하지 못했다. 지미는 생후 22개월 세발자전거를 처음 접했는데, 조기 자극이 부족한데도 곧바로 자전거를 탈 수 있었다. 즉, 지미는 22개월에 세발자전거를 탈 준비가 되어 있었던 반면, 조니는 11개월에 아직 탈 준비가 되어 있지 않았던 것이다.
성장	조니는 생후 11개월에 롤러스케이트를 잘 탔지만 그 후로는 능력이 퇴화해 갔다. 태도 외에 키가 커져서 무게 중심이 높아짐에 따라 균형 감각이 떨어졌기 때문이다.
정착 정도	조니와 지미는 모두 일정한 공백 기간이 지난 후에도 세발자전거를 타는 능력은 유지할 수 있었다. 타는 기술을 그만둔 때, 이미 타는 사람의 수준이 고정되어 있기 때문이다.

다. 조니는 어려서부터 산비탈을 오르내렸고, 잘하고 싶다는 마음과 태도를 갖고 있었기 때문에 산비탈을 오르고 내리는 운동능력이 뛰어날 수 있었다. 반면에, 지미는 도움이 될 만한 경험이 전혀 없었는데, 어쩌면 이러한 이유 때문에 비협력적인 태도가 발생한 것일지도 모른다는 것이다.

홍미로운 사실은 태도에 관한 이 차이가 롤러스케이트를 탈 경우에는 정반대의 결과를 가져왔다는 점이다. 롤러스케이트를 탈 때, 조니의 하고자 하는 태도는 무모하고 감상적인 롤러스케이팅이 되었다. 이와 달리, 지미는 비교적 조심스럽게 롤러스케이트를 탔다. 롤러스케이트를 타는 두 아이의 모습을 관찰한 그녀는 성장 또한 운동능력에 영향을 끼친다고 결론지었다.

앞서 설명했듯이, 조니는 돌이 지나기 전에 스케이트를 비교적 성공적으로 탔지만 지미는 22개월이 되기 전까지 한 번도 타 본 경험이 없었고 끝까지 제대로 익히지도 못했다. 그 이유에 대해, 그녀는 처음 운동을 접했을 때의 아이들의 신체적 차이 때문이라고 여겼다. 조니에 비해 지미는 키가 큰 상태에서 시작했기 때문에 무게 중심이 조니보다 높은 곳에 위치해 있어서 스케이트를 타는데 필요한 균형을 잡기 힘들었다는 이야기이다. 반대로 조니는 아주 어린 나이에 배우기 시작했고 키도 작아서 무게 중심이 바닥과 가깝게 붙어 있어 균형을 잡기 쉬웠다는 것이다. 이 운동에서만큼은 키가 작은 게 장점인 셈이었다.

4. 유아기 결핍이 미치는 영향

유아기에 발생하는 결핍의 형태는 인간 행동의 모든 양상을 연구하는 발달 학자에게 매우 중요하다. 학자들은 결핍의 종류, 길이, 시간,

정도, 그리고 그 뒤에 일어나는 수많은 결과를 이해하려고 노력하지만 현실적으로 유아기의 결핍이 미치는 영향에 대한 연구는 매우 어렵다. 과학적인 실험을 하려면 유아를 고의적으로 주위 환경으로부터 떨어뜨려 놓아야 하는데, 이것은 극히 비윤리적이며 비인간적인 행동이라는 비판을 받게 된다. 때문에 학자들은 주로 동물을 대상으로 연구해 왔고 아주 드물게 사회로부터 자연스럽게 격리될 수밖에 없었던 유아를 대상으로 연구해 왔다.

따라서 결핍이 인간에게 미치는 영향에 관한 우리의 지식은 매우 부족할 수밖에 없다. 그럼에도 불구하고 지금까지 유아기에 나타날 수 있는 여러 종류의 결핍이 미치는 영향에 대한 연구성과는 교육이나 아동 양육에 유익하게 사용될 수 있다고 판단된다.

1. 결핍왜소증

어렸을 때, 정서적으로나 사회적으로 결핍이 있다면 우리가 예상했던 것보다 훨씬 큰 영향을 미친다. 예컨대, 오랫동안 병원에 입원해 있는 어린아이는 대부분 의욕이 없고 냉담하며 의기소침하다. 놀라운 사실은 이처럼 자극이 거의 없는 병원에서 장기간 지내는 아기의 경우, 대개 몸무게가 늘지 않고 호흡기관에의 전염과 열병이 발생한다는 것이다. '결핍왜소증(deprivation dwarfism)'이라고 알려진 이 상태는 아기에게 영구적인 영향을 미칠 수도 있다. 다행히 상태가 심하지 않을 경우, 친숙하고 정서적으로 안정감을 주는 집으로 돌아와 지내다 보면 증상은 사라진다.

결핍왜소증은 리트 가드너(Lytt I. Gardner)가 1972년 사이언티픽 아메리칸(Scientific American)지에 기고한 논문(Deprivation Dwarfism)에서 구체적 사례가 설명되고 있다. 가드너는 성격이 전혀 다른 2개의 고아원을 예로 들었다. 한 고아원은 매우 엄하고 정을 주지 않는 반면, 다른 고아원은 명랑하고 사랑을 많이 주는 곳이었다.

두 고아원을 반년 간 비교 관찰하면서 고아들의 몸무게가 어떻게 달라지는가를 살펴본 결과, 성격이 밝은 감독자 아래에서 생활하는 고아들은 엄한 감독자 밑에서 생활하는 또래들과 비교할 때에 덩치가 더 큰 것으로 나타났다. 이번에는 성격이 밝은 감독자가 있던 고아원의 감독자를 엄격한 감독자로 바꿨다. 그러면서 고아들에게 보다 풍족한 음식을 제공했다. 그러나 새로 온 엄격한 감독자는 고아들의 성장에 정서적으로 나쁜 영향을 미치는 것처럼 보였다.

종전에 비해 음식을 더 많이 제공했음에도 불구하고 고아들의 체중은 계속 엄한 감독자 밑에서 생활하고 있는 고아원의 아이들에 비해 상대적으로 줄어들었다는 것을 보여 주었다. 그렇다고 해서 외견상으로 보이는 이 차이가 모든 고아에게서 나타난 것은 아니었다. 엄격한 감독자의 총애를 받는 8명은 많은 사랑을 받고 자란 고아원의 아이들과 동등하게 자랐던 것이다.

이와 같은 극적인 사례는 인간의 성장에 정반대되는 상황이 미치는 영향을 잘 보여 준다. 왜 이러한 방법이 유아에게 영향을 주는지는 확실하지 않지만 유년기에 주위 환경이 엄하고 사랑을 받지 못하면 유아의 성장 발육 또한 저해할 수 있다는 점만은 분명하다.

이처럼 인간의 성장에 나타나는 부정적인 영향은 심각한 결핍이나 부정적 자극에 의한 것이다. 결핍왜소증은 정서적인 불안의 한 형태로, 처음에는 뇌의 상부 중간에서 시작되지만 결국에는 성장호르몬의 분비 작용을 억제하는 시상하부까지 전달된다. 따라서 성장은 멈추면서 잠재적인 다른 심각한 부작용이 나타날 가능성이 늘어난다. 이와 관련하여, 가드너는 쌍둥이 남매의 경우를 또 다른 사례로 제시하고 있다.

이들 쌍둥이 남매는 생후 4개월까지는 정상적으로 성장했는데, 엄마가 원하지 않은 임신을 한데다가 남편이 실직하여 실업자가 되면서부터 힘들어지기 시작했다. 신경이 날카로워진 엄마는 곧잘 화를 냈고 때때로 남자아이에게 화풀이를 했다. 그래서인지, 여자아이는 정상적으로 성장한 반면에, 남자아이는 생후 13개월이 지났건만 7개월 정도 된 아기 같았다. 의사들이 남자아이의 생활환경을 바꾸고 의학적 치료를 시작하고 세 살 반 정도 되었을 때에 비로소 정상적인 성장을 시작할 수 있었다.

2. 극단적 고립의 예

앞에서 언급했듯이, 킹슬리 데이비스는 1947년 유아기 결핍과 관련된 보고 가운데 가장 비극적인 상황의 실화를 설명하고 있다. 약 6년간 다락방에서 고립된 비참한 생활을 해 오다가 1938년 발견된 '애냐'라는 어린 소녀 이야기이다.

어머니, 할아버지와 함께 살고 있던 애나는 사생아였다. 어머니는 딸을 데리고 살겠다고 우겼고, 할아버지는 자신의 집에서 사생아를 키울 수 없다고 고집을 부렸다. 다투던 두 사람이 도달한 해결책은 집에서 살되, 다락방에서 혼자 지낸다는 조건이었다. 그때 애나의 나이는 다섯 살 반이었다.

다락방 생활은 비참했다. 간신히 생존을 유지할 수 있을 정도의 보살핌을 받았을 뿐이었다. 외부 사람이 애나를 발견했을 당시, 정신적으로나 육체적으로 상태는 매우 심각했다. 지능은 극히 낮았고 걷거나 말하지도 못하는데다가 극도의 영양실조 상태였다. 데이비스의 표현에 따르면, 애나의 다리는 마치 해골의 뼈대와 같았고 복부는 부풀어 올라 있었다.

구조된 직후, 애나는 군의 한 복지시설로 옮겨졌다. 그곳에 머무는 동안, 미미한 수준이지만 조금씩 나아지는 기미를 보였다. 혼자 식사를 하고 걸을 수 있을 정도로 운동능력도 좋아졌다. 하지만 말과 지능은 심하게 손상된 그대로였다. 그 뒤, 애나는 정서적, 지능적으로 지진아들이 수용되는 특수시설로 옮겨졌다. 그곳에서도 매우 느린 상태이긴 했지만 조금씩 좋아지는 모습을 보였다. 하지만 여전히 무작위로 목에서 나오는 소리 말고는 언어를 구사할 징후를 전혀 보이지 않았고 지능발달은 매우 낮은 수준이었다. 데이비스에 따르면, 생각 없이 몸을 율동적으로 움직이거나 자기 손을 보면서 마치 처음 본 것처럼 신기해하는 게 전부라고 한다. 말하자면 주의력이 극도로 낮은 상태라는 것이다.

8세가 된 해에 애나를 진찰한 임상심리학자는 시각과 청각은 정상적이며 계단을 기어오르는 등 운동능력이 향상된 모습을 보인다고 했다. 그러나 의사소통 단계는 종알대는 수준이고 정신적 연령은 생후 19개월 정도로 측정되었으며 사회 성숙도는 일반적으로 23개월 된 아기와 같은 수준이라고 평가했다. 성인이 되더라도 6~7세의 지적 능력을 가질 수밖에 없다고 하면서도 자신 있게 단정하기는 힘들다고 덧붙였다.

애나는 9세가 되자, 운동능력에서 많은 발전이 있었다. 공을 튀길 수도 있었고 다른 사람들과 어울려 놀기도 했다. 숟가락으로 밥을 먹는 기술이 또래보다 많이 떨어지기는 했지만 상당한 자제력을 갖고 숟가락을 사용했다. 가장 놀라운 것은 이따금씩 단순히 중얼거리는 것이 아닌, 하나의 문장으로 말한다는 점이었다. 물론 언어능력은 두 살 정도의 수준밖에 되지 않을 정도로 뒤떨어진 상태였다.

10세 때 실시된 마지막 검사에서는 구슬을 실에 끼우거나 블록들을 가지고 구조물을 만드는 등 운동능력을 제어하는 능력이 많이 발달했음을 보여 주었다. 또 서툴기는 했지만 걷거나 뛰는 행동을 나타냈고 말하려고 자주 시도하는 언어능력을 보여 주었다. 그러나 안타깝게도 애나는 열한 살의 나이로 세상을 떠나고 말았다.

애나의 사례는 극도의 결핍이 인간에게 미치는 영향과 관련한 연구에서 새로운 궁금증을 불러일으켰다. 예를 들면, 고립이 애나에게 얼마나 큰 영향을 미쳤는지, 좀 더 일찍 또는 늦게 발견되었더라면 어떻게 되었을지, 다락방 생활이 아닌 정상적인 환경 속에서 자랐다면 어떻게 달라졌을지 등을 궁금하게 했다.

데이비스는 그나마 빨리 발견된 것이 습득할 수 있었던 기술을 가능하게 만들었을 것이라고 추정했다. 늦게 발견되었다면 그 기술마저 익히지 못했을 것이라는 이야기이다. 물론 좀 더 일찍 발견했더라면 의사소통 능력과 전반적인 지능이 훨씬 좋아졌을 것은 분명하다. 아무튼 애나의 이른 죽음은 인간적인 이유나 과학적인 이유에서 모두 불행한 일이었다. 그녀가 조금만 더 오래 살았더라면 우리는 이러한 의문점에 대한 답을 부분적이라도 얻을 수 있었을 것이다.

제2부

유아체육의 가치와 프로그램의 접근

제5장 유아체육의 가치

놀이는 유아의 마음을 즐겁게 하고 욕구를 만족시켜 주기 때문에 스스로의 힘으로 새로운 환경에 적응하려는 적극적인 능력을 키워 줌과 동시에 갈등을 해소시키는 효과가 있다.

일반적으로 유아가 경험하는 놀이는 신체활동 놀이, 감각 놀이, 수용 놀이, 구성 놀이, 모방 놀이 등으로 분류되는데, 유아가 소비하는 놀이 시간의 대부분을 차지하는 놀이는 신체활동 놀이이다. 건강영역에 대한 지도에 중점을 두는 스포츠센터의 아기스포츠단이나 유치원 교육에서는 신체활동 놀이를 통한 유아교육의 목표 달성에 중점을 두어야 한다.

이들 운동과 관련된 놀이의 교육적인 가치를 요약하면 다음과 같다. 놀이는 신체적 발달에 도움을 준다. 다양한 경험이나 조작활동을 경험함으로써 사물에 대한 지각이 발달하고 상상력이 풍부해진다. 숫자 놀이를 통해 추리력이 길러지며, 풍부한 상상 놀이를 통해 말을 조리 있게 할 수 있다. 구성 놀이를 통해서는 창조력과 의지력이 길러지며, 여럿이 함께 놀게 됨으로써 자아의식이 발달하고 공공성과 준비성 및 질서를 배우게 된다.

1. 신체활동 놀이의 가치

1996년 미국 보건복지부가 발표한 신체적 활동과 건강에 대한 외과 의사들의 보고(Surgeon General's Report On Physical Activity and Health)에 따르면, 신체적 불활성, 성인 심장병이란 위험 요소가 유행병 수준이었다. 이 보고는 교육자로 하여금 남녀노소를 불문하고 모든 이의 신체적 활동수준을 높이는 게 중요한 역할이라는 점을 인식하도록 경고하는 메시지였다. 유아의 신체활동 유형은 성인이 되어도 계속되며, 유아의 신체적 활동수준이 높아지면 성인이 되었을 때 활동유형의 변화가 일어나 심장병의 위험성을 줄일 수 있다는 것을 확인시켜 준 근거라고 할 수 있다.

유년기는 건강한 생활양식을 습관화할 수 있는 매우 중요한 시기이다. 교사는 유아로 하여금 신체활동, 식사방법, 건강에 대해 올바른 태도와 습성을 갖도록 도와주는 중요한 역할을 맡고 있다. 이러한 태도와 습관은 대개 성인기에도 그대로 나타난다.

무엇보다도 교사는 유아가 자신의 운동신경에 대해 적극적인 감정을 갖도록 도와주고 운동목표를 세울 수 있도록 자신감을 불어넣어 주어야 한다. 일반적으로 규칙적인 신체활동은 건강과 행복에 긍정적 영향을 준다. 신체활동 교육을 잘 받은 유아는 활발하게 되고 성인이 되어서도 그 상태를 유지할 가능성이 높다.

체육프로그램은 운동의 모든 요소와 기본적인 운동기술을 포함하고 있어야 한다. 흔히 사람들은 잘 모르는 활동이나 할 줄 모르는 활동 또는 잘하지 못하는 활동에 참여하기를 꺼린다. 때문에 유년기, 청년기의 실제적인 운동경험은 성인기의 활동적인 생활양식에 대비할 수 있는 중요한 요소가 된다.

교사는 운동에 관한한 유아가 건강한 결정을 내릴 수 있도록 운동기술과 지식을 제공해야 한다. 유소년기의 운동능력과 신체활동에 대한 즐거움은 성인기의 신체적 활동에도 대단히 중요한 결정요소가 된다는 점을 잊어서는 안 된다.

2. 유아체육의 의의

유아체육은 위에서 설명한 일반적인 이유뿐만 아니라 다음과 같은 몇 가지의 발달 특징에 의해 그 자체로서 중요성을 갖고 있다.

첫째로 유아기는 운동기능의 발달을 위해서 가장 이상적인 시기이다. (Hurlock, 1972) 이 시기는 뼈가 굳어지는 경골화 이전이므로 몸이 유연하다. 또 호기심이나 모험심이 강하고 감수성이 예민할 뿐만 아니라 비교적 충분한 시간적 여유를 갖고 있기 때문에 다양한 기능의 학습이 용이하다.

둘째로 이 시기는 습관과 태도 형성의 중요한 시기이다. 유아기에는 놀이가 생활의 전부라고 해도 과언이 아니다. 친구들과 놀이를 하면서 분배, 협동, 정직, 자기감정의 통제, 단체규칙의 준수 등 사회적 태도가 형성되고 자기중심적 사고방식에서 점차로 타인을 존중하는 사고방식으로 바뀌게 된다.

셋째로 유아기는 일생에서 두뇌 발달이 가장 활발한 시기이며 지능 발달의 결정적 시기이다. 이 시기의 지능과 신체발달 사이에는 밀접한 상관관계가 있는 것으로 밝혀지고 있다. 특히 유소년기의 영양 상태는 지능 발달의 중요한 요인으로 지적되고 있다.

넷째로 유소년기는 자아개념이 형성되기 시작한다. 체형, 체격에 대한 자아개념은 사춘기에서 뚜렷하게 나타나기 시작하지만 놀이 및 운동기능의 수행을 통해서 얻어지는 성취감, 만족감 등은 유소년기의 자아개념 형성에 중요한 역할을 한다. 청소년기에 나타나는 열등의식은 유소년기의 열등한 운동기능에서 비롯된 것으로 알려지고 있다.

결론적으로 취학 전, 즉 유치원에 다니는 4~7세 시기의 유아의 신체활동 교육은 신체적인 발달은 물론이고 정신적, 사회적, 지적 발달에 많은 영향을 준다. 유아의 성장 발달로 보아 신체활동 교육이 매우 중요하다는 점을 인식해야 한다.

체육의 목적이 현실 인간, 즉 미완성의 인간을 이상적 인간으로 만들도록 가르치는데 있다면, 인격 형성이 시작되는 시기부터 교육이 시작된다는 사실의 중요성은 재론할 여지가 없다. 여기서 이상적 인간이란 신체적, 정신적, 사회적으로 완성된 인격을 갖춘 인간을 말한다. 이렇듯 완성된 인격을 갖춘 인간을 만들기 위해서는 조기교육, 즉 유치원 교육이 필요하다.

일반적으로 유치원에서 교육을 받는 연령이 4∼7세라는 점에서 보면, 유아는 신체적으로 보나 신체활동 기능으로 보나, 그리고 사회성이나 지적으로 볼 때 유아기의 성장과정에 있다. 특히 이 시기에는 신체발달을 위하여 잠시도 쉬지 않고 움직임으로써 외적인 체격과 체력은 물론, 내적으로도 소화기관과 심장을 비롯한 순환기, 신경계, 그리고 동작기능에도 많은 영향을 미친다.

물론 움직임을 통한 신체적 발달은 지적, 정의적 발달에도 영향을 미친다. 예컨대, 엘리자베스 헐록(Elizabeth B. Hurlock)은 신체적 성장의 일반적 효과가 직접적으로는 운동능력에 미치고 간접적으로는 자신 및 타인에 대한 태도에 영향을 미친다고 주장한다. 글렌 호크스(Glenn R. Hawkes)와 다마리스 피즈(Damaris Pease)는 심리적인 효과로서 자아개념, 자기존중, 사회적 적응 및 행동의 질과 유형 등을 들고 있다.

헐록은 정상적인 신체발달이 행동에 미치는 영향을 다음과 같은 네 개 영역으로 나누어 설명하고 있다.

첫째로 신경계 및 뇌의 발달은 새로운 행동패턴을 가져온다.

둘째로 근육발달은 운동능력의 변화를 가져오며 유아가 즐기는 활동과 게임, 스포츠 등의 종류 및 수에 변화를 가져온다.

셋째로 내분비선의 기능적 변화는 새로운 행동패턴을 가져온다.

넷째로 행동은 일반적인 신체적 조건의 영향을 받는다.

이러한 일반적 효과에 대해, 호크스와 피즈는 '운동발달이 정서적 표현, 창의성, 사회적 참여 및 적응을 위한 출구'라고 표현한다. 이들 효과가 운동기능의 수행과정에서 얻어지는 것이라면, 성취감이나 만족감, 완성감 등은 성공적 학습 또는 성공적 수행의 결과로 얻어지는 것이다. 그리고 운동기능의 성취능력은 동일 집단 또는 그 이상의 사회집단에서의 사회적 지위에 영향을 미치게 된다.

신체적 성장과 운동능력의 발달은 지적 발달과도 밀접한 관련을 갖는다. 지적 발달에 대한 장 피아제의 종단적 연구에 따르면, 유아기의 지능은 심체기능(psychomotor)이 대표하고 있으며, 6~7세 이전 유아의 지적 사고는 주로 동작기술과 지각능력에 따라 결정된다.

피아제는 또 신체적 성숙 및 운동기능과 지적 성장은 상호 밀접한 관계에 있다고 했다.(H. P. Ginsburg & S. Opper, 1988) 그런가 하면, 일정한 기간, 신체적 훈련을 받은 집단의 어린이는 그렇지 않은 집단의 어린이보다 지능지수가 뚜렷하게 높아졌다는 연구결과도 있다.

헐록은 운동발달이 인격 형성에 미치는 효과를 종합적으로 다음과 같이 열거하고 있다.

첫째로 건강을 증진시킨다. 둘째로 정서를 정화시킨다. 셋째로 자력에 의한 성취경험으로 자기신뢰감과 행복감을 많이 갖게 한다. 넷째로 놀이 친구 없이도 혼자서 자신을 즐길 수 있으며 사회화를 촉진시킨다. 다섯째로 신체적, 심리적 안정감에 의한 건전한 자아개념을 형성하게 된다.

확실히 정상적인 운동발달은 신체적 안정, 경제적 효능성, 정서적 안정성, 성취동기 및 창의성의 육성, 사회적 적응, 여가 선용 및 레크리에이션, 건전한 인성 발달 등 인간 행동의 전반에 걸쳐 중요한 영향을 미친다. 따라서 유치원 교육을 받을 시기의 유아에게 유아체육은 그 어떤 교육보다도 더 강조되어야 할 것이다.

3. 유아기 체육 놀이의 특징

적당한 운동은 신체 발육을 촉진시키고, 과도한 운동은 신체 발육을 저해한다는 것이 신체활동에 관한 생물학적 법칙이다. 따라서 즐겁게 활동하는 신체활동 놀이는 유아기의 신체 발육을 촉진시키며, 나아가 질서 있는 사회생활을 배우고 잠재력을 개발시키는 데에도 매우 적절한 방법이다. 유아기에는 흥미와 함께 계속적인 관심을 주되, 유아로 하여금 생각하면서 활동할 수 있는 운동이 주어져야 한다. 그리고 이 운동은 틀에 박힌 것보다 놀이 중심으로 계획되어야 한다.

놀이는 주로 아동과 관계된 행동으로서 외부의 강요나 강제성 없이 단시간일지라도 자발적으로 즐거움을 누리면서 그 일에 몰입되는 일련의 행동을 말한다. 행동에 대한 즐거움은 모든 놀이의 필수 요소이다. 따라서 아동은 주어진 놀이가 즐거움을 줄 때에만 몰입하고 싫증나게 되면 중단해 버리거나 더 즐거움을 주는 새로운 활동을 찾게 된다. 이것이 아동기 놀이의 특징이다.

네빌 스카프(Neville V. Scarfe)가 '아동의 놀이는 주변 세계와 자신의 관계를 정립하는 과정에서 아동이 탐구하고 실험하는 방법'이라고 지적한 바와 같이, 아동은 자신의 내부 세계와 외부 세계를 관련짓기 위해 적당하게 선택되어진 놀이 또는 자발적인 놀이로 인생 경험을 반복하면서 완성하거나 수정해 나간다. 에릭 에릭슨(Erik H. Erikson)은 '놀이는 학습과정의 하나로서 그때그때의 단계에서 가능한 과업을 완성시키며 다음 단계로 넘어갈 수 있는 능력을 극대화시키므로 자기치료와 자기교육을 포함한다'고 지적했다.

연령별 운동 놀이의 특징에 관한 이론을 종합해 보면 다음과 같다.

먼저 3세아의 신체활동 놀이는 일종의 완성기라고 할 수 있을 정도로 획기적인 성장을 가져오는 시기이다. 사회성의 발달도 현저하여 친

구의 수도 늘어나고 놀이 활동도 활발해짐에 따라 집단놀이를 좋아하
게 된다.

4세아의 신체활동 놀이는 유아기 중 가장 발달이 왕성한 매력적인
시기이다. 이때 대뇌는 성인의 약 80%에 이르기까지 발달하는데, 대뇌
의 발달은 지능발달과 함께 신체적 기능의 발달까지 촉진시킨다. 그리
하여 모든 운동의 기초가 되는 걸음걸이가 성인과 거의 동일한 수준까
지 이르게 된다.

5세아의 신체활동 놀이는 전 유아기를 통해 심신발달이 모두 안정되
어 조화와 종합을 이루는 시기, 즉 유아기의 마무리 단계라고 할 수 있
다. 이때에는 급격한 정신적 발달에 맞춰서 신체적 조건도 운동에 적합
한 균형 잡힌 체형으로 바뀌었음을 알 수 있다.

이상과 같은 신체활동 놀이의 특징을 고려할 때, 놀이는 '아동이 즐
겨 참여하며 여러 가지의 경험을 반복하는 탐구적, 사회적 활동'이라고
정의할 수 있다.

4. 유아의 사회적 특징

유아기의 사회화 교육은 다른 어떤 학습 못지않게 중요하며, 놀이가
중심인 유아는 여러 가지의 놀이 유형으로 사회적인 경험을 습득하게
된다.

카를 그로스(Karl Groos)의 생활준비설에 따르면, 유아의 놀이, 즉 소
꿉놀이, 집짓기놀이, 인형놀이 등은 바로 장래의 어른 생활에 대한 준
비이다. 엘머 미첼(Elmer D. Mitchell)과 버나드 메이슨(Bernard S. Mason)은
'놀이는 자기표현으로 설명되며 사람은 완성감을 맛보기 위해 놀이를
하게 된다. 놀이는 그 능력에 맞는 생활, 성공할 수 있는 활동에만 참

여하게 된다'고 하여 심리적 측면에서 설명하고 있다.

위의 두 이론이 밝히고 있듯이, 놀이는 유아의 생활에 필요할 뿐만 아니라 사회적 학습의 중요한 수단이 된다. 이 시기의 유아에게는 또래와의 놀이를 통해 협동하는 능력, 단체활동에서 규칙을 지킬 줄 아는 능력을 길러 주어야 한다. 유소년기 시절, 또래와의 접촉은 신체활동을 통해 가장 먼저 사회성이 창출되는 계기이다.

밀드러드 패튼(Mildred B. Parten)은 유아의 사회적 특징을 다음과 같이 4단계로 구분하고 있다.

첫 번째 단계는 단독놀이(solitary independent play) 단계로 다른 유아에게 관심을 두지 않고 혼자 노는 단계이다.

두 번째 단계는 평행놀이(paralled activity) 단계로 다른 유아 곁에서 놀기는 하지만 직접적인 상호작용이 없는 단계이다.

세 번째 단계는 연합놀이(associative play) 단계로 서로 장난감을 빌려주고 빌리는 등 서로 교류를 조금씩 하는 단계이다. 그러나 놀이의 조직이나 분담은 없다.

네 번째 단계는 협동놀이(cooperative play) 단계로 서로 돕고 협동하면서 자기 역할과 책임감을 느끼는 단계이다. 즉, 일의 분담이 이루어지고 놀이의 조직이 나타나는 단계이다.

태어나면서부터 기술을 타고난 아동은 없다. 그리고 일정한 연령에 도달했을 때에 습득되는 기술은 반복연습을 통해서 학습된 것이다. 기술은 아동의 사회화에 필수적이다. 유아기는 주로 놀이를 통한 사회적 접촉에 의해 습득하게 된다.

아서 저실드(Arthur T. Jersild)는 유아가 사회적 반응을 이행하는 시기는 2세부터라고 했다. 이때부터 점차 유희활동이 증가하고 집단활동의 시간도 길어져서 3~4세 이후에는 신체의 통제력, 언어를 구사하는 능력, 그리고 활동의 폭이 넓어짐에 따라 다른 아이들과 사회적 접촉을 갖게 된다고 했다. 또 어울려서 놀이를 즐기는 여러 명의 친구들 가운데 마음에 드는 친구를 가려내거나 그 친구 곁에서 놀고 싶어 하고 집으로 초대하고픈 마음이 생기는 등 사회성의 발달이 보이기 시작한다고 했다.

따라서 아동이 처음으로 집단 체육활동을 시작하는 교육기관(유치원)에서 행해지는 놀이 형태는 개인적 활동에서 벗어나 각각 역할을 맡아 연합하고 공동으로 이루는 놀이집단의 형태로 자연스럽게 발전되어 사회적 행동이 이루어진다. 체육활동 집단은 대개 연령, 성별, 지능, 신체발달, 사회성에 따라 형성된다고 볼 수 있다.

캐서린 리드(Katherine H. Read)에 따르면, 놀이 활동은 아동의 지적, 육체적 발달뿐만 아니라 사회적, 정신적 발달에도 크게 기여한다. 아동은 기본적으로 여러 가지 불안과 공포심을 갖고 있는데, 놀이 활동을 통해서 차츰 감소시켜 나가거나 극복하는 능력을 몸에 익히게 된다는 것이다. 또 자신의 감정을 발산하는 기회를 갖게 되어 스트레스를 해소시키기도 한다. 그런가 하면, 릴라 애플톤(Lilla E. Appleton)은 아동이 성장에 대한 갈망의 결과로 놀이를 한다고 했다. 성인으로 행동하는데 필요한 것을 습득하기를 원하고 놀이가 그것을 완벽하게 할 수 있는 기회를 제공한다는 것을 알고 있다는 것이다.

이상의 여러 견해를 종합하면, 놀이 활동은 아동의 발달과 성장에 필요한 지적 기술을 익히고 발전시키는데 중요한 역할을 함과 동시에 사회성 발달에도 지대한 영향을 미치고 있음을 알 수 있다.

제6장 유아체육 프로그램의 접근

1. 유아 신체활동의 중요성

유아는 일반적으로 자신을 표현하려고 움직인다. 본능적으로 움직임을 좋아하고 자신의 몸과 지능, 근육을 발달시키기 위해 움직인다. 또유아는 운동을 통하여 환경과 자기 자신에 대해 학습하는 경험을 하면서 더 건강해진다. 전체적인 근육운동 기술과 활동을 학습하는 것은 유아의 발달과정에서 매우 중요하다.

1. 유아 신체활동의 필요성

많은 연구결과를 보면, 운동은 지능, 감성, 신체적으로 유아의 성장에 기여하고 이후의 건강에 큰 영향을 끼친다.

첫째, 운동은 유아의 뇌가 발달하도록 도와준다. 칼라 한나포드(Carla Hanaford)는 '영아기에 시작해서 평생에 걸쳐 계속되는 신체운동은 학습을 가능케 하는 신경세포 조직을 만드는데 근본적인 역할을 한다'고 했다. 매일 신체활동에 참여하는 아동은 학업에서도 높은 성취도를 보인다는 것이다.

둘째, 운동은 유아에게 스스로 자신감을 갖도록 도와준다. 즉, 정교하게 계획하여 성공적으로 진행된 운동은 보다 나은 자아개념을 갖게 하고 신체발달 교육에 크게 공헌하게 된다.(Sherill, 1993)

셋째, 운동은 유아의 골격과 평형성, 민첩성, 순발력, 협응성을 발달시킨다. 예컨대, 운동을 잘하는 성장기 아동은 새로운 운동을 배울 때에 이전의 경험을 바탕으로 쉽게 배울 수 있다. 영아기 시절에 균형 잡는 법을 배우지 못했다면 여섯 살이 되어도 발레 교실에 들어가려 하지 않을 것이고, 잡는 방법을 배우지 못했다면 친구들과 공놀이를 하려고 하지 않을 것이다. 또 점프를 잘하지 못한다면 줄넘기 놀이에 끼기를 꺼려할 것이다. 물론 의사표현하는 법을 배우지 못한다면 또래 아이들과 꼬리잡기 놀이를 하기 힘들 것이다.

성장기의 유아는 점차 자신이 활동적으로 움직일 것인지, 아닌지를 선택하게 된다. 10대가 되면 스포츠를 할 것인지, 등산을 할 것인지, 수영장에서 수영을 할 것이지, 아니면 길거리 농구를 할 것인지를 선택한다. 그리고 성인이 되면 스스로 활동할 것인지, 가만히 있을 것인지를 선택한다. 물론 그 선택의 결과는 점차 자신의 건강에 뚜렷한 영향을 끼칠 것이다. 움직임을 좋아하지 않는 성인은 어렸을 때에 기본적인 운동을 배우지 않았고 잘 움직이려 하지 않았기 때문에 여러 가지의 질병을 걱정해야 하는 등 더 큰 어려움을 겪게 된다.

2. 유아 운동교육의 필요성

유아는 기본적으로 자유롭게 움직이기를 원한다. 때문에 생애 초기에는 많은 운동기회가 주어질 수 있도록 하는 것이 바람직하다.

로잘린드 찰스월스(Rosalind Charlesworth)에 따르면, 운동기술의 발달에 결정적인 시기는 18~60개월이다. 유아의 운동발달에서 이 시기는 매우 중요하다. 취학전 시기에 기본적인 운동을 마치지 못한 유아는 어려움을 겪을 수밖에 없다. 그러므로 5세까지 대부분의 성숙한 행동양식을 발달시키지 못한 유아는 특별한 도움이 필요하다.

운동을 가르치는 것은 취학전 유아가 자유롭게 움직이도록 하는데 반드시 필요하다. 그리고 운동목표는 유아가 성숙해 가면서 배우게 되는 보다 복잡한 기술의 기본이 되는 기술을 숙달하는 데에 있다. 자유로운 놀이만으로는 취학전 유아가 능숙하게 움직이도록 하는데 다음과 같은 이유로 충분하지 않다.

우선 유소년기는 혼자 내버려졌을 때에 충분히 움직여 볼 기회를 갖지 못한다. 널리 알려진 것처럼, 우리의 문화는 신체적 활동에서부터 앉아서 생활하는 형태로 진화하고 있다. 대부분의 유아들은 학교 수업을 마치고 집으로 돌아와서는 밖에서 뛰어놀았으나 지금은 대부분 집안에서 많은 시간을 보낸다. 집안에서도 TV를 시청하고 컴퓨터 게임을 하는 등 정적인 활동에 머물고 있다.

신체활동을 조금만 늘려도 협동심, 인내력이 길러진다는 연구결과를 (Krause & Richter, 1998) 고려하지 않더라도 신체를 활동적으로 움직이게 만드는 환경은 매우 중요하다. 취학전 유아는 자신이 속한 환경에 반응하기 때문이다. 따라서 기본적인 도구와 감독이 있는 운동장에서 교사가 조금만 교육적으로 상호작용을 해 주면 유아는 정답고 재미있는 활동에 참여할 수 있다. 물론 이 경우에 유아는 의미 있는 운동프로그램이 제공하는 다양하고 깊이 있는 운동까지 경험하기는 힘들다.

3. 의미 있는 운동프로그램

의미 있는 운동프로그램은 건전한 신체교육 원리를 기초로 하여 유아가 흥미롭고 잘 계획된 방법으로 운동기술을 배우도록 하는 것을 가리킨다. 여기에는 다양한 수준의 유아들이 포함된다. 교사는 유아의 운동근육 기술을 증진할 수 있도록 도와주는 프로그램을 만들기 위해 이 책이 제시하고 있는 게임이나 활동을 사용해 보기를 권한다.

의미 있는 근육운동 프로그램은 유아가 좋아하면서 활동적이고 바르게 지내도록 놓아두기보다는 운동기술을 학습하게 하는데 중점을 둔다. 취학전 유아는 움직이면서 탐색하고 경험할 때에 가장 잘 배운다. 유아는 본능적으로 탐색하고 경험하면서 배우게끔 격려하는 가르침을 유아 중심적 접근학습법이라고 한다. 이론적으로 교사가 만들어 준 학습환경 중에서, 유아는 자기가 탐색하고 싶은 환경을 선택한다. 이때 교사의 역할은 유아가 선택한 과제를 스스로 자발적으로 학습하도록 촉진하는 수준에 머문다. 유아에게 무조건적으로 따라하도록 강요하지 않아야 한다.

취학전 유아의 운동학습을 촉진하기 위해서는 이러한 유아중심적 접 근학습법을 사용하는 것이 적합하다. 왜냐하면 유아는 자기 자신이 배 우고 싶은 방법으로 탐색하고 경험하면서 자신의 흥미를 충족시켜 가 기 때문이다. 유아와 함께 하면서 열정적이고 긍정적인 힘을 뿜어내는 준비된 교사는 운동학습을 성공적으로 이끄는 근본적인 요인이다.

이 책에 축적되어 있는 학습경험은 그 자체로도 잘 만들어진 것이지 만 교사가 사려 깊은 애정과 열정으로 제공하지 않으면 성공적으로 수 행되기 힘들다. 사실 그러한 긍정적인 힘은 교사가 부족할지도 모를 신 체교육에 대한 전문적 지식이나 경험을 능가하고도 남는다. 준비를 아 무리 많이 한다고 해도 교사가 적극적이고 열정적으로 지원하지 않는 다면 좋은 결과를 기대하기는 어려울 수밖에 없다.

4. 운동경험의 종류

취학전 유아는 넓은 야외공간에서 놀면서 하는 운동 외에 보다 광범 위하고 다양한 운동을 경험할 필요가 있다.

예를 들어, 청각과 시각, 그리고 운동신경 조직을 발달시키기 위해 구르기를 하는 게 좋다. 청각 조직은 균형을 잡는데 핵심적 역할을 한 다. 따라서 예민한 균형감각을 지닌 사람은 단련을 요하는 운동, 다이 빙하거나 스노보드를 타고 산비탈 내려오기, 울퉁불퉁한 오솔길 숲 사 이를 요리조리 걸어 다니기, 공을 요리조리 몰고 가다가 점프해서 골대에 골인시키기 등을 충분히 해낸다. 그러나 실외에서 땅이 고르지 않거나 안전하게 구를 수 있는 운동장치가 마련되지 않는다면 취학전 유아는 이런 활동적인 경험에 접근할 예비 기회조차 갖지 못할 것이다. 따라서 교사는 유아가 구를 수 있는 매트운동이 프로그램으로 포함되어 있는 장애물경기와 같은 것을 통해 유아에게 구르는 기회를 제공해야 한다.

취학전 유아는 또 던지기, 잡기, 차기, 받기와 같은 조작운동 기술도 발달시켜야 한다. 이 운동은 평생에 걸쳐 행할 오락활동이나 팀스포츠, 운동장 경기의 중심이 되는 기본운동이다. 이밖에 자전거, 스키를 타거나 우아하게 걷기 위한 균형감을 발달시켜야 하고 훗날 있을지도 모를 집안 수리를 위해 사다리를 오를 수 있는 기어오르는 운동도 병행해야 한다.

5. 운동프로그램의 창작

유아의 운동기술을 증진시키고자 할 때, 이 책의 학습경험 활동과 실기 편은 많은 도움이 될 것이라고 확신한다. 운동을 가르치는데 형식적인 교육이나 훈련이 부족한 것 아니냐고 염려하는 사람도 있을 것이다. 또 유아 교육기관의 환경을 고려할 때 운동장치나 공간 사용에 너무 많은 제약이 뒤따른다는 현실적 어려움을 토로하는 사람도 있을지 모른다. 그러나 이 책은 현실적으로 존재하는 유아교육 환경의 공통적인 장애를 극복하고 게임과 활동에서 최대한 아이디어를 제공하기 위해 심혈을 기울였다.

처음에는 휴식시간에 운동장에서 자율적인 운동프로그램을 제공하는 것만으로도 교사는 유아에게 운동기회를 더 많이 제공할 수 있다. 그리고 첫 1년간 이 책을 기초로 한 운동프로그램을 지속적으로 수행한 교사는 부담스럽지 않고 자신감 있게 수업을 진행하게 된다.

유소년기에 활발하게 움직였던 유아는 성인이 되어서도 활발하게 움직인다. 어린 시절, 신체활동에 필요한 기술을 익혔다면 그 습관은 몸에 굳건하게 배어 있을 것이다. 취학 이전에 유아가 운동에 관해 습득한 경험은 장차 어떤 행동양식으로 생활할 것인지, 즉 유아의 전 생애에 걸쳐 엄청난 영향을 미치게 된다. 기술적인 측면에서 잘 움직인다는 것뿐만 아니라 장차 성장하면서 운동활동에 참여하는지 안하는지 여부까지 영향을 미친다는 것이다.(미국 보건복지부, 1996)

일반적으로 교사는 유아의 삶의 양식과 운동태도에 커다란 영향을 끼친다. 즉, 교사는 유아의 삶에 운동이 자리 잡을 수 있게끔 도와주는 존재가 될 수 있다. 그러므로 교사는 유아가 신체활동이나 운동을 생활의 평범하고 유익한 일부분으로 받아들이도록 이끌어야 한다. 물론 유아 중에는 커서 오락놀이나 스포츠로 빠지는 사람도 있을 것이고, 또 건강을 위해 차를 타기보다는 가끔 걷기를 택하는 사람도 있을 것이다. 아무튼 아이가 어른이 되어서 무엇을 선택하든지 간에, 교사로서는 취학전 프로그램을 통해 성공적으로 움직일 수 있도록 많은 기회를 주어야 한다. 유아 교육기관은 바로 이 모든 것이 시작되는 출발점이다.

2. 영유아기 신체활동 프로그램 접근방법

영아기에 필요한 교육은 사실을 전달하고 잘 계획된 시간표를 강요하는 것이 아니라 실제의 세상을 이해할 수 있도록 귀를 기울이고 이끌어 주고 도와주는 것이다. 따라서 영아의 신체활동 교육과정은 스스로 참여하는 활동에 중점을 둔다. 어머니와 떨어져 있는 상태를 견디어 내기, 교사와 아이들 사이에서 새로운 유대 형성하기, 안전하고 자유롭게 노는 것 등이 중요하다.

일반적으로 2세아는 초보동작을 숙달하며 기초적인 움직임을 배우기 시작한다. 예를 들어, 2세아가 노는 모습으로 아기용 미끄럼틀을 기어 올라가는 장면을 보자. 세 발짝 올라가다가 밑으로 미끄러지고 다시 세 발짝 기어 올라가다가 미끄러지는 동작을 반복하면서 아이의 얼굴에는 순수한 기쁨의 빛이 떠오른다.

영아기 교육에서 중요한 개념의 하나는 반복의 여지가 많이 주어지는 동작 경험을 계획하는 것이다. 사람의 일생 가운데 이 시기만큼 반복적인 놀이에서 즐거움을 느끼기도 드물 것이다. 반복은 기계적으로 동작을 몸에 익힐 수 있기 때문에 중요하다. 그리고 몸에 동작이 익으면 유아는 안심하게 되고 확신을 갖게 된다. 이후 유아기의 새로운 단계로 나아갈 필요가 있을 때까지 계속 동작을 반복시키는 것은 이 시기의 유아가 학습하는데 매우 중요하다.

이 시기는 영아 발달 단계에서 매우 독특한 시기로서 여기에만 적용되는 과업과 행동습성이 있다. 그러나 교사와 부모는 흔히 이 시기의 유아들을 보다 숙련되고 인지적, 감정적, 사회적 운동신경을 필요로 하는 행동을 할 수 있는 취학 직전의 아동처럼 대하는 실수를 저지른다. 행동과 동작에 대한 기대를 너무 높게 잡으면 영유아기는 실패만 거듭하게 되고, 결과적으로 교사와 부모, 아이에게 좌절만 안겨 준다.

교사와 부모는 새로운 단계를 가르쳐주는 것과 아이 스스로 특유의 탐구와 반복적인 활동을 할 수 있도록 놓아두는 것의 균형을 유지해야 한다.

예를 들어, 2세아에게 농구처럼 공을 던져 골대에 넣는 것을 가르친다고 하자. 이때 교사나 부모는 먼저 시범을 보이고 나면 뒤로 물러나서 아이 스스로 해 볼 수 있도록 가만히 있어야 한다. 아이가 공을 앞뒤로 하든 또는 전혀 다른 방향으로 하든 내버려둬야 한다. 아이가 하는 행동이 언제나 완벽할 필요는 없다. 반복을 통해 상황에 익숙해지면서 점점 자유롭게 이것저것 해 보고 새로운 수준에 도전하게 되는데, 이때 아이는 수행이 만족스럽게 이루어짐으로써 본인이 하고 있는 과업에 대한 친밀함을 계속 유지하게 된다.

이 시기에는 영유아가 다른 활동으로 넘어가는 시점도 주의를 기울여야 한다. 아이가 싫증이 났는지 또는 과한 자극을 받고 있는지는 아이의 행동변화로 알 수 있다. 만일 이러한 징후가 나타나면 아이의 활동이 신속하게 바뀌도록 도와줘야 한다.

영유아기 학습과정에서 중심이 되는 과제는 모든 활동이 아이로부터 시작된다는 개념이다. 영유아기 참여놀이는 취학전 아동을 위한 훌륭한 사고의 확장을 갖게 한다. 교사 중심의 활동과 달리, 영유아기 참여놀이는 아이에게 교사가 정해 준 범위 내에서 아이 스스로 활동을 정할 수 있는 자유를 준다.

아이는 자기가 옳다고 여기는 방향으로 과제를 수행하기 때문에 몇 가지 고려해야 할 부분을 제외하고는 과제 수행에서의 옳고 그름을 평가할 수 없다. 특히 영유아기는 자율권을 요구하는 과정에 있다. 결국 영유아기의 참여놀이는 아이 스스로 참여적 접근법으로 어른과 아이 간에 마찰 없이 동작을 실험해 볼 수 있는 기회를 제공해 줄 수 있다.

교사와 부모 모두 이 시기의 아이와 상호작용할 때에는 직접적인 행동을 삼가야 한다. 예를 들어, 아이가 미끄럼틀에 기어 올라갈 때, 배를 대고 올라가든 등을 대고 올라가든 교사로서는 지금 아이가 하는 행동을 묘사하는 그 자체를 받아들여야지, 지시적인 태도로 무엇을 하라고 명령하거나 강요하는 것은 옳지 않다.

그보다는 아이가 움직이고 탐구할 수 있는 안전한 환경을 만드는데 관심을 쏟아야 한다. 유리거울이나 방에 세워 놓은 전기스탠드, 마개로 막히지 않은 전기코드, 몸이 끼일 수 있는 문이나 서랍, 문이 없는 계단, 넘어질 수 있는 가구, 무거운 장난감, 날카롭거나 깨지기 쉬운 물건

등 위험한 물건은 모두 아이 주변에서 제거해야 한다. 환경을 안전하게 만든 뒤에는 아이 주변을 어슬렁거릴 필요가 없다. 아이는 어른이 지도해 주거나 주변에 있지 않아도 충분히 노련하게 움직인다. 오히려 어른은 아이의 놀이를 방해하는 요소로 작용한다. 그래야만 탐구활동은 자유로워진다.

영유아기는 평행놀이를 한다. '병렬적 놀이'라고도 하는 이 놀이는 상호작용을 하지 않고 함께 비슷한 행위를 하는 것, 즉 다른 아이들과 같은 놀이를 하지만 직접적인 접촉은 하지 않고 그냥 곁에서 혼자 노는 것을 말한다. 영유아기 발달 단계에서 자기중심적 시기에 있는 아이가 다른 아이와 놀려 하지 않거나 또는 그렇게 하지 못하는 것이 원인이다. 일반적으로 아이는 감각운동적 놀이와 모방(흉내 내기)에 몰두하는 시기를 거쳐 이 시기에 도달한다. 여기서 감각운동적 놀이는 눈과 손이 함께 움직이는 것처럼 동작에 감각을 맞추는 것을 배우는 놀이를 말한다. 물론 이 시기의 아이들은 1년 또는 그 이상 되는 기간에 다른 아이와 함께 협동적으로 상호작용하면서 노는 법을 배우지 못한 상태로 남아 있을 수도 있다. 이때에는 변화를 수반하는 그룹활동을 자제하고 좀 더 나이가 들 때까지 기다려 주는 게 바람직하다.

전반적인 근육운동(gross motor movement)은 이 시기의 아이가 할 수 있는 수준으로 유지시켜 주는 게 좋다. 이 시기의 아이는 변화에 능숙하지 않은 것으로 알려져 있다. 한 번에 한 단계씩 나아갈 수 있을 것이라고 기대하기보다는 자유롭게 놀도록 하되, 쉬운 과제 속에 어렵지만 해결할 수 있는 여러 요소를 끼워 넣는 것을 권한다. 이렇게 해 주면 아이는 문제를 해결하면서 스스로 탐구하며 발전해 나갈 것이다. 예컨대, 이 시기의 아이는 자신이 해결해야 할 과제인데, 다른 아이가 끼어들어 발생하는 사회적 문제를 해결해 나가는 능력도 학습한다. 이 시기에 아이를 더 향상된 수준으로 발달하도록 몰아붙이는 것은 이 시기의 모든 아이가 하고 싶어 하는 것, 즉 탐구에 쓰일 가장 중요한 시간을 빼앗는 결과를 초래한다.

3. 유아 운동프로그램의 목표 접근

"한 아이가 전체 놀이시간에 천천히 일어나서 자신이 쓴 카펫을 치우려고 했다. 카펫을 말아 제자리에 놓으면서 반 친구가 도와주려 하자, 잡고 뒹굴며 웃었다. 아이는 선생님이 공 상자를 밖에 내놓자, 뛸 듯이 기뻐하며 박수를 쳤다. 던지기를 할 것이기 때문이다. 반 친구가 절뚝거리는 아이의 모습을 보며 뭐라고 했지만 아이는 이렇게 말했다.

'다리가 조금 피로해서 그래.'

준비운동 시간에는 모든 아이들이 한발로 균형잡기를 했다. 아이는 옆 친구에게 자연스럽게 부탁했다.

'균형 잡게, 내 손을 잡아 줄래?'

아이는 잡기놀이, 던지기, 차기 등 이 시간에 예정된 학습경험이 모두 두 다리를 필요로 한다는 걸 안다. 무릎 위에 의족으로 움직인다는 게 어색하다는 걸 알지만 아이는 재미있을 것이라고 생각한다. 시간이 지나면서 자신이 집중만 한다면 균형을 잡을 수도 있고 던지기도 잘할 수 있다는 걸 알았다. 아이는 자신의 성취가 자랑스러웠다.

선생님은 아이가 지난 한 해 동안 운동을 편안하게 잘해 나가는 것을 보고 기뻤다. 그녀는 반 친구들이 처음에 아이의 어색한 동작을 보고 뭐라고 했을 때, 아이가 당황해서 뒤로 빠져 고개를 푹 숙이고 있었던 모습을 기억한다. 그녀는 아이의 운동기술 개발을 돕는 것 외에, 아이가 움직일 때 어떤 생각을 하고 느끼는지, 말을 걸어 봐야겠다고 생각했다. 그녀는 선생님으로서 아이를 위해 두 가지 목표를 세웠다.

좀 더 기술적으로 움직임을 익힌다는 것과 운동할 때 편안하게 느낀다는 것이었다.

그녀는 학습계획을 세울 때, 의도적으로 아이가 이 두 가지 목표를 성취할 수 있도록 도와주는 게임이나 활동을 골랐다. 그리고 아이가 운동에 대해, 자기 자신에 대해 어떻게 느끼는지를 물었다. 그녀는 아이에게 솔직하게 말했다.

'그래, 넌 다른 애들과 다르게 움직여. 하지만 그건 나쁜 게 아냐. 그저 다를 뿐이지.'

그녀는 집단 안의 모든 사람을 존중해야 한다고 강조했다. 의족을 달았다고 놀린 아이들도 존중해야 한다고 했다. 그녀는 아이에게 운동을 피하는 게 해결책은 아니라는 것을 이해시켰다. 자신의 의족과 자신의 똑똑함, 둘 다 자신의 모습으로 받아들여야 한다는 것이다. 그리고 연습을 해야만 더 잘 움직이게 되고 선생님으로서 늘 도와줄 것이라고 했다. 기분이 나쁠 때에는 반 친구들도 알 수 있게끔 서슴없이 표현하라고 했다.

시간이 지남에 따라 아이는 자신의 운동능력에 대한 가능성을 알게 되었다. 잘해 내면서 운동을 기피하는 일도 점차 사라졌다. 일 년 후, 아이는 자신만만하게 기술적으로 움직일 수 있었다.”

위의 사례에서 보듯이, 유아에게 자율적인 움직임보다 기술적으로 움직이는 것을 학습하는 것은 매우 중요하다. 교사는 유아가 기술적으로 움직일 수 있게끔 도와줄 수 있어야 한다. 처음에는 운동프로그램을 수행하는 것, 즉 가르칠 것을 결정하는 것에 초점을 둔다.

1. 놀이할 때의 유아

유아는 게임이나 활동을 할 때, 그저 움직이기만 하는 게 아니다. 놀

면서 느끼고 생각하고 움직인다. 운동경험을 통해 자신의 행동을 바꾼
다. 말하자면 모든 게임이나 활동은 훌륭한 학습경험인 것이다.

　다음은 위에서 인용한 사례처럼 특별한 도움을 필요로 하는 아이를
포함하여 모든 유아에게 적용된다. 운동을 학습하는 방법에 따라 다르
겠지만 특수 유아는 운동을 통해 좀 더 기술적으로 움직이려고 느끼고
생각하고 배운다.

1) 운동과 정서능력 개발

　유아는 움직이면서 느낀다. 예컨대, 자기 스스로가 좋은지 안 좋은지,
다른 아이가 자신을 좋아하는지 안 좋아하는지를 느끼고, 누구도 움직
이려고 하지 않는 데도 움직이는 게 좋아서 계속할지 말지를 결정한다.
또 운동을 잘할 수 있을지 없을지, 새로운 운동을 시도할 기회를 잡을
지 말지, 다른 아이와 함께 하면서 기꺼이 물건을 바꿔 보거나 협동할
지 말지, 노는 게 즐겁고 자신의 필요를 충족시켜 줄지 말지를 정한다.
　유아가 움직이면서 갖는 이러한 느낌이나 태도는 모두 정서적 영역
의 일부이다. 유아는 움직이면서 자신과 타인에 대해 어떻게 느끼고 있
는지를 끊임없이 경험한다. 따라서 취학전 유아용 운동프로그램을 계획
할 때에는 정서영역의 성취 목표를 고려할 필요가 있다.

2) 운동과 인지능력 개발

　유아는 움직이면서 생각한다. 운동하면서 의사소통하는 방법을 비롯
하여 규칙과 게임 놀이, 지시를 따르는 방법, 물건과 색깔, 모양 등을
인식하고 이름 짓는 방법, 자신의 몸과 부분, 그리고 그것이 움직이는
방법을 학습한다. 또 운동마다 각기 다른 종류의 작용이 들어가고 다른
모양으로 나타나고, 사물과 타인은 구별해서 다르게 접근해야 한다는
등의 운동개념을 학습한다.

유아가 움직이면서 경험하는 이 모든 개념은 인지영역의 한 부분이다. 인지영역은 앎이나 인식에 관한 것으로, 유아는 움직임을 통해 계속해서 이런 사고를 학습한다. 취학전 유아용 운동프로그램을 계획할 때에는 인지영역의 성취도를 살펴볼 필요도 있다.

3) 운동기술 능력 개발

유아는 움직이면서 좀 더 기술적으로 움직이도록 학습한다. 예를 들어, 걷기, 달리기, 뛰기, 질주하기, 제자리 뛰기, 가볍게 뛰기, 뛰어넘기 등의 이동기술과 던지기, 잡기, 차기, 치기, 튀기기 등과 같은 사물조절 기술을 학습한다. 이리저리 다니다가 한 장소에서 균형을 잡는 법(안정성)도 학습한다. 뿐만 아니라 쉬지 않고 오래 동안 격렬하게 움직일 수 있도록 심폐조직을 강하게 하며 지속적으로 힘을 발휘할 강한 근육을 만든다. 운동을 순서대로 계획하고 행하기 위해 감각적으로 획득한 정보를 조직하는 방법을 학습하고 각종 스포츠기구를 사용하는 방법을 학습한다.

유아가 움직이면서 경험하는 이러한 운동은 근육운동 영역의 한 부분이다. 근육운동 영역이란 운동에 관한 것으로, 유아는 움직이면서 더욱 더 기술적으로 움직이게 된다.

2. 운동프로그램의 필요성

매일 몇몇 재미있는 게임이나 활동만을 반복해서 가르친다면 교사로서는 무척 편할 것이다. 하지만 교사가 취학전 아동에게 운동을 가르칠 때, 이 방법을 택한다면 많은 유아들은 최적으로 개발해야 할 다양한 운동경험의 기회를 빼앗기게 된다. 반복해서 동일한 몇 가지의 활동만을 가르치는 것은 몇 가지의 기술만을 발달시키는 대신, 다른 중요한 기술은 놓치는 결과를 가져온다.

취학전 아동이 자신의 능력을 최적으로 발달시키는 다양한 운동경험을 가질 수 있도록 종합적인 프로그램을 창안하고 사용해야 한다. 프로그램은 학습과정의 모든 것이다. 따라서 프로그램 창작과정은 취학전 운동프로그램에서 아이들이 배우는 모든 것이 된다. 프로그램 작성에서 중요한 것은 그 교육과정을 통해 아이들이 성취하는 목표이다.

프로그램의 목표는 학습의 지침이며 가르칠 것에 대한 일반적 지식이다. 프로그램 목표는 유아가 참여하면서 성취해야 하는 모든 것을 광범위하게 정리해 놓은 것이다. 취학전 운동프로그램의 학습목표로 권장할 만한 것을 소개하면 다음과 같다.

1) 정서영역에서의 취학전 운동프로그램 목표

(1) 자신에 대해 느끼는 방법을 강화한다. 즉, 긍정적인 자아개념과 자기존중을 개발하고 자신 있게 활동적으로나 독립적으로 배우도록 자기동기화를 개발한다.

(2) 사회적 기술을 개발한다. 나누고 협력하고 바꿔 보는 것과 안전하게 놀고 친절하게 말하는 것을 학습한다.

(3) 즐겁고 목적이 있는 놀이를 개발한다.

2) 인지영역에서의 취학전 운동프로그램 목표

(1) 의사소통을 하는 법을 학습한다.

(2) 기본 규칙과 게임 놀이를 학습한다.

(3) 지시를 따르는 것을 학습한다.

(4) 사물, 색깔, 모양을 인식하는 것을 학습한다.

(5) 몸에 대해 학습함으로써 몸의 부분, 운동의 개념을 알게 한다.

(6) 작용(시간, 강도, 속도), 모양, 관계(몸 부분간의 관계와 위, 아래, 앞, 뒤 등 사물과 다른 아이의 관계)를 인지한다.

3) 신체운동 영역에서의 취학전 운동프로그램 목표

(1) 아직 숙달되지 않은 기본 형성 운동기술을 학습한다.

(2) 이동기술(걷기, 달리기, 뛰기, 질주하기, 제자리에서 뛰기, 가볍게 뛰기, 뛰어넘기)과 사물을 조절하는 기술(던지기, 잡기, 차기, 치기, 튀기기), 안정성(정적인 면과 동적인 면의 균형)을 학습한다.

(3) 건강과 관련하여 신체적 양호함을 개발한다. 즉, 심폐지구력, 근력과 근지구력을 개발한다.

(4) 운동계획(감각적 순서에 맞는 운동)을 개발한다.

(5) 운동기술의 기본적이고 일반적인 적용을 필요에 따라 개발한다.

(6) 이동성을 증진시키기 위해 필요에 맞게 세발자전거, 롤러스케이트, 킥보드와 같은 장비를 사용하는 것을 배운다.

제3부

유아체육 프로그램의 실제

프로그램을 사용하기 전에 알아두어야 할 사항

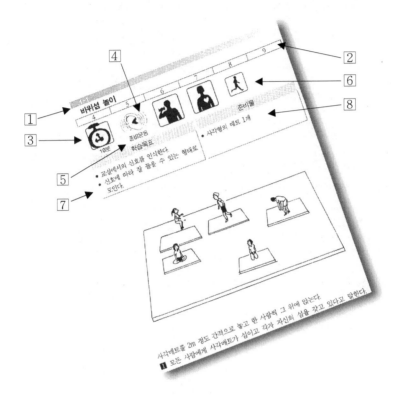

① 놀이 제목 ② 놀이 연령(음영 처리된 부분이 해당 연령임) ③ 놀이시간 ④ 감각 영역별 운동의 분류 ⑤ 준비운동, 주 운동의 분류 ⑥ 운동영역별 분류(그림의 순서와 크기로 정도를 표시함) ⑦ 학습목표 ⑧ 준비물

그림 설명
단원마다 교사가 쉽게 알아볼 수 있도록 운동영역, 감각영역, 연령 등을 그림으로 표시했다. 그림 표시에 대한 설명은 아래와 같다.

순발력　심폐지구력　근력　유연성　청각지각　시각지각　촉각지각

프로그램 목록	교육과정 작성 요인 활동구분 : 준(준비운동), 주(주 운동)									
	연령	시간	활동구분	시각지각	촉각지각	청각지각	순발력	근력	유연성	심폐지구력
1-1 바위섬 놀이	5~7	10	준			★	★	★		★
1-2 경계선 안과 주위에서 움직이기	7~8	15	주			★	★			★
1-3 원시인 놀이	5~7	5	준	★			★	★		★
1-4 원 주위 게임	7~9	5	주			★	★	★		★
1-5 소방차 놀이	7~9	15	주			★	★	★		★
1-6 원과 줄	4~9	10	주			★	★	★		★
1-7 경계선 가로지르기	6~8	10	주			★	★	★		★
1-8 경계선 안과 주위에서	7~8	5	주			★	★	★		★
2-1 점진적 강도 증가 운동	6~9	5	준	★			★	★		★
2-2 휘트니스 달리기	6~9	10	주	★			★		★	★
2-3 리더의 공	5~8	15	주	★			★	★		
2-4 짝지어 잡기	6~9	15	주	★			★	★		★
2-5 휘트니스 댄스	6~9	15	주			★	★		★	★
2-6 배달 릴레이	4~7	15	주	★			★	★		
2-7 세 명씩 리더따라 하기	6~8	15	주	★			★	★	★	
2-8 재빨리 공 피하기	6~8	15	주	★			★			★
2-9 협동 릴레이	6~9	15	주	★			★			★
2-10 기상나팔	5~8	15	주	★			★			★
2-11 도둑 잡기	5~8	15	주	★			★			★
2-12 둘이서 하는 릴레이	6~9	15	주	★			★			★
2-13 색깔 잡기	6~8	15	주	★			★			★
2-14 뛰어서 건너가기	6~8	15	주	★			★			★
2-15 휘트니스 회전	6~8	15	주					★		★
2-16 다양한 이동성운동	5~9	15	주	★			★			★

프로그램 목록	연령	시간	활동구분	시각지각	촉각지각	청각지각	순발력	근력	유연성	심폐지구력

교육과정 작성 요인
활동구분 : 준(준비운동), 주(주 운동)

프로그램 목록	연령	시간	활동구분	시각지각	촉각지각	청각지각	순발력	근력	유연성	심폐지구력
2-17 다양한 막대운동	4~9	15	주	★			★	★		
2-18 다양한 후프운동	4~9	15	주	★				★		★
2-19 다양한 매트운동	6~8	15	주		★		★	★		
2-20 다양한 그룹활동	5~9	15	주	★			★	★		
2-21 게걸음 릴레이	5~8	15	주	★			★	★		
3-1 캥거루 대장	5~7	5	준	★			★	★		
3-2 원에서 공 토스하기	7~8	10	준	★			★	★		
3-3 서커스 동물	6~9	15	주	★			★	★		
3-4 원에서 공 돌리기	6~9	10	주	★			★	★		
3-5 나는 보고 있다	7~9	15	주	★				★		★
3-6 밤 열두 시	7~9	15	주	★			★			★
3-7 달 주위 경주	5~7	10	준	★			★			★
3-8 뛰어가서 맞대기	5~7	10	준	★			★			★
3-9 토끼야 뛰어라	6~8	10	준	★			★			★
3-10 오리가족	6~7	10	준			★	★			★
3-11 스파이더맨	8~9	10	준			★	★			★
3-12 출발, 멈춰!	7~9	10	준			★	★			★
3-13 선생님 콩주머니	6~9	10	준	★				★		
3-14 던지고 가져오기	4~8	10	준	★			★	★		
3-15 토끼와 거북이	7~8	15	주				★	★		★
3-16 지그재그 토스하기	6~9	10	준	★				★		
3-17 다양한 동작	5~7	10	준	★				★		
3-18 공 따라잡기	6~7	15	주	★			★	★		
3-19 공 터널	8~9	15	주	★				★		

프로그램 목록	연령	시간	활동구분	시각지각	촉각지각	청각지각	순발력	근력	유연성	심폐지구력
3-20 콩주머니 던지기	4~8	15	주	★				★		
3-21 공굴리기	4~6	10	주	★				★		
3-22 공 토스하기	5~8	10	주	★				★		
3-23 장애물 공 걷기	7~9	10	주	★				★		★
3-24 손을 위로 올려서 공 던지기	7~9	10	주	★				★		
3-25 매듭 넘기	7~9	10	주	★			★			★
3-26 공차기	6~8	10	주	★				★		★
3-27 공차기 게임	7~9	15	주	★			★	★		
3-28 파트너에게 공차기	6~9	10	주	★				★		
3-29 원에서 공차기	6~8	15	주	★				★		
3-30 바운드 후 치기	5~9	10	주	★				★		
3-31 지그재그로 공차기	6~8	15	주	★				★		
3-32 풍선 치기	4~8	10	주	★				★		
3-33 공 밀기 릴레이	7~9	15	주	★			★	★		
3-34 후프 안에서 바운드하기	6~8	10	주	★				★		
3-35 파트너 후프에 공 되받아치기	6~9	15	주		★	★				★
3-36 달리기와 재빨리 피하기	5~9	15	주	★				★		
3-37 나무 안에 다람쥐	6~9	15	주	★			★	★		
3-38 뛰기	4~9	10	주	★			★	★		
3-39 달리기 뛰기	5~8	10	주	★			★	★		
3-40 언덕 넘기	7~9	15	주	★				★		★
3-41 후프고리	7~9	15	주	★				★		
3-42 한 발 뛰기	6~8	15	주	★			★	★		
3-43 후프로 하는 놀이	6~8	15	주	★			★	★		

프로그램 목록		교육과정 작성 요인 활동구분 : 준(준비운동), 주(주 운동)									
		연령	시간	활동구분	시각지각	촉각지각	청각지각	순발력	근력	유연성	심폐지구력
3-44	돌차기 놀이	8~9	20	주	★			★	★		
3-45	갤로핑	6~7	5	주	★			★	★		
3-46	스키핑	6~7	5	주	★			★	★		
3-47	슬라이딩	6~7	5	주	★			★	★		
3-48	다양한 동작	6~9	15	주	★				★		
3-49	뜨거운 감자	8~9	15	주	★				★		
3-50	이동성 기술 장애물운동	6~8	20	주	★			★	★		
3-51	다양한 공차기	7~9	10	주	★				★		
3-52	영역운동	7~9	20	주	★			★	★		
4-1	하나, 둘, 셋	6~8	10	주	★			★			★
4-2	신체 꼬기	6~8	15	준			★		★	★	
4-3	움직임 만들기	6~9	15	준			★		★	★	
4-4	동물 쫓기	7~9	10	준	★			★			★
4-5	내 지시를 따르세요	7~8	10	준			★	★			★
4-6	높게, 낮게, 중간으로	7~9	15	준	★			★	★		
4-7	몸을 이용해 다양한 모양 만들기	7~9	10	준				★	★	★	
4-8	막대 넘기	6~9	10	준				★	★		★
4-9	빙고	7~9	15	주				★	★		★
4-10	움직였다 멈추기	5~9	10	준				★	★		★
5-1	신체 부분 내밀기	5~7	10	준		★		★			★
5-2	다양한 원 활동	5~8	10	준	★			★			★
5-3	기본 도약	7~9	10	주	★			★			★
5-4	여러 가지 동물 걸음	4~9	15	주	★			★			★
5-5	통나무 구르기	4~6	10	주		★			★	★	

프로그램 목록	연령	시간	활동구분	시각지각	촉각지각	청각지각	순발력	근력	유연성	심폐지구력
5-6 다리 벌리기	5~9	10	주		★			★	★	
5-7 한 다리로 균형잡기	7~9	5	주	★				★		
5-8 동물 걸음 게임	4~7	15	주	★			★		★	
5-9 다양한 균형동작	7~9	15	주	★				★		
5-10 이마 대기	6~8	5	주		★			★	★	
5-11 줄타기	7~9	15	주		★			★		
5-12 앞구르기	6~7	20	주		★			★	★	
5-13 강아지날 게임	5~7	20	주		★		★		★	
5-14 동물 그림	4~9	15	주		★			★	★	
5-15 다양한 동작	5~7	10	주	★					★	★
5-16 팔꿈치 무릎 균형잡기	7~8	10	주		★			★	★	
5-17 거울게임	8~9	10	준	★				★		
5-18 시몬이 말하기를	7~9	15	준		★			★	★	
5-19 우리의 신체	6~9	20	주	★				★	★	

교육과정 작성 요인
활동구분 : 준(준비운동), 주(주 운동)

I. 대형 구성

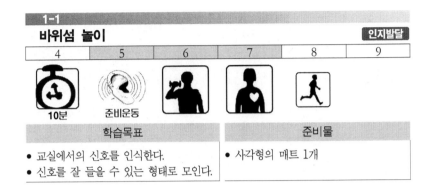

1-1					
바위섬 놀이					**인지발달**
4	5	6	7	8	9

10분   준비운동

학습목표	준비물
• 교실에서의 신호를 인식한다. • 신호를 잘 들을 수 있는 형태로 모인다.	• 사각형의 매트 1개

사각매트를 2m 정도 간격으로 놓고 한 사람씩 그 위에 앉는다.

1 모든 사람에게 사각매트가 섬이고 각자 자신의 섬을 갖고 있다고 말한다. 섬은 작고 사각매트 위에 있으므로 '젖지 말아야' 한다는 점을 설명한다.

2 다음의 동작을 따라서 하도록 한다. '일어서기, 걷기, 눕기, 무릎 꿇기, 앉아서 발에 손을 대기, 일어서서 발에 손을 대기, 뛰어 오르기, 돌기, 앉기.'

3 동작을 얼마나 잘하느냐에 따라 반복하거나 빨리하거나 천천히 하는 등 여러 가지 변화를 줄 수 있다.

4 사각매트 안에 있는 사람은 칭찬한다.

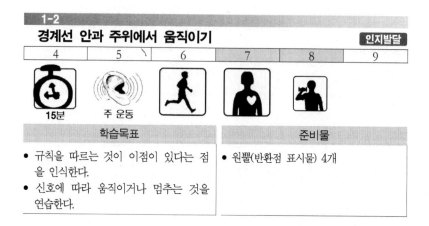

1-2					
경계선 안과 주위에서 움직이기					인지발달
4	5	6	7	8	9

학습목표	준비물
• 규칙을 따르는 것이 이점이 있다는 점을 인식한다. • 신호에 따라 움직이거나 멈추는 것을 연습한다.	• 원뿔(반환점 표시물) 4개

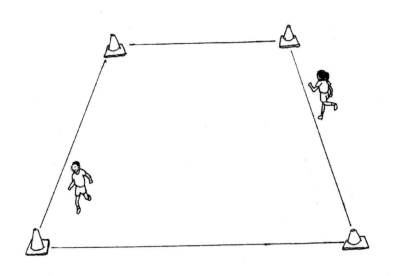

원뿔(반환점 표시물) 4개를 사용하여 바닥에 커다란 직사각형 모양을 만든다.

1 다음과 같이 놀이에 대해 설명한다. "경계선이 그려진 것은 우리가 안전하게 배울 수 있도록 도와주는 역할을 해요. 왜냐하면 만일 여러분이 너무 멀리 가면 내 말을 잘 들을 수 없고, 그렇게 되면 위험해질 수도 있지요."

2 모두 4개의 원뿔로 만들어진 사각형 주위를 걷는다.

3 교사는 원뿔 사이의 경계선을 가리키면서 설명한다. "이것은 보이지 않는 벽이고 이 안쪽은 방이에요. 벽 바깥쪽은 밖이지요"

4 모두 방안으로 들여보내고 신호를 한다. "선생님을 잘 보면서 방안에서 마음대로 움직이세요"

5 '그만!'이라는 신호를 한다. 조용히, 그리고 빨리 움직임을 멈춘 사람은 칭찬한다.

6 경계선 바깥의 선에서 움직이다가 '그만!'이라고 신호를 한다. 빨리 움직임을 멈춘 사람은 칭찬한다.

7 경계선 내의 선 주변에서 움직이다가 '그만!'이라고 신호를 한다. 빨리 움직임을 멈춘 사람은 칭찬한다.

8 경계선 밖에서 경계선 주변을 움직이다가 '그만!'이라고 신호를 한다. 빨리 움직임을 멈춘 사람은 칭찬한다.

9 4번부터 8번까지 반복한다.

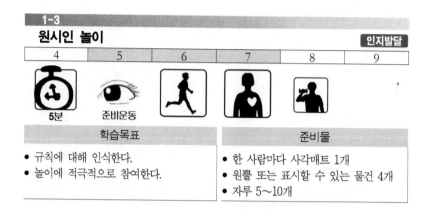

| 4 | 5 | 6 | 7 | 8 | 9 |

1-3
원시인 놀이
인지발달

학습목표	준비물
• 규칙에 대해 인식한다. • 놀이에 적극적으로 참여한다.	• 한 사람마다 사각매트 1개 • 원뿔 또는 표시할 수 있는 물건 4개 • 자루 5~10개

5분   준비운동

4개의 원뿔로 직사각형 공간을 표시하고 그 안에 사각매트와 자루를 흩어 놓는다. 매트와 자루 사이에는 충분한 공간을 둔다. 각자 사각매트 위에 자리 잡고 선다.(반드시 여분의 사각매트를 준비한다)

1 한 사람을 '원시인'이라고 정한다. 원시인은 정해진 공간 안에서 마음대로 움직이되, 무서운 표정을 짓거나 손을 휘젓는 등 무섭게 느껴지는 행동을 취한다.

2 사각매트 하나에는 한 사람만 있을 수 있고 매트에서 매트로 계속 움직여야 한다고 설명한다. 일정한 시간이 흐른 후, '그만!'이란 신호를 보낸 뒤, 새로운 원시인을 정한다. 매트 하나에 두 사람 이상이 있으면 놀이를 잠시 멈추고 다른 매트로 움직여야 한다고 말한다.

3 매트에서 매트로 움직이는 것을 충분히 배운 다음에는 매트 사이를 달릴 수도 있다.

4 새로운 사람을 원시인을 정하여 놀이를 계속한다.

5 한 사람의 원시인만 있다는 것, 하나의 사각매트에는 한 사람만 있을 수 있다는 규칙을 설명할 때에는 놀이를 잠시 멈춘다.

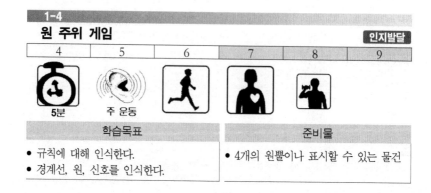

원 주위 게임 　인지발달

4	5	6	7	8	9

5분 　 주 운동

학습목표	준비물
• 규칙에 대해 인식한다. • 경계선, 원, 신호를 인식한다.	• 4개의 원뿔이나 표시할 수 있는 물건

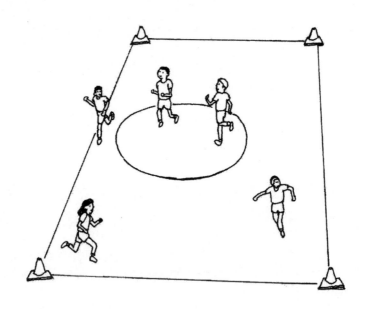

전체 인원의 절반은 원뿔로 만든 사각형 안의 원 안에 있고 나머지 절반은 사각형 내의 원 밖으로 흩어진다.

1 신호에 따라 움직일 수 있는 세 군데, ①직사각형 안이지만 원 밖 ②원 안 ③경계선의 주위가 있다고 설명한다.

2 놀이에 대해 설명한다. "선생님이 직사각형, 경계선, 원이라고 말하면, 그만

멈추거나 위치를 바꾸라고 하기 전까지는 계속 걷거나 달리세요."

3 몇 번을 반복하고 그룹끼리 역할을 바꿔서 몇 번 반복한다. 다음에는 직사 각형 내에 선을 새로 그린다.

4 새로운 놀이에 대해 설명한다. "이제 다른 단어를 더하겠어요. 선생님이 선 이라고 말하면 선 모양을 가능한 한 빨리 만드세요."

5 원에 있는 사람은 원을 따라 걷는다. 선생님이 다른 그룹에게 위치를 바꾸 라고 말할 때마다 원 안에 있는 사람은 방향을 바꿔서 걷는다.

6 만일 마지막 수업시간이라면 몇 사람이 원뿔을 모아온다.

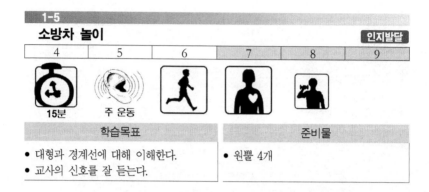

소방차 놀이

1-5					인지발달
4	5	6	7	8	9

15분   주 운동

학습목표	준비물
• 대형과 경계선에 대해 이해한다. • 교사의 신호를 잘 듣는다.	• 원뿔 4개

모두 사각형의 한 면에 줄을 선다. 한 사람마다 1에서 4까지의 숫자를 준다. 한 면에 서 있는 사람(소방대장)은 사각형 중앙에 선다.

1 다음과 같이 놀이에 대해 설명한다. "소방대장이 소방차 1호(1~4 중에서 하나를 선택)를 부르면 모든 1호들은 소방대장에게 잡히지 않도록 하면서 사각형의 반대편 면을 향해 뛰어갑니다. 소방대장에게 잡힌 사람은 소방대

장과 함께 다른 숫자의 소방차를 잡아야 합니다."

2 놀이를 시작하기 전에 자기 번호가 불리면 손을 들고 사각형의 반대편 면으로 뛰어가는 것을 시범으로 보인다.

3 소방대장이 놀이를 시작한다. 번호는 번갈아 가면서 부르도록 한다.

4 만일 마지막 수업시간이라면 4명에게 원뿔을 모아오도록 한다.

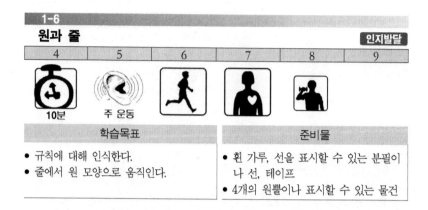

모두 2개의 원뿔 사이에 줄서서 늘어선다. 운동장 위에 직선의 선과 6~10m 떨어진 곳에 원뿔과 분필 혹은 흰 가루로 지름 3~4m의 원을 그린다.

1 다음과 같이 대형을 설명한다. "지금 여러분이 서 있는 위치를 잘 보고 기억하세요. 운동장 위에 줄이나 클로버 풀, 빈 공간 등의 표시를 잘 보도록 하세요."

2 원 모양을 가리키면서 신호를 한다. 모두 원 모양을 향해 원하는 길로 걸어가고 줄 위에서는 멈춘다. 필요하다면 원 안에서 각자의 자리를 조정해 준다.

3 신호를 한다. 줄 위의 각자의 자리로 돌아온다.

4 익숙해지도록 몇 번 반복한다.

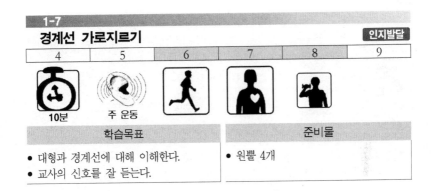

1-7
경계선 가로지르기 　　　　　　　　　　인지발달

4	5	6	7	8	9

10분　　주 운동

학습목표	준비물
• 대형과 경계선에 대해 이해한다. • 교사의 신호를 잘 듣는다.	• 원뿔 4개

모두 사각형 바깥에 선다.

1 놀이에 대해 설명한다. '신호를 하면 경계선을 가로질러 뛰다가 멈추고 줄이나 흩어진 모형, 원 모형으로 돌아온다.' 반복한다.

2 4개 그룹으로 나누어 그룹별로 사각형의 각 면에 선다.

3 먼저 해야 할 일(예를 들어, 사각형의 반대편으로 뛰세요)을 설명하고, 시범을 보인다. 각 그룹에게 건너편의 경계선을 향해 뛰도록 신호한다. 처음에는 걸어서 간다. 다음 그룹에게 반복한다.

4 나머지 그룹에게 다음과 같이 말한다. "뛰어가야 할 곳을 가리켜 보세요."

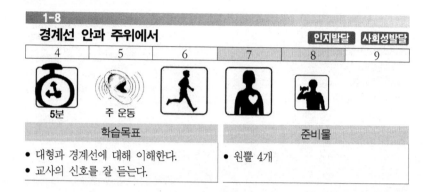

1-8

경계선 안과 주위에서

인지발달　사회성발달

4	5	6	7	8	9

5분　　주 운동

학습목표	준비물
• 대형과 경계선에 대해 이해한다. • 교사의 신호를 잘 듣는다.	• 원뿔 4개

원뿔 4개를 이용하여 커다란 직사각형 모양을 만든다. 각자 짝을 정해 4개 그룹으로 나누고 사각형의 각 면에 선다.

1 다음과 같이 말한다. "경계선 내에서 짝과 함께 걸으세요. 뛰어가세요. 깡충깡충 뛰세요. 전력 질주하세요."

2 다시 다음과 같이 말한다. "짝과 헤어져서 흐트러진 대형을 만드세요."

3 흐트러진 대형에서 다음과 같이 말한다. "짝을 다시 찾으세요."

4 다음과 같이 말한다. "경계선을 따라 짝과 함께 걸으세요. 뛰어가세요. 깡충깡충 뛰세요. 전력 질주하세요."

5 1번에서 4번까지 섞어서 반복한다.

II. 신체적성 프로그램

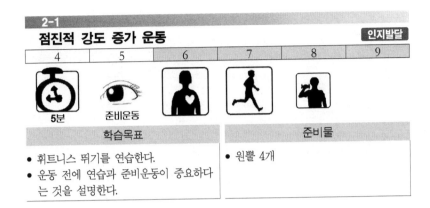

2-1
점진적 강도 증가 운동   인지발달

4	5	6	7	8	9

5분   **준비운동**

학습목표	준비물
• 휘트니스 뛰기를 연습한다. • 운동 전에 연습과 준비운동이 중요하다는 것을 설명한다.	• 원뿔 4개

4개의 원뿔을 1.5~3m 떨어뜨려(인원이 많으면 더 넓게 한다) 사각형 모양을 표시한다. 4개 그룹으로 나누고 각 그룹별로 사각형 밖의 뿔 주위에 선다.

1 신호를 하면 한 그룹이 시계 방향으로 해서 다음 원뿔로 옮긴다. 원래 서 있던 그룹은 다음 원뿔을 향한다. 자연히 그룹끼리 만나기도 한다.

3 새로운 그룹은 이전 그룹보다 조금 빨리 이동한다. 걷기에서 빠르게 걷기, 천천히 뛰기에서 빠른 뛰기, 마지막에는 전력 질주한다.

4 시계 반대 방향 또는 뛰기에서 천천히 걷는 것으로 바꿔서 한다.

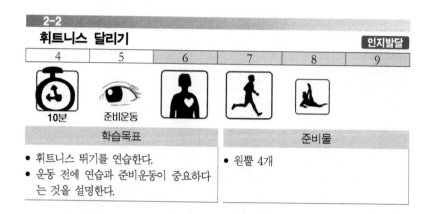

2-2
휘트니스 달리기 　　　　　　　　　　　　　인지발달

4	5	6	7	8	9

10분　　준비운동

학습목표	준비물
• 휘트니스 뛰기를 연습한다. • 운동 전에 연습과 준비운동이 중요하다는 것을 설명한다.	• 원뿔 4개

원뿔이나 다른 표시물로 달리는 장소를 표시한다. 총길이는 800m 정도가 적당한데, 길이 70m, 폭 30m 정도의 직사각형은 대부분의 운동장에 적합하다. 네 바퀴를 돌면 800m가 된다.

１ 다음의 내용을 설명한다. '휘트니스 달리기는 심폐능력이나 유산소운동을 하도록 고안된 것이다. 먼저 휘트니스 달리기를 연습하고 만일 기초체력이 부족하다고 생각되면 평가하기 전에 워밍업을 할 수 있는 운동을 한다. 처음에는 천천히 달리기를 시작하다가 결승선 가까이 올 때 속도를 내서 빨리 달리고 싶은 사람은 빨리 달려도 좋다.'

2 모두 직사각형 바깥쪽으로 흩어지게 한 뒤, 다시 한 번 설명한다. '직사각형 주위를 천천히 달린다. 서로서로 얘기하고 선생님에게도 말한다. 달리는 속도는 말을 할 수 있는 정도가 되어야 한다.'

3 한 바퀴를 돌 때마다 선생님은 횟수를 세는 것을 도와준다. 마지막 바퀴에서는 원한다면 빨리 달릴 수 있다는 점을 상기시킨다. 선생님은 천천히 달리면서 모든 사람에게 격려의 말을 한다.

4 누가 활동적이고 덜 활동적인지를 기록한다.

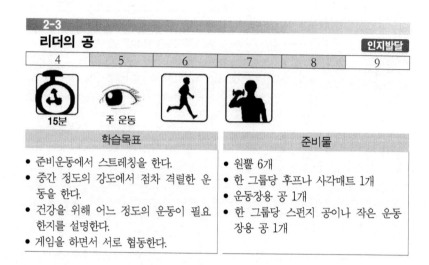

2-3
리더의 공 　　　　　　　　　　　인지발달

4	5	6	7	8	9

15분　　　주 운동

학습목표	준비물
• 준비운동에서 스트레칭을 한다. • 중간 정도의 강도에서 점차 격렬한 운동을 한다. • 건강을 위해 어느 정도의 운동이 필요한지를 설명한다. • 게임을 하면서 서로 협동한다.	• 원뿔 6개 • 한 그룹당 후프나 사각매트 1개 • 운동장용 공 1개 • 한 그룹당 스펀지 공이나 작은 운동장용 공 1개

4～5명의 소그룹으로 나눈다. 한 그룹마다 한 사람의 리더가 공을 하나씩 갖는다.

▌ 다음과 같이 놀이에 대해 설명하고 시범을 보인다. '리더는 서로 돌아가며 한다. 3m쯤 떨어진 리더를 바라보며 모두 어깨와 어깨를 대고 출발선에 선

다. 게임을 하는 동안에는 계속 가볍게 뛴다. 리더는 줄 끝에 있는 첫 번째 사람에게 공을 던지고 공을 받은 사람은 다시 공을 리더에게 던진다. 다음으로 리더는 두 번째 사람에게 공을 던지고 그 사람은 다시 공을 리더에게 던진다. 줄의 모든 사람들이 공을 받아서 던질 때까지 계속한다.'

2 마지막 사람이 던진 공을 리더가 받으면 모든 그룹은 반대편의 결승선(출발선에 평행한 선을 가리킨다)을 향해 달리고 줄을 섰을 때 맨 처음에 있던 사람이 리더가 된다. 모든 사람이 리더를 한 번씩 해 볼 때까지 계속한다.

3 달릴 때 공을 둘 수 있는 후프나 매트를 놓아둔다.

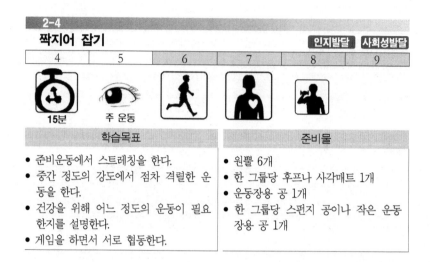

학습목표	준비물
• 준비운동에서 스트레칭을 한다. • 중간 정도의 강도에서 점차 격렬한 운동을 한다. • 건강을 위해 어느 정도의 운동이 필요한지를 설명한다. • 게임을 하면서 서로 협동한다.	• 원뿔 6개 • 한 그룹당 후프나 사각매트 1개 • 운동장용 공 1개 • 한 그룹당 스펀지 공이나 작은 운동장용 공 1개

두 사람씩 짝을 지어 15~18m 정도 떨어진 평행선에 손을 잡고 늘어선다. 두 선의 한가운데 서 있는 한 쌍이 술래가 된다.

1 다음과 같이 놀이에 대해 설명하고 시범을 보인다. '뛰라고 신호를 하면 술

래가 잡으려고 하는 사람은 피해서 반대편 선으로 뛰어간다. 잡힌 파트너는
기존 술래와 함께 술래가 되어 가운데에서 다른 사람을 잡는다. 모든 짝이
잡히면 마지막으로 잡힌 두 사람의 파트너가 가운데 서고 놀이를 새로 시
작한다. 잡은 손을 놓친 사람도 술래가 된다.'

2 파트너와 달릴 때, 서로 밀거나 끌지 않도록 주의를 준다.

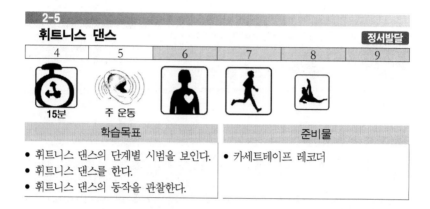

2-5

휘트니스 댄스

정서발달

4	5	6	7	8	9

15분   주 운동

학습목표	준비물
• 휘트니스 댄스의 단계별 시범을 보인다. • 휘트니스 댄스를 한다. • 휘트니스 댄스의 동작을 관찰한다.	• 카세트테이프 레코더

모두 넓은 대형으로 선다.

1 음악을 틀어 준다.(아래의 동작에 활용할 수 있는 적당한 음악)

2 각 단계를 구령에 맞춰 순서대로 배운다. '박자에 맞추어 손뼉을 치며 제자리 걷기(16박자), 무릎 구부리기(16박자), 박자에 맞춰 손뼉 치며 제자리 걷기(16박자), 무릎 구부리기(16박자), 8번 점프하고 돌기(32박자), 앞뒤로 8번 뛰기 2회(16박자), 안으로 밖으로 점프(16박자), 오른발 왼발 뛰기(16박자), 안으로 밖으로 점프(16박자), 오른발 왼발 뛰기(16박자), 앞뒤로 8번 뛰기 2회 (16박자).'

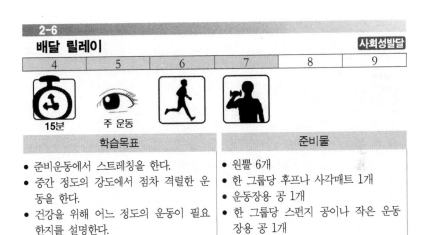

2-6
배달 릴레이

사회성발달

4	5	6	7	8	9

15분　　　주 운동

학습목표	준비물
• 준비운동에서 스트레칭을 한다. • 중간 정도의 강도에서 점차 격렬한 운동을 한다. • 건강을 위해 어느 정도의 운동이 필요한지를 설명한다. • 게임을 하면서 서로 협동한다.	• 원뿔 6개 • 한 그룹당 후프나 사각매트 1개 • 운동장용 공 1개 • 한 그룹당 스펀지 공이나 작은 운동장용 공 1개

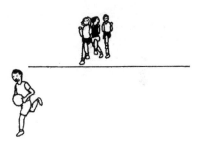

4명씩 한 그룹으로 구성한다. 두 그룹이 18m 정도 거리를 두고 마주보고 선다. 그룹마다 한 사람씩 공(혹은 작은 물건)을 갖는다.

1 놀이에 대해 설명하고 시범을 보인다. '신호를 하면 공을 가진 사람은 마주보고 있는 짝에게 달려가 공을 전달한다. 그 사람은 다시 처음 줄에 있는 사람에게 공을 전달한다. 모든 사람이 다 공을 전달할 때까지 계속한다.'

2 순서를 기다리는 동안에는 제자리에서 가볍게 뛴다.

2-7
세 명씩 리더따라 하기 　　　　정서발달　인지발달

4	5	6	7	8	9

15분　　주 운동

학습목표	준비물
• 중간 정도의 강도에서 점차 격렬한 운동을 한다. • 게임을 하면서 서로 협동한다.	• 원뿔 4개 • 스펀지 공(20~30cm) 6개 • 신호

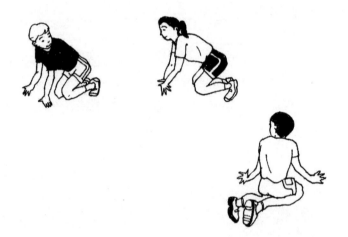

3명이 한 그룹이 되어 넓은 대형을 만든다.

1 놀이에 대해 설명하고 몇 가지 동작을 시범으로 보인다. '줄 맨 앞에 있는 사람이 첫 번째 리더가 된다. 리더는 여러 가지 동작을 취하면서 움직인다. 예를 들어, 달리거나 손으로 발목 잡고 걷거나 두 손과 발을 사용하여 네 발로 빨리 달릴 수 있다. 리더는 자신이 원하는 만큼 자주 동작을 바꿔도 된다. 리더 뒤에 있는 두 사람은 리더가 하는 동작을 따라 한다.'

2 신호를 하면 두 번째 순서에 있던 사람이 리더가 된다. 다음 신호가 들리면 아직 리더를 하지 않았던 마지막 사람이 리더가 된다.

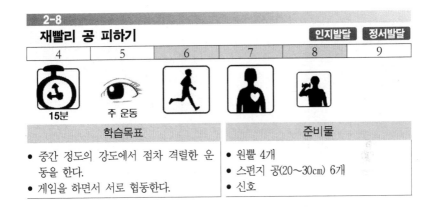

2-8
재빨리 공 피하기

인지발달 정서발달

| 4 | 5 | 6 | 7 | 8 | 9 |

15분 | 주 운동

학습목표
- 중간 정도의 강도에서 점차 격렬한 운동을 한다.
- 게임을 하면서 서로 협동한다.

준비물
- 원뿔 4개
- 스펀지 공(20~30㎝) 6개
- 신호

전체 인원의 절반은 커다란 원을 만들고, 나머지 절반은 원 안에서 흩어진다. 원을 만들고 있는 사람들에게 스펀지 공을 나눠준다.

1 놀이에 대해 설명하고 시범을 보인다. '(손으로 가리키면서) 원을 만들고 있는 사람은 원 안에 있는 사람의 허리 아래에 맞도록 공을 던진다. 공을 맞은 사람은 "맞았습니다"라고 외치고, 원 주위를 천천히 두 바퀴를 달린다. 두 바퀴를 돌면 원 안으로 와서 다시 놀이를 한다. 그룹을 바꿔 계속한다.'

2 선생님은 누가 몇 번 맞고 어느 그룹이 더 많이 맞았는지를 기록한다.

2-9

협동 릴레이

인지발달　사회성발달

| 4 | 5 | 6 | 7 | 8 | 9 |

15분　　주 운동

학습목표	준비물
• 중간 정도의 강도에서 점차 격렬한 운동을 한다. • 게임을 하면서 서로 협동한다.	• 원뿔 4개 • 스펀지 공(20~30cm) 6개 • 신호

4개 그룹으로 나눈다. 그룹별로 4개의 원뿔로 표시된 직사각형(15×18m)의 모퉁이 출발선에 선다.

1 놀이에 대해 설명하고 시범을 보인다. '신호를 하면 각 선의 처음 사람이 반대편을 향해 달려간다. (네 모퉁이에서 출발하는) 네 사람이 모두 같은 시간에 도착해야 한다. 모두 도착하면 처음 출발했던 자리로 돌아간다. 처음 출발한 사람이 돌아오는 동안, 줄에 서 있는 다른 사람은 제자리서 10번씩 뜀뛰기를 한다. 각 줄의 두 번째 사람은 첫 번째 사람이 돌아오는 대로 출발하지만 네 사람 모두 반대편 선에 같은 시간에 도착해야 한다.'

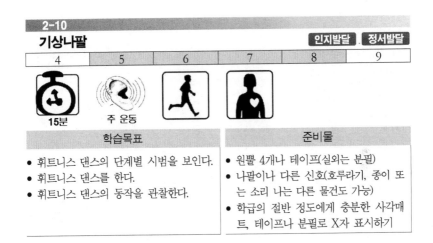

2-10
기상나팔

인지발달 정서발달

4	5	6	7	8	9

15분 　주 운동

학습목표	준비물
• 휘트니스 댄스의 단계별 시범을 보인다. • 휘트니스 댄스를 한다. • 휘트니스 댄스의 동작을 관찰한다.	• 원뿔 4개나 테이프(실외는 분필) • 나팔이나 다른 신호(호루라기, 종이 또는 소리 나는 다른 물건도 가능) • 학급의 절반 정도에게 충분한 사각매트, 테이프나 분필로 X자 표시하기

두 그룹으로 나누어 4개의 원뿔로 표시된 14m 정도 떨어진 평행한 줄에 선다.

1 놀이에 대해 설명하고 시범을 보인다. '신호를 하면 모든 사람은 반대편의 선을 향해 달려간다. 먼저 도착한 순서대로 줄을 서서 차렷 자세를 취한 그룹이 점수를 받는다.'

2 달릴 때에 다른 사람과 부딪치거나 넘어지지 않도록 주의하고 서로 협동할 것을 강조한다. 몇 번이고 반복한다.

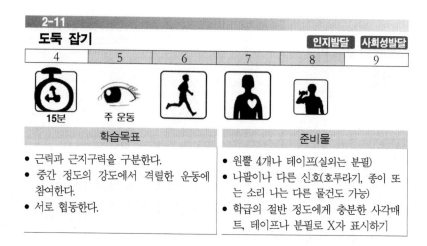

도둑 잡기

| 4 | 5 | 6 | 7 | 8 | 9 |

인지발달 **사회성발달**

15분   주 운동

학습목표

- 근력과 근지구력을 구분한다.
- 중간 정도의 강도에서 격렬한 운동에 참여한다.
- 서로 협동한다.

준비물

- 원뿔 4개나 테이프(실외는 분필)
- 나팔이나 다른 신호(호루라기, 종이 또는 소리 나는 다른 물건도 가능)
- 학급의 절반 정도에게 충분한 사각매트, 테이프나 분필로 X자 표시하기

원뿔을 이용하여 정사각형을 표시하고 정사각형 한쪽에 사각매트를 놓아둔다. 출발선은 매트 반대편으로 정한다. 두 그룹으로 나누어, 한 그룹은 출발선에 있고 다른 한 그룹은 사각매트, 분필 또는 테이프로 X자 표시가 된 곳에 선다.(바닥이 딱딱하면 분필이나 테이프로 X자 표시가 된 것이 좋고 부드러우면 사각매트가 좋다)

1 다음과 같이 놀이에 대해 설명하고 시범을 보인다. '출발선에 있는 사람은 도둑이고 X자 표시 위(혹은 사각매트)에 있는 사람은 술래가 된다. 신호를 하면 도둑은 끝 선까지 술래에게 잡히지 않고 건너가야 한다. 도둑은 경계 선 안에 있어야 하며 술래는 최소한 한쪽 발은 X자 위에 놓아야 한다. 술 래에게 잡히면 다음 한 번 게임을 할 동안에 그 주위를 천천히 달려야 하 고 그 다음 번에 도둑에 합류하여 게임을 계속한다. 무사히 건너간 도둑은 새로 넘어간 선을 출발선으로 하여 다음 신호로 시작되는 다음 게임을 하 게 된다.'

2 몇 번 반복하고 도둑과 술래의 역할을 바꿔서 한다.

2-12

둘이서 하는 릴레이

사회성발달

4	5	6	7	8	9

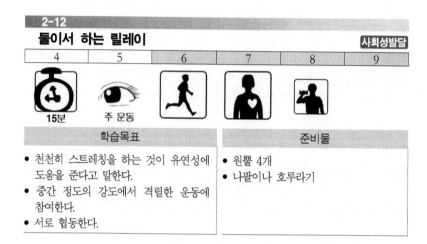

| 15분 | 주 운동 | | | |

학습목표	준비물
• 천천히 스트레칭을 하는 것이 유연성에 도움을 준다고 말한다. • 중간 정도의 강도에서 격렬한 운동에 참여한다. • 서로 협동한다.	• 원뿔 4개 • 나팔이나 호루라기

12~18m쯤 떨어진 두 평행선을 원뿔로 표시한다. 4개 그룹으로 나누어 결승선 뒤에 줄에 선다. 그룹별로 한 사람씩 출발선에 선다.

1 놀이에 대해 설명하고 시범을 보인다. '신호를 하면 출발선에 있는 사람은 결승선에 가서 첫 번째로 서 있는 사람의 손을 잡는다. 그리고 둘이 같이 출발선으로 뛰어서 되돌아온다. 출발선에서 시작했던 사람은 그 자리에 선다. 다른 한 사람은 다시 결승선에 달려가서 다음 사람의 손을 잡고 출발선으로 돌아온다. 그룹의 모든 사람이 출발선에 돌아올 때까지 계속한다.'

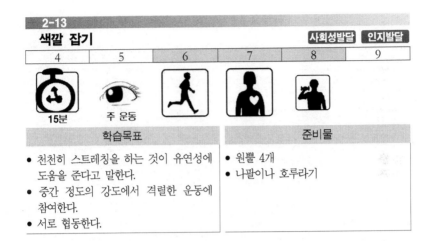

학습목표	준비물
• 천천히 스트레칭을 하는 것이 유연성에 도움을 준다고 말한다. • 중간 정도의 강도에서 격렬한 운동에 참여한다. • 서로 협동한다.	• 원뿔 4개 • 나팔이나 호루라기

넓은 대형을 만들고 원뿔이나 다른 물건으로 경계를 표시한다. 4개의 색깔(예를 들어, 빨간색, 녹색, 보라색, 분홍색 등)을 정하고 술래를 선정한다.

1 놀이에 대해 설명하고 시범을 보인다. '모든 사람이 각자 맘속으로 색깔을 하나씩 정한다. 술래가 네 가지 색깔 중 하나를 부르면 그 색깔을 고른 모든 사람은 술래를 잡으려 하고 고르지 않은 사람들은 제자리 뛰기를 한다. 술래는 경계선 안에서만 움직일 수 있다. 술래가 잡히면(혹은 어느 정도 시간이 지나면) 술래를 잡은 사람이 새로운 술래가 되어 다시 게임을 시작한다. 새로운 술래는 방금 골랐던 색 외에 다른 색을 골라야 한다. 다른 사람들은 계속 같은 색깔을 유지한다.'

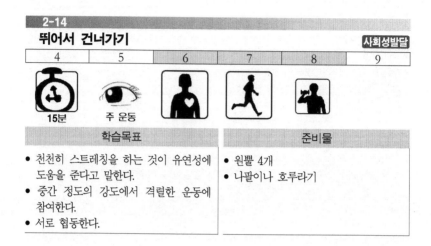

2-14
뛰어서 건너가기　　　　　　　　　　　　　사회성발달

4	5	6	7	8	9

15분　　주 운동

학습목표	준비물
• 천천히 스트레칭을 하는 것이 유연성에 도움을 준다고 말한다. • 중간 정도의 강도에서 격렬한 운동에 참여한다. • 서로 협동한다.	• 원뿔 4개 • 나팔이나 호루라기

여러 개의 사각매트를 원형 대형으로 만들고 한 사람씩 사각매트 위에 선다. 각자 숫자(또는 알파벳)를 하나씩 정하거나 그것이 적힌 이름표를 달아준다. 한 사람이 술래가 된다.

1 다음과 같이 놀이에 대해 설명하고 시범을 보인다. '술래가 숫자(또는 알파벳)를 두세 개 부르면 해당되는 사람은 자신이 있었던 사각매트를 다른 사람과 바꾼다. 이때 술래는 바꾸지 못한 매트를 차지할 수 있다. 자리를 빼앗긴 사람이 새로운 술래가 된다. 세 번 시도했는데 술래가 자리를 빼앗지 못하면 새로운 술래를 정한다.'

2 걷기보다 뛰어서 건너간다.

3 여러 사람이 참여할 수 있도록 여러 개의 원을 매트로 만든다.

2-15
휘트니스 회전   정서발달

4	5	6	7	8	9

15분   주 운동

학습목표	준비물
• 좌전굴(backsaver sit-and-reach) • 휘트니스 뛰기를 연습한다. • 테스트 전에 연습과 준비운동이 중요하다는 것을 설명한다.	• 한 사람당 사각매트 1개 • 4개의 원뿔 • 한 그룹마다 1m 길이의 막대기 1개, 좌전굴 박스 1개

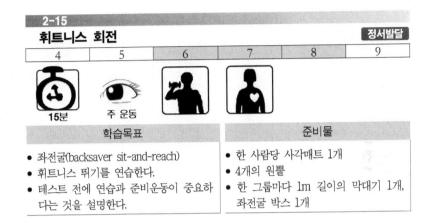

모두 6개 그룹으로 나누어 원을 표시하고 있는 6개의 원뿔 주위에 선다. 각 그룹마다 한 사람의 리더를 정한다.

1 놀이에 대해 설명하고 시범을 보인다. '신호를 하면 모두 (손으로 가리키면서) 시계 방향으로 달린다. 다음 원뿔에 도착해서 리더가 정하는 휘트니스 운동을 한다. 또 신호를 하면 다음 원뿔로 달린다. 그곳에서 새 리더를 정하고 새 리더가 정한 새로운 휘트니스 운동을 한다. 그룹의 모든 사람이 휘트니스 운동을 정할 때까지 계속한다.'

2-16
다양한 이동성운동   정서발달 사회성발달

4	5	6	7	8	9

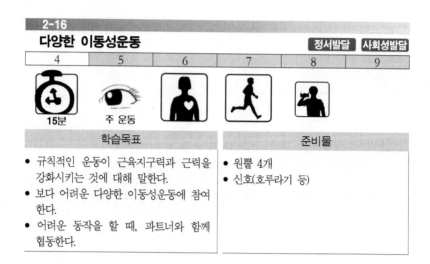

15분   주 운동

학습목표	준비물
• 규칙적인 운동이 근육지구력과 근력을 강화시키는 것에 대해 말한다. • 보다 어려운 다양한 이동성운동에 참여한다. • 어려운 동작을 할 때, 파트너와 함께 협동한다.	• 원뿔 4개 • 신호(호루라기 등)

넓게 대형으로 만든다.

1 다음과 같이 놀이에 대해 설명한다. '달리다가 신호를 들으면 다양한 이동성운동에 대한 선생님의 지시 사항을 듣는다. 그 지시대로 동작을 취한 다음에는 다음 신호를 들을 때까지 계속 달린다.'

2 시작할 때에는 신호와 선생님의 지시 사항을 듣기 위해 조용히 하도록 한

다. 연습을 위해 필요하다면 다음과 같은 동작을 반복한다.

- 높이 세 번 뛴다.
- 한 발로 세 번 뛴다.
- 한 발로 세 번 뛰고 다른 발로 세 번 뛴다.
- 높이 세 번 뛰어오르고 한 발로 세 번 뛰고 다른 발로 세 번 뛴다.
- 양발로 세 번 뛰고 다시 네 번 뛰고 다시 다섯 번 뛴다.
- 양발로 앞으로 세 번 뛰고 뒤로 세 번 뛴다.
- 오른쪽으로 빨리 돈다.
- 왼쪽으로 빨리 돈다.
- 작은 원을 그리며 걷는다. 큰 원을 그리며 걷는다.
- 빨리 달린다. 천천히 달린다. 다시 빨리 달린다. 다음 신호가 있을 때까지 천천히 달린다.
- 다음 신호가 있을 때까지 지그재그로 걷는다.
- 넓은 대형이 되도록 한다.

3 신호와 선생님의 지시 사항을 듣기 위해 조용히 하는 것이 중요하다는 것을 다시 설명한다. 또 뛰어다닐 때 서로 부딪히지 않도록 주의를 준다.

4 다음과 같은 다양한 동작을 취한다.

- (리더따라 하기의 모형처럼) 한 사람은 앞에, 한 사람은 뒤에 두고 달린다.
- 파트너 옆에서 뛴다.
- 파트너와 등을 마주 대고 뛴다.
- 파트너 1은 파트너 2를 피해 가능하면 빨리 도망가고 파트너 2는 가능하면 파트너 1에 가까이 있도록 한다.
- 파트너 2는 파트너 1을 피해 가능하면 빨리 도망가고 파트너 1은 가능하면 파트너 2에 가까이 있도록 한다.

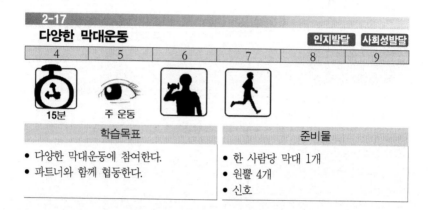

2-17					
다양한 막대운동				인지발달	사회성발달
4	5	6	7	8	9

학습목표	준비물
• 다양한 막대운동에 참여한다. • 파트너와 함께 협동한다.	• 한 사람당 막대 1개 • 원뿔 4개 • 신호

넓은 대형으로 만든다.

1 놀이의 목적에 대해 설명한다. '다양한 막대운동은 지구력과 유연성을 향상 시킨다.'

2 다음과 같은 자세를 설명하고 시범을 보인 후, 각자 연습한다.

　- 막대를 바닥에 내려놓고 그 주위를 세 바퀴 뛴다.

- 자기 옆에 막대를 내려놓고 옆으로 막대 위를 좌우로 뛴다.
- 자기 앞에 막대를 내려놓고 그 위를 뛰어넘는다. 뒤돌아 다시 뛰어넘는다.
- 자기 앞에 막대를 내려놓고 손뼉 치며 그 위를 뛰어넘는다.
- 자기 앞에 막대를 내려놓고 손뼉 치며 공중에서 한 바퀴 돌며 그 위를 뛰어 넘는다.(막대 위로 미끄러져 넘어지지 않도록 조심하도록 주의를 준다)
- 자기 뒤에 막대를 내려놓고 그 위를 뒤로 뛰어넘는다.
- 바닥에 막대를 놓고 최대한 멀리 뛴다.(몇 번 반복한다)
- 바닥에 막대의 한 쪽 끝을 대고 반대편 끝은 손으로 잡은 뒤, 막대 위로 뛰어넘는다.
- 막대를 두 손으로 들고 머리 위로 올린 뒤, 막대를 뒤로 최대한 아래 방향으로 내려 보고 다시 처음 자세(머리 위)로 돌아오는 동작을 몇 번 반복한다.(막대를 떨어뜨리지 않고 최대한 아래로 내려 보도록 한다)

3 각자 파트너를 정한 다음에 다음과 같은 동작을 취한다. '파트너 한 사람이 막대를 무릎 높이로 들고 다른 한 사람이 그 위를 열 번 뛰어넘는다.'(서로 역할을 바꿔서 반복한다)

2-18
다양한 후프운동   인지발달   사회성발달

4	5	6	7	8	9

15분   주 운동

학습목표	준비물
• 다양한 후프운동에 참여한다. • 파트너와 협동한다.	• 한 사람당 후프 1개 • 공간을 표시할 원뿔 4개

각자 자신의 후프를 갖고 넓게 대형으로 만든다.

1 후프를 바닥에 내려놓고 다음과 같은 동작을 취한다.

  - 후프 바깥쪽 주위를 달린다.

  - 후프 안쪽 주위를 달린다.(미끄러지거나 넘어지지 않도록 주의한다)

  - 후프 안으로 밖으로 몇 번 뛴다.

  - 후프 안에서 위아래로 열 번 뛴다.

  - 후프 주위를 뛴다.

- 후프 위로 뛴다.
- 양발은 후프 바깥에, 두 손은 후프 안 바닥에 두고 선다.
- 양발은 후프 바깥에, 두 손은 후프 안 바닥에 두고 후프 바깥 주위를 걸어 본다. 또 후프 바깥쪽 주위를 게걸음으로 걷는다.

2 5~6명씩 그룹을 만든다. 각 그룹마다 후프를 갖고 자신들만의 모양을 만든다.

3 후프를 갖고 리더따라 하기(뛰거나 달리거나 한 발로 뛰는 등)를 설명한 뒤에 실습한다. 이어 서로 돌아가면서 리더가 된다.

4 다음과 같은 동작을 취한다.
- 그룹은 자신의 후프 안으로만 다녀야 한다.
- 그룹은 돌아가며 자신의 후프 안으로만 다녀야 한다.
- 그룹은 모든 후프 안으로 선생님을 따라 해야 한다.

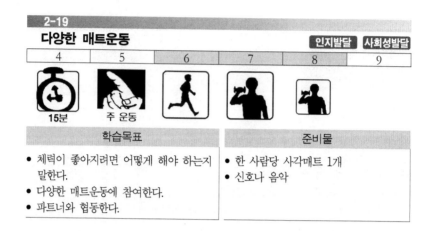

2-19
다양한 매트운동

인지발달   사회성발달

4	5	6	7	8	9

15분   주 운동

학습목표	준비물
• 체력이 좋아지려면 어떻게 해야 하는지 말한다. • 다양한 매트운동에 참여한다. • 파트너와 협동한다.	• 한 사람당 사각매트 1개 • 신호나 음악

한 사람당 사각매트를 하나씩 갖고 넓은 대형을 만든다.

1 다음과 같은 동작을 취한다. 이때 무릎 인대에 무리가 가지 않도록 무릎을 약간 구부리며 발가락을 잡으라고 설명한다.

- 사각매트 위에 서서 발가락을 잡는다.
- 발가락을 잡으면서 사각매트 위를 걷는다.
- 발가락을 잡으면서 사각매트 위를 뒤로 걷는다.
- 발가락을 잡으면서 사각매트 위로 뛴다.
- 몸이 사각매트 위에 있도록 매트 위에 앉는다.

- 사각매트 위에 앉아 팔과 다리를 공중으로 든다.
- 사각매트 너머로 뛰어넘는다.
- 사각매트 위를 옆으로 뒤로 뛰어넘는다.

2 짝을 지어서 넓은 대형을 만들고 다음과 같은 동작을 취한다.
- 두 사람이 함께 사각매트 하나 위에 선다.
- 손을 잡고 사각매트에서 다른 사각매트로 뛴다.
- 그 중 한 사람은 다른 사각매트로 뛴다.
- 또 다른 한 사람도 사각매트로 뛴다.
- 두 사람이 한 사각매트 위에 앉는다.

3 움직이라는 신호를 하면 다음과 같은 행동을 취한다.
- 다른 사람과 부딪히지 않도록 주의하면서 사각매트에서 사각매트로 옮긴다.

4 사각매트를 하나 치우고 신호를 하면 모두 멈춘다. 이때 두 사람이 하나의 사각매트에 같이 있다.

5 신호를 한 뒤에 다시 사각매트를 하나 치운다. 이 신호는 남아 있는 하나의 사각매트에 모든 사람이 모일 때까지 계속한다. 이때 신체의 한 부분이 사각매트에 걸치기만 해도 상관없다고 설명한다. 손가락이 닿기만 해도 걸친 것으로 인정한다. 음악을 사용해도 좋다.

6 (의자 앉기처럼) 서로 협동하고 안전에 대해 강조한다.

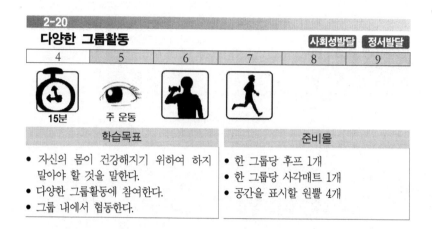

2-20					
다양한 그룹활동				사회성발달	정서발달
4	5	6	7	8	9

15분	주 운동		

학습목표	준비물
• 자신의 몸이 건강해지기 위하여 하지 말아야 할 것을 말한다. • 다양한 그룹활동에 참여한다. • 그룹 내에서 협동한다.	• 한 그룹당 후프 1개 • 한 그룹당 사각매트 1개 • 공간을 표시할 원뿔 4개

소그룹으로 나눈 뒤, 한 그룹당 후프를 하나씩 갖고 넓게 대형을 만든다.

1 다음과 같은 동작을 취한다.

- 모두 후프 안에 선다.
- 후프 안에 팔 여섯 개와 다리 일곱 개를 넣는다.
- 후프 주위로 원을 만든다.
- 반은 후프 안에서 제자리 뛰기를 하고 나머지 반은 후프 주위를 달린다.(서로 바꿔서 한다)

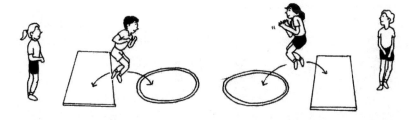

- 모두 후프 아래에 선다.
- 모두 후프 옆으로 선다.
- 한 사람이 후프를 들고 최대한 멀리 달리다가 멈추고 신호하면 그 그룹의 다른 사람들이 쫓아가서 처음 사람이 들고 있는 (바닥과 수직이 된 상태) 후프 사이로 뛰어간다.

2 그룹을 새로 만들고 그룹마다 후프 하나와 사각매트를 하나씩 갖는다. 이어 그룹별로 3m 정도 거리를 두고 넓은 대형을 만든다. 다음과 같은 동작을 취한다.

- 한 사람씩 사각매트에서 후프 안으로 열 번씩 뛴다.(사각매트 가까이 서서 차례를 기다리다가 뛴 다음에는 후프 가까이 기다리도록 한다)
- 후프에서 사각매트까지 뒤로 뛴다.
- 사각매트에서 후프 안으로 열 번씩 뛰면서 손뼉을 친다.
- 후프에서 사각매트까지 손뼉을 치며 뒤로 뛴다.

3 그만하라는 신호가 들릴 때까지 그룹이 한 줄로 사각매트에서 후프까지 뛰고 후프 주위를 돈 다음, 다시 사각매트까지 돌아오는 게임을 최대한 많이 한다. 절반은 후프 주위를 뛰고 나머지 절반은 사각매트로 돌아온다. 바꿔서 하기도 한다.

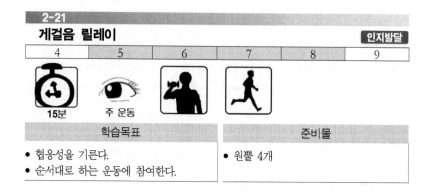

2-21 게걸음 릴레이				인지발달	
4	5	6	7	8	9

15분	주 운동		

학습목표	준비물
• 협응성을 기른다. • 순서대로 하는 운동에 참여한다.	• 원뿔 4개

원뿔을 이용하여 두 개의 평행선을 그린다. 12~18m 정도 떨어진 출발선과 결승선을 표시한다. 모두 6개 그룹으로 나누고 출발선에 줄을 선다.

1 놀이에 대해 설명하고 시범을 보인다. '출발선에 있는 사람이 손을 출발선 뒤로 하고 게걸음 모양으로 시작한다. 신호를 하면 처음 사람은 가능한 빨리 게걸음으로 결승선을 갔다가 되돌아온다. 모든 사람들이 할 때까지 계속한다.'

Ⅲ. 게임과 스포츠

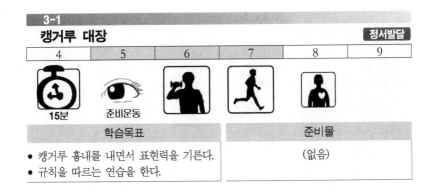

| 4 | 5 | 6 | 7 | 8 | 9 |

3-1

캥거루 대장   정서발달

학습목표	준비물
• 캥거루 흉내를 내면서 표현력을 기른다. • 규칙을 따르는 연습을 한다.	(없음)

5~7명씩 그룹을 나눠서 줄을 선다.

1 놀이에 대해 설명하고 시범을 보인다. '캥거루 대장(리더)은 뛰거나 살금살금(양손으로 발목을 잡고) 걷거나 두 손과 발로 기어갈 수 있다. 녹색 바지 아저씨(혹은 아주머니)는 줄의 두 번째 있는 사람이다. 아무도 녹색 바지 아저씨(혹은 아주머니)나 대장을 지나칠 수 없다. 나머지 사람은 세 가지 동작(걷거나 기거나 뛰기)을 다할 때까지 대장을 따라야 한다. 그 다음에는 녹색 바지 아저씨(혹은 아주머니)가 대장이 되고 처음 대장은 줄의 맨 뒤로 간다.'

2 특징을 잘 살릴 수 있는 다른 동물로 바꿔서도 한다.

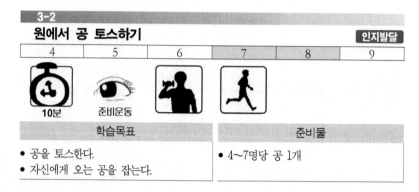

3-2
원에서 공 토스하기   인지발달

4	5	6	7	8	9

10분   준비운동

학습목표	준비물
• 공을 토스한다. • 자신에게 오는 공을 잡는다.	• 4~7명당 공 1개

4~6명씩 그룹을 나누어 원 모양으로 늘어선다. 스펀지 공을 든 사람이 중앙에 있고 나머지 사람은 원 주위에 흩어져 늘어선다.

1 다음과 같이 놀이에 대해 설명하고 시범을 보인다. '원의 중앙에 있는 사람은 스펀지 공을 높이(똑바로) 공중으로 토스하고 다른 사람의 이름을 부른다. 이름이 불린 사람은 공이 땅에 닿기 전에 공을 잡는다. 그러면 공을 토스한 사람은 원에 가서 서고 공을 잡은 사람이 토스하는 사람이 된다.'

2 익숙해지면 몇 그룹으로 나눈다.(서로의 이름을 외우는데 도움을 준다)

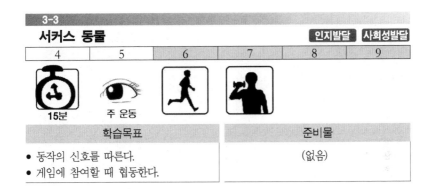

3-3					
서커스 동물				**인지발달**	**사회성발달**
4	5	6	7	8	9

15분   주 운동

학습목표	준비물
• 동작의 신호를 따른다. • 게임에 참여할 때 협동한다.	(없음)

모두 넓은 쪽을 바라보며 한 줄을 서고 900m쯤 떨어진 줄에서 한 사람(서커스 단장)이 마주보고 선다. 나머지 사람은 소그룹으로 나누어 각각 동물 이름(사자, 호랑이 등)을 정한다. 서커스 단장 가급적 빨리 달리는 사람을 택한다.

1 놀이에 대해 설명하고 시범을 보인다. '서커스 단장이 동물 이름을 부르면 그 동물 그룹에 속한 사람들은 반대편 선으로 뛰어왔다가 처음 서 있던 곳으로 되돌아온다. 서커스 단장은 동물을 잡으려고 한다. 잡힌 동물은 서커스 단장을 돕는다. 모든 사람이 잡힐 때까지 계속하고 제일 마지막으로 잡힌 사람이 다음 서커스 단장이 된다.'

2 동물 모양의 마스크(이름표)를 준비하여 진행하면 훨씬 흥미롭다.

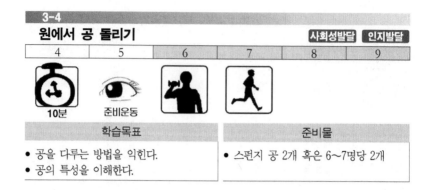

원에서 공 돌리기

| 4 | 5 | 6 | 7 | 8 | 9 |

| 사회성발달 | 인지발달 |

10분　준비운동

학습목표	준비물
• 공을 다루는 방법을 익힌다. • 공의 특성을 이해한다.	• 스펀지 공 2개 혹은 6~7명당 2개

2개 이상의 공을 주고 둥그렇게 원을 만든다.(공 색깔이 다르면 도움이 된다)

■ 놀이에 대해 설명하고 시범을 보인다. '공이 다른 공을 추월하거나 공을 떨어뜨리지 않고 가능한 한 빨리 오래 하는 게 중요하다. 옆에 있는 사람에게 공을 넘길 때에 떨어뜨리지 말아야 한다.'

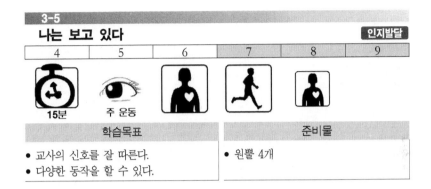

4	5	6	7	8	9

3-5
나는 보고 있다
인지발달

15분　주 운동

학습목표	준비물
• 교사의 신호를 잘 따른다. • 다양한 동작을 할 수 있다.	• 원뿔 4개

넓은 대형으로 만든다.

1 선생님이 '나는 보고 있다'고 말하면서 시작한다. 아이들이 '무엇을 보고 있나요?'라고 물으면 선생님은 '나는 모든 사람이 제자리에서 뛰고 있는 것을 보고 있다'고 말한다. 그러면 모두 제자리에서 뛴다.

2 선생님은 다시 '나는 보고 있다'고 말한다. 모두 제자리에 멈춰 서서 '무엇을 보고 있나요?'라고 묻고는 계속 뛴다.

3 움직임을 나타내는 표현으로는 '어릿광대의 행진, 빨리 달리기, 뛰어오르기, 장작패기, 말이 펄쩍 뛰어오르기, 훌쩍 뛰기' 등이 있다.

3-6
밤 열두 시 사회성발달 인지발달

4	5	6	7	8	9

15분 주 운동

학습목표	준비물
● 놀이에 집중한다. ● 게임의 규칙을 이해하고 협동한다.	(없음)

한 사람이 운동장의 한가운데 서고 나머지 사람은 운동장 한쪽에 한 줄로 늘
어선다. 한가운데 선 사람은 여우(술래)가 되고 다른 사람들은 토끼가 되면서
시작한다. 한 사람이 오랫동안 여우가 되지 않도록 미리 두 사람을 고른다. 가
급적 빠른 사람으로 시작하는 게 좋다.

1 다음과 같이 놀이에 대해 설명하고 시범을 보인다. '여우가 운동장 가운데
서 눈을 감고 토끼와 반대 방향으로 서 있는 것으로 시작한다. 토끼가 여
우에게 몇 시인지를 물으면서 운동장 반대편으로 간다. 이때 여우에게 잡히
지 않게 살짝 지나간다. 여우가 "한 시입니다, 여덟 시입니다, 아주 늦습니

다" 등으로 답하면 그때까지는 아무 일도 일어나지 않는다. 그러나 여우가 "밤 열두 시입니다"라고 답하면 여우는 눈을 뜨고 갑자기 뒤돌아서 가능한 한 많은 토끼들을 잡으려고 쫓아다닌다. 잡힌 사람도 여우가 된다. 모든 사람이 잡힐 때까지 계속하고 마지막으로 잡힌 한 사람(혹은 두 사람)이 다음 여우가 된다.'

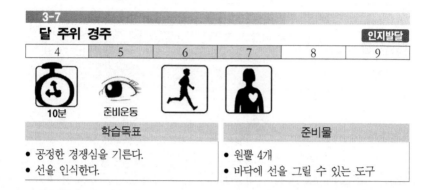

3-7					
달 주위 경주					**인지발달**
4	5	6	7	8	9

10분   준비운동

학습목표	준비물
• 공정한 경쟁심을 기른다. • 선을 인식한다.	• 원뿔 4개 • 바닥에 선을 그릴 수 있는 도구

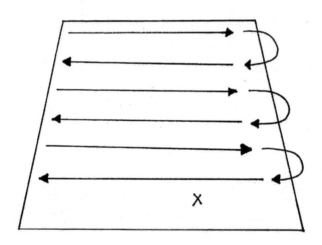

30m 가량 떨어진 줄을 바라보며 모두 한 줄로 선다. 시작선(지구)과 끝나는 선(달) 사이에 한 사람(발사대)이 선다.

1 놀이에 대해 설명한다. '발사대가 되는 사람이 "5, 4, 3, 2, 1, 발사!"라고 소리치면 나머지 사람들은 달(마주보고 있는 끝나는 선)을 향해 뛰어갔다가 돌아온다. 제일 빨리 도착한 사람이 다음 발사대가 된다.'

2 소그룹으로 나누어 그룹마다 다른 시작선에서 출발한다. 빨리 뛰는 사람은 더 멀리서 출발하는 핸디캡 방식을 택해 놀이를 공평하게 한다.

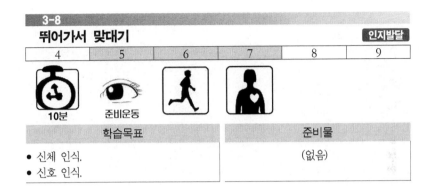

3-8					인지발달
뛰어가서 맞대기					
4	5	6	7	8	9

학습목표	준비물
● 신체 인식. ● 신호 인식.	(없음)

넓은 대형으로 만든다.

1 놀이에 대해 설명한다. "선생님이 신체의 한 부분을 말하면 여러분은 다른 사람에게 달려가 서로 자신의 신체 부분과 상대방의 신체 부분을 맞대야 해요. 예를 들어 선생님이 '무릎'이라고 하면 여러분은 서로 무릎끼리 맞대야 하지요."

2 선생님이 부를 때마다 한번 짝을 했던 사람과는 떨어지고 새로운 짝을 만나야 한다는 것을 설명한다.

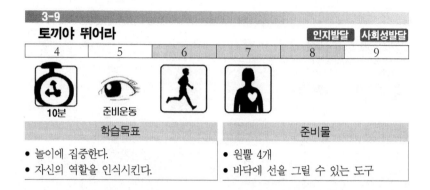

3-9

토끼야 뛰어라   인지발달 사회성발달

4	5	6	7	8	9

10분   준비운동

학습목표	준비물
• 놀이에 집중한다. • 자신의 역할을 인식시킨다.	• 원뿔 4개 • 바닥에 선을 그릴 수 있는 도구

토끼집

모든 사람이 넓은 공간(최소한 15~30m)을 바라보고 선다. 넓은 공간의 한쪽 구석을 정해서 토끼집이라고 정하고 나머지 공간은 숲이라고 부른다. 전체의 ¾이 토끼가 되고 나머지 사람은 여우로 정한다.

1 놀이에 대해 설명하고 시범을 보인다. '여우는 숲속(넓은 공간)에 숨고 토끼는 집(좁은 공간)을 떠나 먹이를 찾으러 간다. 숲속에 흩어진 토끼 먹이(콩주머니)를 모으는데, 선생님이 "토끼야, 뛰어라"라고 말하면 여우는 토끼가 집으로 가기 전에 가능하면 많이 잡는다. 잡힌 토끼는 여우가 된다. 새로 여우가 전체의 ¼이 될 때까지 계속한다.' 다음에는 역할을 바꾼다.

2 놀이를 할 때, 모두 펄쩍펄쩍 혹은 깡충깡충 뛰어야 한다.

3-10
오리가족　　　　　　　　　　　　　　　　인지발달　사회성발달

4	5	6	7	8	9

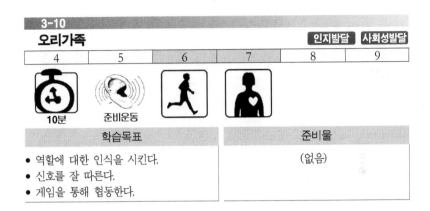

10분　　　준비운동

학습목표	준비물
• 역할에 대한 인식을 시킨다. • 신호를 잘 따른다. • 게임을 통해 협동한다.	(없음)

모두 한 줄로 선다.(익숙해지면 줄을 길게 늘이다) 한 사람을 엄마오리로 정하고 나머지 사람은 엄마오리를 따라 한다.

1 놀이에 대해 설명하고 시범을 보인다. '엄마오리가 "이상 무!"라고 소리치면 모두 천천히 뛰어다닌다. 잠시 후, 엄마오리가 "코요테다!"라고 외치면 모두 빨리 뛴다. 그러다가 엄마오리가 다시 "이상 무!"라고 소리치면 천천히 뛴다. 선생님이 "삡삡"이라고 하면 엄마오리는 새로운 엄마오리를 선택한다.'

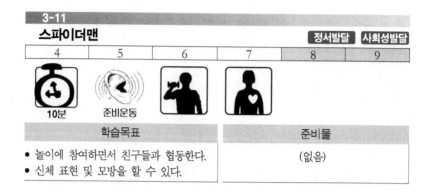

3-11 스파이더맨				정서발달	사회성발달
4	5	6	7	8	9

학습목표	준비물
• 놀이에 참여하면서 친구들과 협동한다. • 신체 표현 및 모방을 할 수 있다.	(없음)

한 사람을 둘러싸고 커다란 원을 만드는데 각각 3m쯤 떨어진다. 한가운데 있는 사람이 스파이더맨(또는 스파이더우먼)이 된다.

1 모든 사람이 원 주위를 천천히 뛸 동안에 스파이더맨은 거미처럼 몸을 굽히거나 펴는 여러 가지 동작(무릎을 살짝 굽혀 발가락에 닿게 하거나 고개를 옆으로 쭉 구부리는 동작 등)을 생각한다. 스파이더맨이 "거미가 움직인다"고 말하면 모두 뛰던 동작을 멈추고 스파이더맨이 하는 동작을 그대로 따라 한다. 잠시 후, 스파이더맨이 새로운 사람을 택하면 그 사람이 스파이더맨이 되고 전에 하던 사람은 다른 사람들과 같이 원 주위를 뛴다.

2 놀이는 5분 정도 진행한다.

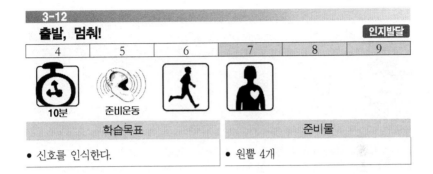

3-12					
출발, 멈춰!					인지발달
4	5	6	7	8	9

10분   준비운동

학습목표	준비물
• 신호를 인식한다.	• 원뿔 4개

15~18m 정도 떨어진 결승선을 바라보며 모두 한 줄로 늘어선다.

1 다음과 같이 놀이에 대해 설명한다. '신호를 하면 결승선을 향해 뛰어간다. 두 번째 신호를 하면 반대 방향을 향해 뛴다. 결승선에 도달하는 사람이 나올 때까지 계속한다.'

2 다양한 간격으로 신호를 준다.

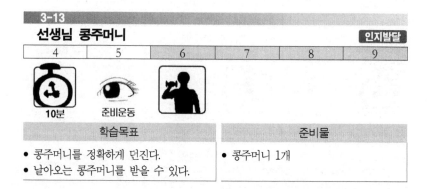

3-13
선생님 콩주머니 　　　　　　　　　　　　　　　　　　　　인지발달

4	5	6	7	8	9

10분　　　준비운동

학습목표	준비물
• 콩주머니를 정확하게 던진다. • 날아오는 콩주머니를 받을 수 있다.	• 콩주머니 1개

소그룹으로 나누어 원 모형을 만든다. 한 그룹마다 '선생님'을 한 사람씩 정한 다. 선생님은 콩주머니를 하나 들고 원의 중앙에 선다.

1 놀이에 대해 설명하고 시범을 보인다. '그룹별로 선생님이 원에 있는 한 사 람에게 콩주머니를 던지면 그 사람은 다시 선생님에게 콩주머니를 던진다. 그룹의 모든 사람에게 차례가 올 때까지 계속한다. 그런 다음에는 선생님이 새로운 선생님을 정한다.'

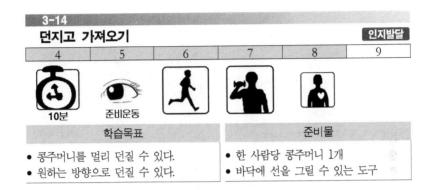

3-14
던지고 가져오기   인지발달

4	5	6	7	8	9

10분   준비운동

학습목표	준비물
• 콩주머니를 멀리 던질 수 있다. • 원하는 방향으로 던질 수 있다.	• 한 사람당 콩주머니 1개 • 바닥에 선을 그릴 수 있는 도구

각자 콩주머니를 하나씩 들고 한 줄로 늘어선다.

1 놀이에 대해 설명한다. "갖고 있는 콩주머니를 가능한 한 멀리 던지세요. 선생님이 신호를 하면 콩주머니를 향해 달려가 집어 들고 다시 출발선으로 뛰어옵니다. 다른 사람의 콩주머니도 상관없어요."

2 가능한 한 빨리 몇 번이고 반복한다.

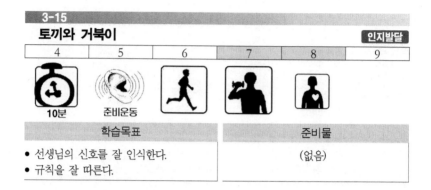

3-15

토끼와 거북이　　　　　　　　　　　　　　　　　　　인지발달

4	5	6	7	8	9

10분　　준비운동

학습목표	준비물
● 선생님의 신호를 잘 인식한다. ● 규칙을 잘 따른다.	(없음)

넓은 대형을 만든다.

1 다음과 같이 놀이에 대해 설명한다. '선생님이 "거북이!"라고 말하면 아주
천천히 뛰다가 "토끼!"라고 하면 빨리 뛴다. 처음에는 제자리에서 하다가
넓은 공간으로 옮겨서 한다.'

3-16
지그재그 토스하기   인지발달 사회성발달

4	5	6	7	8	9

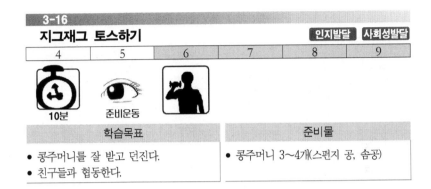

10분   준비운동

학습목표	준비물
• 콩주머니를 잘 받고 던진다. • 친구들과 협동한다.	• 콩주머니 3~4개(스펀지 공, 솜공)

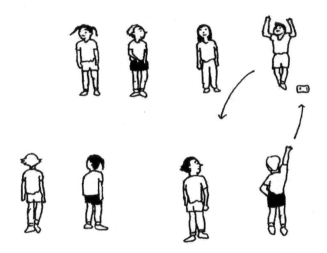

소그룹으로 나눈다. 서로 짝을 지어 마주보고 늘어선다. 각 줄마다 콩주머니를 하나씩 갖는다. 시작할 때에는 한 줄로 시작하는 것이 좋다

1 놀이에 대해 설명하고 시범을 보인다. '첫 번째 줄에 서 있는 처음 사람이 두 번째 줄에 서 있는 처음 사람에게 콩주머니를 던진다. 다음에 두 번째 줄에 있는 처음 사람이 첫 번째 줄에 있는 두 번째 사람에게 던진다. 각 줄에 있는 모든 사람이 콩주머니를 던질 때까지 계속한다.'

2 다음으로 지그재그 토스하기를 한다. 시간에 따라 줄을 처음부터 시작했다가 다시 거꾸로 올라올 수도 있다.

3-17
다양한 동작
인지발달

4	5	6	7	8	9

10분 준비운동

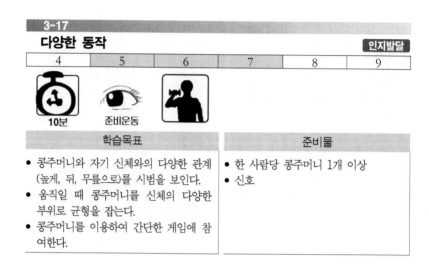

학습목표	준비물
• 콩주머니와 자기 신체와의 다양한 관계 (높게, 뒤, 무릎으로)를 시범을 보인다. • 움직일 때 콩주머니를 신체의 다양한 부위로 균형을 잡는다. • 콩주머니를 이용하여 간단한 게임에 참여한다.	• 한 사람당 콩주머니 1개 이상 • 신호

각자 콩주머니를 갖고 넓은 대형을 만든다.

1 다음과 같이 설명한다. "콩주머니를 높이 던져 올리세요 (한 사람씩 이름을 부르면서) 콩주머니가 정말 높네요(낮네요)."

2 다음과 같은 순서로 질문한다.

- 콩주머니를 얼마나 낮게 던질 수 있나요?

- 콩주머니를 여러분 앞(뒤, 아래. 옆, 높이, 낮게, 중간)으로 던질 수 있나요?
- 여러분의 발(머리, 목, 무릎, 발목, 어깨, 팔꿈치, 장딴지, 가슴, 정강이, 팔뚝, 팔목, 엉덩이, 배, 등, 턱)을 만져 보세요.(이때 알기 어려운 부위는 설명한다)

3 다음과 같은 동작을 취하도록 말한다.
- 팔뚝(머리, 팔꿈치, 무릎, 어깨, 팔목, 발목, 가슴, 발)에 콩주머니를 올려놓고 균형을 잡아 보세요.
- 콩주머니를 손(팔, 다리, 머리, 어깨, 가슴)에 올려놓고 중심을 잡으면서 천천히 걸어 보세요.

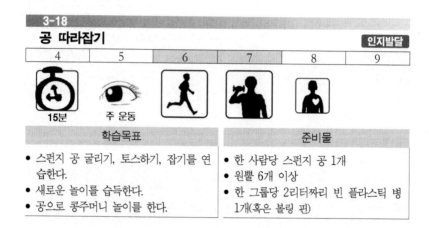

3-18
공 따라잡기 〔인지발달〕

| 4 | 5 | 6 | 7 | 8 | 9 |

15분   주 운동

학습목표	준비물
• 스펀지 공 굴리기, 토스하기, 잡기를 연습한다. • 새로운 놀이를 습득한다. • 공으로 콩주머니 놀이를 한다.	• 한 사람당 스펀지 공 1개 • 원뿔 6개 이상 • 한 그룹당 2리터짜리 빈 플라스틱 병 1개(혹은 볼링 핀)

모든 사람이 각자 공을 하나씩 들고 운동장의 한 면을 따라 긴 줄로 늘어선다.
1️⃣ 다음과 같이 말한다. "앞으로 공을 굴리세요."(사람이 너무 많으면 한 번에 절반이나 ⅓만 나눠서 한다)
2️⃣ 신호를 하면 달려가서 공을 주워 출발선으로 되돌아온다.(이때 다른 사람들

을 잘 살펴보도록 주의를 준다)

3 다음과 같이 말한다. "자, 이제 공을 굴리고 따라가서 잡으세요"(반복한다)

4 다음과 같은 동작을 취하도록 한다.

- 공을 높이(낮게) 위로 던지고 잡을 수 있나요?
- 걸어가면서 공을 살짝 토스하고 잡을 수 있나요?
- 할 수 있는 한, 멀리 공을 던지세요(스펀지 공만 사용한다)

5 공을 다시 주워 오고 반복한다.

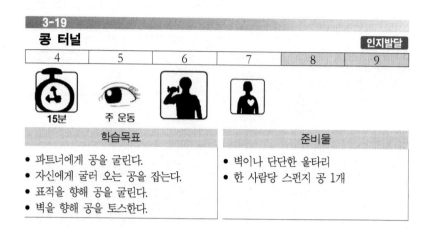

3-19
콩 터널   인지발달

4	5	6	7	8	9

15분   주 운동

학습목표	준비물
• 파트너에게 공을 굴린다. • 자신에게 굴러 오는 공을 잡는다. • 표적을 향해 공을 굴린다. • 벽을 향해 공을 토스한다.	• 벽이나 단단한 울타리 • 한 사람당 스펀지 공 1개

4개의 원뿔을 이용하여 커다란 직사각형의 경계를 만든다. 직사각형 끝부분에
표적용으로 3개의 원뿔을 약 3m씩 떨어뜨려 세운다.(이것은 표적이 되는 두 개
의 위치를 표시한다) 표적과는 반대편 직사각형 끝에 4개의 소그룹이 한 줄을
늘어선다.(각 표적이 되는 위치마다 두 그룹씩)

1️⃣ 놀이에 대해 설명하고 시범을 보인다. '각 줄에서 한 사람씩 몇 발짝을 뛴
다음에 자기 줄 앞에 있는 두 원뿔 사이의 표적이 되는 곳을 향해 자신의
공을 굴린다. 공을 따라가서 잡은 후에는 줄의 맨 뒤에 가서 선다. 모두 한

번씩 할 때까지 계속한다. 다음에는 공을 굴리지 않고 토스하는 동작으로 다시 한 번 반복한다.'

2 연습한 다음에는 4명이 캐처가 되어 각 표적이 되는 위치에 2명씩 선다.

3 다음과 같은 새로운 과제를 준다. '줄의 맨 앞에 있는 사람이 공을 캐처가 잡을 수 있도록 굴린다. 공을 잡은 캐처는 줄의 맨 뒤에 가서 서고 공을 던지는 사람이 뛰어가서 새로운 캐처가 된다. 그런 다음에는 공을 굴리지 않고 토스하는 동작으로 다시 한 번 반복한다.'

3-20
콩주머니 던지기　　　　　　　　　　　　　　　　　　인지발달

4	5	6	7	8	9

15분　　주 운동

학습목표	준비물
• 머리 위로 콩주머니를 던졌다가 잡고 손에서 손으로 던지며 같은 손으로 콩주머니를 던졌다가 받는다. • 높고 낮은 토스, 던지기 시범을 보인다. • 다양한 거리에서 후프 안으로 던지는 연습을 한다. • 콩주머니를 3m 떨어진 곳에서 후프 안으로 던진다. • 다양한 동작을 할 때, 콩주머니를 정확한 부위에 둠으로써 신체 부분(팔목, 팔꿈치, 팔, 가슴, 머리)을 정확히 안다.	• 한 사람당 콩주머니 1개(여유분 몇 개) • 한 그룹당 후프 1개(76~91cm) • 줄(최소한 6m) • 한 그룹당 스펀지 공 1개 • 줄을 묶을 높은 받침대 2개

모든 사람이 하나씩 콩주머니를 갖고 넓은 대형을 만든다.

1 다음과 같이 질문한다. "이렇게 콩주머니를 위로 던졌다가 잡을 수 있나요?"

2 양손을 모아 콩주머니를 잡았다가 높이 던지는 것을 4~6회 정도 시범을 보인다.

3 다음과 같은 동작을 취하도록 말한다. "낮게 던지세요. 이젠 조금 더 높이 던지세요. 머리 위로 던지세요. 두 손으로 던지세요. 자, 이젠 조금 더 어려운 것을 해 보지요. 한 손으로 던지세요. 낮게 던지세요."(이때 한 손은 등 뒤에 둔다. 한 손으로 머리보다 높게 던졌다가 잡아 본다)

4 모든 동작을 멈춘 다음, 손에서 손으로 던지는 시범을 보이며 말한다. "콩주머니로 높게 아치 모양을 만들 수 있나요?"

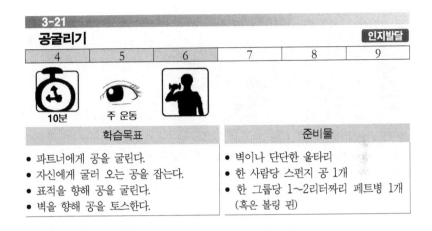

3-21 공굴리기				인지발달	
4	5	6	7	8	9

10분 주 운동

학습목표	준비물
• 파트너에게 공을 굴린다. • 자신에게 굴러 오는 공을 잡는다. • 표적을 향해 공을 굴린다. • 벽을 향해 공을 토스한다.	• 벽이나 단단한 울타리 • 한 사람당 스펀지 공 1개 • 한 그룹당 1~2리터짜리 페트병 1개 (혹은 볼링 핀)

각자 파트너로부터 3m쯤 떨어진 곳에서 공을 갖고 넓은 대형을 만든다.

1 다음과 같은 동작을 설명하고 시범을 보인다. '공을 한 손에 들고 뒤쪽으로 돌렸다가 손과 반대쪽 발을 내딛고 앞쪽으로 돌린다. 공을 목표 지점(파트너)을 향해 쭉 뻗으면서 던질 때에는 상체를 구부린다. 공을 최대한 낮게 던져야 하고 위에서 그냥 떨어뜨리지 않아야 한다.'

2 파트너끼리 연습을 한다. 서로에게 공을 뒤에서 앞으로 굴린다. 잘하는 사람은 좀 더 멀리 떨어져서 한다.

3 다음과 같이 신호를 한다. "손을 공을 따라 쭉 펴세요."

3-22
공 토스하기 　　　　　　　　　　　　　　　인지발달

4	5	6	7	8	9

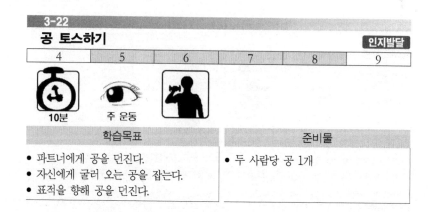

10분　　　**주 운동**

학습목표	준비물
• 파트너에게 공을 던진다. • 자신에게 굴러 오는 공을 잡는다. • 표적을 향해 공을 던진다.	• 두 사람당 공 1개

짝을 지어 두 사람에 공 하나씩 갖고 넓은 대형을 만든다. 각자 파트너와 3m 쯤 떨어진 위치에서 시작한다.

1 다음과 같은 동작을 설명하고 시범을 보인다. '한 손(작은 공은 한 손으로 하고 큰 공은 양손)을 공에 두고 옆이나 뒤로 토스하거나(한 손일 경우) 신체 가까이로 토스한다(양손일 경우). 팔은 날아가기를 원하는 각도에 따라 공이 손에서 떨어지는 시점에 맞춰 앞쪽과 위쪽으로 움직인다.'

2 처음 거리에서 토스를 잘하면 점점 멀리 떨어져서 한다.

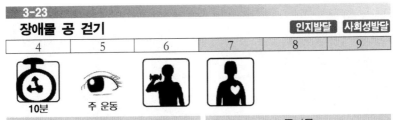

3-23
장애물 공 걷기 〔인지발달〕〔사회성발달〕

4	5	6	7	8	9

학습목표	준비물
• 발로 다양한 사물을 움직이는 연습을 한다. • 한 발로 공을 찬다. • 다리를 벌리고 줄넘기와 매듭 넘기를 할 때 협동한다.	• 한 사람당 콩주머니 1개(바닥이 매끄러울 때), 스펀지 공, 풍선, 구겨진 종이팩이나 판지, 놀이공 • 한 그룹당 원뿔 2~3개(모래나 물이 채워진 1리터짜리 페트병 2~3개)

소그룹으로 나누어 2~3개의 원뿔(혹은 병)로 표시된 곳에 선다. 풍선을 하나씩 나누어 준다.

1 다음과 같이 설명하고 시범을 보인다. '줄에서 처음 사람이 풍선을 땅에 놓고 원뿔(혹은 병) 사이로 발로 치며 나간다. 첫 번째 사람이 돌아오면 줄의 두 번째 사람이 출발한다. 모든 사람이 다할 때까지 계속한다.'

2 다음의 사물을 갖고 1번처럼 반복한다. 콩주머니(잔디가 아닌 매끄러운 바닥일 경우), 스펀지 공, 우유팩이나 구겨진 종이팩, 놀이공

3 이 놀이에 대해 대화를 나눈다.
 - 다루기가 가장 쉬웠던 것은 무엇인가요?(우유팩)
 - 다루기 가장 어려웠던 것은 무엇인가요?(풍선)

4 그룹별로 하나씩 사물을 골라서 '리더따라 하기'처럼 놀이를 계속한다.

5 다른 장소(잔디, 나무, 콘크리트, 땅) 위에서 일부 또는 한 부분을 반복한다. 걷는 것 대신, 뛰면서 반복한다.

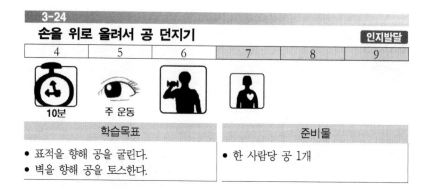

3-24
손을 위로 올려서 공 던지기 · 인지발달

4	5	6	7	8	9

10분 · 주 운동

학습목표	준비물
• 표적을 향해 공을 굴린다. • 벽을 향해 공을 토스한다.	• 한 사람당 공 1개

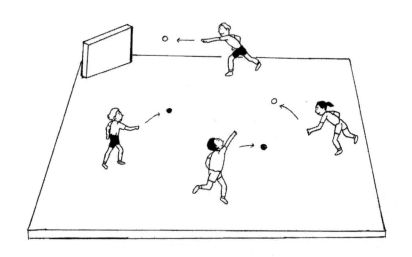

짝을 지어 두 사람에 공 하나씩 갖고 넓은 대형을 만든다. 각자 파트너와 3m 쯤 떨어진 위치에서 시작한다.

1 다음과 같은 동작에 대해 설명하고 시범을 보인다. "공을 던질 때의 손과 반대편 발을 앞으로 한 발 내미세요. 가능한 한 빠르고 세게 몸을 돌려 공을 던지세요."

2 손을 위로 올려서 공을 던지는 동작을 연습한다. 잘하는 사람은 더 멀리 떨어져서 한다.

3 다음과 같이 질문한다. "공을 파트너에게 던질 수 있나요?"
4 각자 공을 갖고 한 줄로 벽(울타리) 가까이 선 뒤, 다음과 같이 말한다.
 - 공을 가능한 한 세게 벽을 향해 던지세요
 - 공을 높이 던지세요
 - 공을 낮게 던지세요
 - 공을 굴리세요
 - 공이 벽에까지 가지 않도록 살살 던지세요
5 교사의 재량에 따라 방법을 달리 할 수 있다.

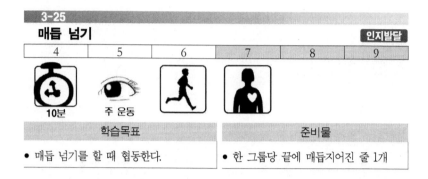

긴 줄의 한 쪽 끝에 매듭을 만든다. 한 사람(또는 교사)이 매듭 반대편 쪽을 잡는다.(줄이 짧으면 더 빨리 움직이므로 더 어렵다) 한 사람이 중앙에 서고 나머지 사람들은 서서 큰 원을 만든다. 거리는 매듭이 지나가는 거리에 맞춘다.

1 다음과 같이 놀이에 대해 설명한다. '중앙에 있는 사람이 원에서 줄을 지표면 가까이(가급적 가깝게) 움직인다. 나머지 사람들은 매듭이 돌아서 자기 발 가까이 오면 뛰어넘는다.'

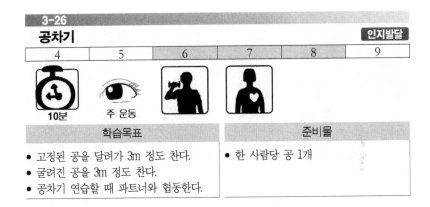

3-26	
공차기	인지발달

4	5	6	7	8	9

10분 주 운동

학습목표	준비물
• 고정된 공을 달려가 3m 정도 찬다. • 굴려진 공을 3m 정도 찬다. • 공차기 연습할 때 파트너와 협동한다.	• 한 사람당 공 1개

3m쯤 떨어진 거리에서 각자 공을 바닥에 놓고 넓은 대형을 만든다.

1️⃣ 다음과 같이 설명하고 시범을 보인다. "오른손으로 여러분의 오른쪽 앞을 가리키세요. 오른발로 여러분의 앞을 가리키세요. 오른발로 여러분의 앞을 향해 공을 차세요."(자기가 찬 공은 자기가 주워 온다)

2️⃣ 다음에는 왼발, 이어 오른발, 왼발을 번갈아 가며 반복한다.

3️⃣ 다음과 같이 설명한다. "오른발로 여러분의 오른쪽을 가리키고 공을 여러분의 오른쪽으로 차세요. 이젠 다른 발(왼발)로 오른쪽을 향해 차세요."

4️⃣ 다음에는 왼발로 오른쪽, 그리고 오른발로 왼쪽으로 차는 동작을 반복한다. 이어 발과 방향을 번갈아 가며 찬다.

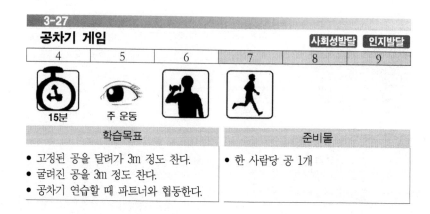

3-27 공차기 게임				사회성발달 인지발달	
4	5	6	7	8	9

15분 　주 운동

학습목표	준비물
• 고정된 공을 달려가 3m 정도 찬다. • 굴려진 공을 3m 정도 찬다. • 공차기 연습할 때 파트너와 협동한다.	• 한 사람당 공 1개

서로 3m 정도 떨어져서 공을 자기 앞에 놓고 넓은 대형을 만든다.

1 놀이에 대해 설명하고 시범을 보인다. "선생님이 어느 쪽 발(오른발, 왼발)인지를 말하고 위(앞쪽)나 옆(왼쪽이나 오른쪽)을 가리키겠어요. 선생님이 말한 쪽의 발로 선생님이 가리키는 방향을 향해 공을 차세요. 공을 찬 다음에는 재빨리 공이 멈춘 곳으로 가면 선생님이 다른 지시를 내리겠어요."

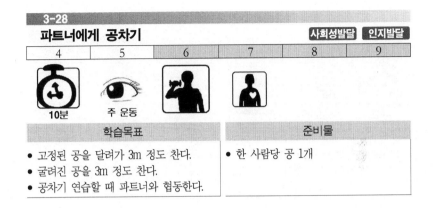

3-28
파트너에게 공차기   사회성발달 인지발달

4	5	6	7	8	9

10분   주 운동

학습목표	준비물
• 고정된 공을 달려가 3m 정도 찬다. • 굴려진 공을 3m 정도 찬다. • 공차기 연습할 때 파트너와 협동한다.	• 한 사람당 공 1개

파트너끼리 공 하나를 갖고 3m 정도 떨어져서 마주보고 선다. 좌우로 3m 정도의 넓은 공간이 있도록 한다.

1 다음과 같이 설명한다. '공을 파트너에게 굴리면 파트너는 공을 차서 되돌려 준다.' 여러 차례 반복한다.

2 역할을 바꿔서 한다.(파트너끼리 가까이 있거나 멀리 떨어질 수도 있다)

3 공을 세게 차거나 살살 차는 것을 설명하고 시범을 보인다. "파트너에게 공을 세게(살살) 차세요."

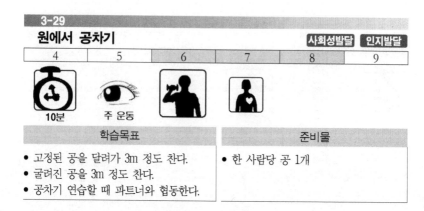

원에서 공차기

사회성발달 인지발달

| 4 | 5 | 6 | 7 | 8 | 9 |

10분   주 운동

학습목표	준비물
• 고정된 공을 달려가 3m 정도 찬다. • 굴려진 공을 3m 정도 찬다. • 공차기 연습할 때 파트너와 협동한다.	• 한 사람당 공 1개

4~6명의 그룹으로 나누고 각 그룹마다 3m 정도 떨어져서 원을 만든다. 한 그룹에 공을 하나씩 나누어 준다.

1 놀이에 대해 설명한다. '원 주위로 공을 차서 시계 방향(손으로 가리킨다)에 있는 다음 사람에게 공을 준다. 공이 처음 찬 사람에게 돌아오면 이번에는 반대 방향으로 공을 차서 돌린다.'

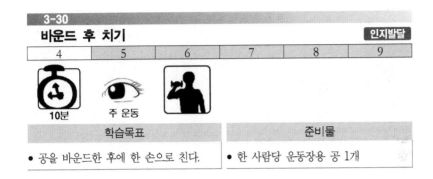

3-30

바운드 후 치기   인지발달

4	5	6	7	8	9

10분   주 운동

학습목표	준비물
• 공을 바운드한 후에 한 손으로 친다.	• 한 사람당 운동장용 공 1개

넓은 대형으로 유지한다.

1 밑으로 치는 움직임을 사용하여 공을 바운드시킨 후 치기에 대해 설명하고 시범을 보인다. '이 동작은 공을 떨어뜨린 후 치기와 똑같지만 공을 치기 전에 아래로 힘을 주어서 리바운드하기 때문에 공이 더 빨리 움직이는 것에 차이가 있다.'

2 모두 바운드한 후 치기 연습을 한다. 공을 친 후에는 공을 따라가서 공을 주운 곳에서 다시 연습한다. 공을 칠 때에는 개인적인 공간에 머문다.

3 팔 옆으로 치는 동작을 설명하고 시범을 보인다. 모두 공을 바운드한 후에 팔 옆으로 치는 연습을 한다.

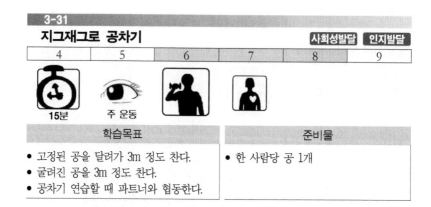

3-31
지그재그로 공차기　　　　　　　　　　　　**사회성발달**　**인지발달**

4	5	6	7	8	9

15분　　주 운동

학습목표	준비물
• 고정된 공을 달려가 3m 정도 찬다. • 굴려진 공을 3m 정도 찬다. • 공차기 연습할 때 파트너와 협동한다.	• 한 사람당 공 1개

파트너끼리 3~6m 정도 떨어져서 서로 마주보지만 엇갈린 자세로 선다. 공간이 허용되면 더 많이 참여할 수 있도록 두 게임이 되도록 한다.

1 다음과 같이 놀이에 대해 설명하고 시범을 보인다. '첫 번째 줄의 처음 사람은 두 번째 줄의 처음 사람에게 공을 차고 그 사람은 첫 번째 줄의 두 번째 사람에게 공을 찬다. 공이 줄의 맨 마지막으로 가면 마지막 사람이

공을 들고 줄의 맨 앞으로 와서 다시 시작한다. 모두 한 번씩 줄의 맨 앞
으로 왔을 때까지 계속한다.'

2 다음에는 지그재그로 공차기 놀이를 한다. 1.5m 정도의 간격으로 각자 공
하나씩 갖고 길게 줄을 선다. 공을 찬 거리를 표시하도록 콩주머니를 준다.

3 다음과 같이 설명하고 시범을 보인다. '오른발로 공을 차려면 공 바로 위
왼쪽으로 왼발부터 나가기 시작한다. 동시에 오른팔은 앞으로 나가고 오른
쪽 다리는 뒤로 가게 한다. 상체는 약간 앞으로 굽힌다. 오른발이 공을 차
기 위해 앞으로 나가면서 왼팔은 앞으로 나가고 오른팔은 뒤로 가게 한다.
균형을 잡게 해 주는 방법이다. 공을 차는 발은 발이 진행하는 선을 따르
게 된다.' 이때 왼발잡이를 위해 반복한다. 양쪽 발을 다 시도하고 어느 쪽
이 더 나은지를 말한다.

4 처음에는 공 없이 한다. 익숙해지면 공과 함께 멀리 차기를 연습한다.

5 매번 출발선에서 시작하여 공을 찬 거리를 표시한다. 본인이 찬 거리가 점
점 늘어나는 것을 확인한다.

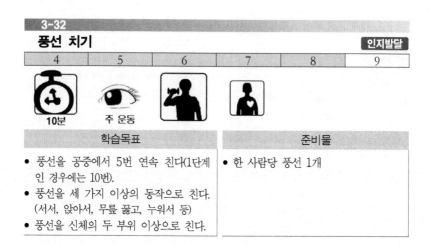

3-32
풍선 치기
인지발달

4	5	6	7	8	9

10분   주 운동

학습목표

- 풍선을 공중에서 5번 연속 친다(1단계 인 경우에는 10번).
- 풍선을 세 가지 이상의 동작으로 친다. (서서, 앉아서, 무릎 꿇고, 누워서 등)
- 풍선을 신체의 두 부위 이상으로 친다.

준비물

- 한 사람당 풍선 1개

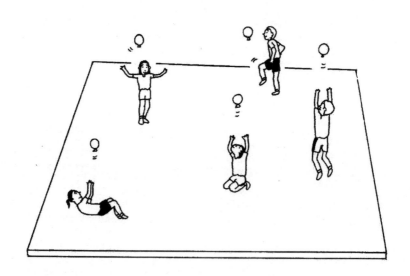

한 사람당 풍선 하나씩 갖고 넓은 대형을 만든다.

1 처음에는 각각 다른 신체 부분으로 다른 높이에서 풍선을 친다.

2 가장 어려운 신체 부분(등, 배, 엉덩이, 어깨, 발목)로 풍선을 친다.

3 다음과 같이 질문하고 시범을 보인다.

- 풍선을 위로 칠 수 있나요?
- 어떤 신체 부분을 사용할 수 있나요? 머리? 무릎? 팔꿈치?
- 풍선을 아래로 칠 수 있나요?
- 풍선을 손에서 손으로 가도록 할 수 있나요?
- 무릎 꿇고 풍선을 칠 수 있나요? 더 낮은 자세로 풍선을 칠 수 있나요?
- 바닥에 바로 누워서 풍선을 칠 수 있나요? 누워서 풍선을 얼마나 높게 칠 수 있나요?
- 다른 자세는 어떤 것이 있나요? 배를 깔고 눕는 것은 어떤가요?
- 신체의 한 부위로 풍선을 치고 계속 다른 부위로 칠 수 있나요?
- 가까이 있는 사람에게 풍선을 칠 수 있나요? 파트너에게 풍선을 쳐서 보내세요.

4 풍선이 자신에게서 멀어지면 다른 사람과 부딪히지 않도록 주의를 준다.

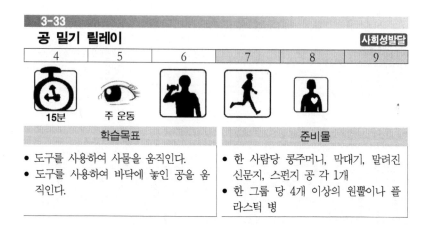

	3-33				
공 밀기 릴레이					**사회성발달**
4	5	6	7	8	9

학습목표	준비물
• 도구를 사용하여 사물을 움직인다. • 도구를 사용하여 바닥에 놓인 공을 움직인다.	• 한 사람당 콩주머니, 막대기, 말려진 신문지, 스펀지 공 각 1개 • 한 그룹 당 4개 이상의 원뿔이나 플라스틱 병

15분 **주 운동**

4명씩 한 팀이 되어 팀별로 릴레이 선에 선다.

1 각 팀마다 한 사람씩 결승선까지 다음의 4가지 중 하나를 선택한다. '막대기로 콩주머니나 종이공을 밀기, 막대기로 콩주머니나 종이공을 원뿔의 안팎으로 누비면서 나아가기, 결승선까지 말려진 신문지로 치기, 말려진 신문지로 스펀지 공을 치고 원뿔의 안팎을 누비며 나아가기.'

2 기술 터득에 중점을 두기 위해 서로 경쟁하지 않고 서로 돌아가면서 한다.

3-34
후프 안에서 바운드하기   인지발달

| 4 | 5 | 6 | 7 | 8 | 9 |

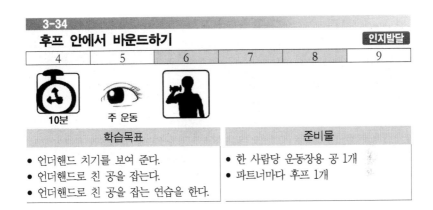

10분   주 운동

학습목표	준비물
• 언더핸드 치기를 보여 준다. • 언더핸드로 친 공을 잡는다. • 언더핸드로 친 공을 잡는 연습을 한다.	• 한 사람당 운동장용 공 1개 • 파트너마다 후프 1개

각자 공을 하나씩 들고 파트너 뒤에 한 줄로 늘어선다. 첫 번째로 서 있는 사람 앞에서 1.5m쯤 떨어진 곳에 후프를 하나씩 놓는다.(2명당 1개)

1 다음과 같이 놀이에 대해 설명한다. '첫 번째 파트너부터 차례대로 공이 후프 안에 들어가도록 공을 때린다.' 이때 후프를 향해 팔을 내리면서 공을 살살 치는 언더핸드로 쳐야 한다는 것을 설명한다.

2 파트너가 할 때, 공은 모든 사람이 동시에 주워온다.

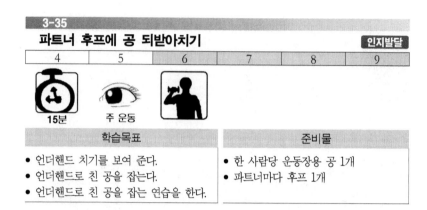

3-35
파트너 후프에 공 되받아치기   인지발달

4	5	6	7	8	9

15분   주 운동

학습목표	준비물
• 언더핸드 치기를 보여 준다. • 언더핸드로 친 공을 잡는다. • 언더핸드로 친 공을 잡는 연습을 한다.	• 한 사람당 운동장용 공 1개 • 파트너마다 후프 1개

두 사람씩 짝을 지어 3m 정도 떨어진 거리에서 두 줄로 선 채 마주보고 선다.
두 사람 사이에 후프를 놓고 공 하나씩 갖는다.

1 다음과 같이 놀이에 대해 설명하고 시범을 보인다. '한 사람이 공을 쳐서
   후프에 바운드되었다가 파트너에게 가면 파트너는 다시 공을 쳐서 후프에
   바운드되었다가 처음 친 사람에게 되돌아온다.'

2 처음 시작할 때에는 파트너가 공을 칠 수 있도록 후프 안으로 토스한다.
   몇 번 반복한다.

3 공 다루기에 익숙해지면 공을 토스하는 대신 치는 것에 대해 설명하고 시범을 보인다. 공을 후프 안과 파트너에게 치는 것을 연습한다. 처음에는 공을 파트너에게 토스한다.

4 연속적으로 공을 칠 수 있는 횟수를 세어 보고 격려해 준다.

3-36
달리기와 재빨리 피하기   사회성발달 정서발달

| 4 | 5 | 6 | 7 | 8 | 9 |

15분 주 운동

학습목표	준비물
• 리듬에 맞추어 편안하게 달리고 재빨리 방향을 바꾼다. • 동작의 방향을 지시하는 시각적인 신호와 구두로 된 신호를 따른다. • 파트너와 뛰기를 할 때 협동한다.	(없음)

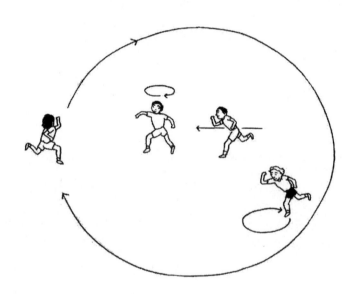

넓은 대형을 유지한다.

1 다음과 같이 질문한다. "어떤 운동선수가 뛸 때 몸을 재빨리 비키지요?"

2 다음의 동작을 취하도록 한다.

　- 달리다가 오른쪽으로 빨리 돈다.

- 달리다가 왼쪽으로 빨리 돈다.
- 달리면서 작은 원을 만들고 큰 원을 만든다.
- 달리면서 빠르고 느린 동작을 번갈아 가며 한다.
- 달리면서 지그재그 모양을 만든다.

3 다음과 같이 설명한다. "선생님의 손을 잘 보세요. 선생님이 말하면 말한 방향으로 재빨리 움직이세요." 시작하면 선생님은 손을 오른쪽, 왼쪽, 뒤와 앞을 향해 번갈아 가며 가리킨다. 작은 원으로 돌도록 손으로 원을 만들 수도 있다. 또 파트너와 함께 넓은 대형을 만들도록 한다.

4 다음으로 한 사람은 앞에, 다른 한 사람은 뒤로하여 파트너와 함께 달린다. (리더따라 가기의 방식으로) 파트너 옆으로 달리거나 파트너와 등을 대고 달린다. 한 사람은 앞으로 가고 다른 한 사람은 뒤로 가는 모습이 된다.

5 수신호를 사용하여 반복한다. 이때 선생님을 볼 수 있는 파트너는 자신의 파트너에게 신호를 말해 준다.

6 파트너 중 누가 1이 되고 2가 될지를 정한다. 신호를 하면 파트너 1은 뛰다가 재빨리 2에게서 멀어지도록 피한다. 파트너 2는 최대한 파트너 1에 가까이 가려고 한다. 다음에는 역할을 바꿔서 파트너 2가 뛰다가 재빨리 피하고 파트너 1이 파트너 2에 가까이 가려고 한다.

3-37
나무 안에 다람쥐   사회성발달 정서발달

4	5	6	7	8	9

15분   주 운동

학습목표	준비물
• 리듬에 맞추어 편안하게 달리고 재빨리 방향을 바꾼다. • 동작의 방향을 지시하는 시각적인 신호와 구두로 된 신호를 따른다. • 파트너와 뛰기를 할 때 협동한다.	(없음)

3명이 한 그룹이 되어 넓은 대형을 만든다. 각 그룹마다 두 사람이 서로 마주
보면서 팔을 잡고 머리 위로 높이 들어 아치 모양을 만들면 세 번째 사람이
그 아치 모양 밑에 선다. 두 사람이 더 필요한데, 부족할 경우에는 선생님이
세 번째 사람이 된다. 만일 한 사람이 남으면 그 사람이 여우가 된다.

1 다음과 같이 놀이에 대해 설명하고 시범을 보인다. '손을 머리 위에 들고

있는 사람이 나무가 되고 가운데 있는 사람이 다람쥐가 된다. 남은 두 사람 가운데 한 사람은 나무가 없는 다람쥐와 여우가 된다. 여우는 나무가 없는 다람쥐를 쫓아다닌다. 여우한테 잡히지 않으려면 나무가 없는 다람쥐는 나무 밑으로 가서 서고 원래 그 나무 아래 있던 다람쥐는 나무를 떠나 여우로부터 도망쳐야 한다. 나무가 없는 다람쥐가 여우에게 잡히면 그 다람쥐가 여우가 되고 여우는 나무가 없는 다람쥐가 된다.

2 익숙하게 되면 동시에 달리는 게임을 2~3개 더 늘이거나 나무가 없는 다람쥐와 여우를 더 만들어서 참여할 수 있는 기회를 많이 제공한다.

3-38
뛰기
인지발달

4	5	6	7	8	9

10분   주 운동

학습목표	준비물
● 뛰기를 할 때, 양발로 동시에 점프하고 착지한다.	(없음)

넓은 대형으로 만든다.

1 다음과 같이 설명한다. '최대한 멀리 뛰고 양발로 착지한다. 팔을 앞으로 돌리고 착지하기 전에 무릎을 굽힌다.'

2 다음과 같은 동작을 취한다.

- 양발을 멀리 떨어지게 해서 뛰고 착지한다.(양발이 함께 움직여야 한다)
- 양발이 가까이에서 착지한다.
- 양발로 뛰고 한 발로 착지한다.
- 한 발로 뛰고 양발로 착지한다.
- 최대한 높이 뛴다.
- 몸을 똑바르게 하며 높이 뛴다.
- 제자리에서 뛰었다가 착지한다.
- 발을 따로(함께) 높이 뛰었다가 착지한다.

3 파트너와 함께 넓은 대형을 만든 뒤, 파트너 옆에 서서 앞으로 다섯 번 뛰고 뒤로 다섯 번 뛰고 옆으로 다섯 번 뛰기를 반복한다.

4 파트너와 함께 뛰기(누가 제일 멀리, 높이 뛰는지) 게임을 한다.

3-39
달리기 뛰기

4	5	6	7	8	9

10분 주 운동

학습목표	준비물
● 일정하게 컨트롤 하면서 달리고 뛴다.	● 원뿔 4개

넓은 대형을 만든다.

1 다음과 같이 달리고 뛰는 동작을 한다.

- 무릎을 높이 들고 제자리에서 달린다.
- 짧은(긴) 걸음으로 원으로 달린다.
- 빨리(천천히) 달린다.
- 열 걸음 앞으로 달리다가 뒤로 열 걸음 달린다.
- 신호에 따라 달리면서 방향을 바꾼다.
- 파트너와 함께 달린다.

- 제자리에서 몸을 높게(낮게) 하며 뛴다.
- 살짝(세게) 뛴다.
- 앞으로 세 번 뛰었다가 뒤로 세 번 뛴다.
- 옆으로 세 번 뛴다.
- 가능한 한 멀리 뛴다.
- 발을 벌리고(모으고) 뛴다.

2 각자 스펀지 공을 바닥에 놓은 뒤, 다음과 같은 동작을 취한다.
- 달리다가 공 위로 뛴다.
- 공 옆에 섰다가 공 위로 뛴다.
- 공에서 멀리 섰다가 공 위로 뛴다.
- 공 옆에 섰다가 공 위로 옆으로 뛴다.
- 공 위로 뒤로(앞으로) 뛴다.
- 한 다리만으로 공 위로 뛴다.

3 잘할 때마다 박수를 쳐서 격려한다.

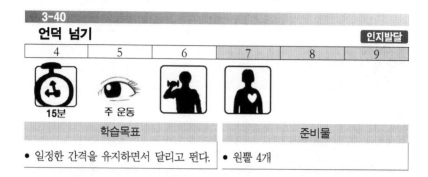

언덕을 이용하여 15m 정도 떨어진 두 개의 선을 표시한다. 두 선의 한가운데에 한 사람(또는 2~3명)이 서 있고 나머지 사람들은 한 선을 따라 늘어선다.

1 놀이에 대해 설명한다. '한가운데 있는 사람이 "언덕을 넘어라!"라고 소리친다. 이 신호를 들은 나머지 사람들은 마주보고 있는 선을 향해 뛰어간다. 이때 소리친 사람은 건너가려는 사람을 많이 잡으려고 애쓴다. 잡힌 사람은 선 안에서 다른 사람을 잡는다. 모든 사람이 다 잡힐 때까지 계속하고 마지막으로 잡힌 사람이 술래가 된다.

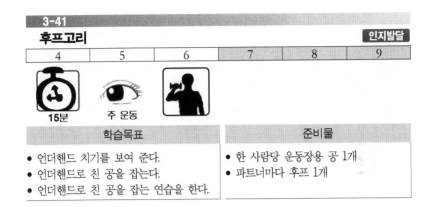

3-41
후프고리

4	5	6	7	8	9

15분 주 운동

학습목표	준비물
• 언더핸드 치기를 보여 준다. • 언더핸드로 친 공을 잡는다. • 언더핸드로 친 공을 잡는 연습을 한다.	• 한 사람당 운동장용 공 1개 • 파트너마다 후프 1개

소그룹으로 나눈다. 그룹별로 공을 갖고 한 개의 후프 주위에 둘러선다.

1 놀이에 대해 설명하고 시범을 보인다. '후프 안으로 공을 연속적으로 치거나 토스하거나 바운드한다. 한손을 사용하거나 양손 다 사용할 수 있지만 공을 후프 안으로 칠 때는 반드시 손을 아래로 하는 동작을 사용해야 한다. 공은 한 번만 바운드되어야 한다. 만일 그룹이 공을 후프 안으로 치기 전에 바닥에 한 번 이상 닿는다면 제자리 뛰기를 한다.'

2 한 그룹만 남으면 게임을 멈춘다. 그 그룹에서 한 사람만 두고 나머지는 다른 후프로 가서 다른 그룹에 섞여 놀이를 계속한다. 몇 번 반복한다.

3-42

한 발 뛰기

인지발달 정서발달

4	5	6	7	8	9

15분　　주 운동

학습목표	준비물
• 오른발(왼발)로 제자리에서 세 번 뛴다.	(없음)

넓은 대형을 만든다.

1 다음과 같이 한 발로 다양하게 뛰기를 한다.

- 제자리에서 오른발(왼발)로 뛴다.
- 오른발(왼발)로 앞으로 뒤로 옆으로 뛴다.
- 오른발(왼발)로 앞으로 뛰었다가 뒤로 뛴다.
- 오른발(왼발)로 높이(낮게) 뛴다. 양팔을 사용하여 높이 뛴다.
- 오른발(왼발)로 멀리(짧게) 뛴다.

- 오른발(왼발)로 원(사각형, 삼각형)을 그리며 뛴다.
- 오른발(왼발)로 지그재그 모양으로 뛴다.
- 오른발(왼발)로 뛸 때 팔을 가슴 위에 교차한다.

2 다음의 다양한 뛰기 운동을 계속한다.

- 선생님으로부터 세 번 한 발로 뛰었다가 다시 선생님 쪽으로 세 번 한 발로 뛴다.
- 원으로 열 번 한 발로 뛰었다가 직선으로 열 번 한 발로 뛴다.
- 네 번 조금(짧게) 한 발로 뛰었다가 다섯 번 크게(길게) 한 발로 뛴다.
- 세 번 한 발로 뛰었다가 세 번 두 발로 뛰고 다른 한 쪽 발로 세 번 뛴다.
- 오른쪽으로 두 번 한 발로 뛰었다가 왼쪽으로 세 번 뛴다.
- 오른발로 네 번 앞으로 한 발로 뛰었다가 왼발로 다섯 번 뒤로 한 발로 뛴다.
- 두 번 오른쪽으로 뛰었다가 네 번 왼쪽으로 뛴다.

3-43
후프로 하는 놀이
사회성발달

4	5	6	7	8	9

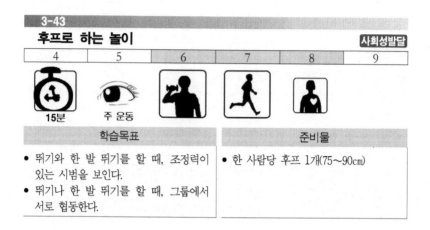

15분   주 운동

학습목표	준비물
• 뛰기와 한 발 뛰기를 할 때, 조정력이 있는 시범을 보인다. • 뛰기나 한 발 뛰기를 할 때, 그룹에서 서로 협동한다.	• 한 사람당 후프 1개(75~90cm)

각자 후프를 하나씩 들고 넓은 대형을 만든다.

1 다음과 같은 동작을 취한다.

- 후프 가운데서 오른발(왼발)로 중심을 잡으세요.(한 발로 중심을 잡을 때에는 몸을 길게 세운다)

- 후프 가운데서 몸을 구부려 땅을 짚으세요. 양팔을 넓게 펴세요. 다른 쪽

발을 흔드세요.

- 후프 주위를 앞으로(뒤로) 뛴다.
- 후프 안과 밖으로 뛴다.
- 후프 안으로 앞으로 뛴다. 후프 밖으로 뒤로 뛴다.
- 한 발은 후프 안에, 다른 한 발은 후프 밖에 두고 후프 주위를 뛴다.(뒤로 가면서 반복한다)
- 후프 안을 오른발(왼발)로 다섯 번 뛴다.
- 후프 주위를 한 발로만 앞으로 뛴다.
- 후프 안과 밖으로 한 발로 뛴다.
- 후프 주위를 발로 뛰다가 후프 안으로 뛰어 한 발로 균형을 잡으세요.

2 3~4명씩 그룹을 만든 후, 각 그룹마다 후프를 갖고 다음의 동작을 취한다.

- 후프 주위를 오른쪽 방향으로 양발로 뛴다.(시계 방향)
- 후프에서 크게 다섯 걸음 멀어졌다가 다시 후프를 향해 한 발로 뛴다.
- 모두 후프 안에 서세요.(얼마나 많은 사람이 후프 안에 설 수 있는지 몇몇 그룹을 모은다)

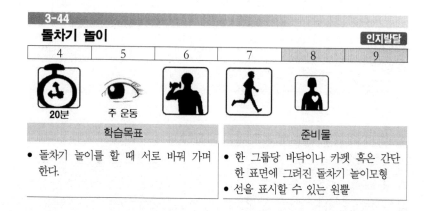

3-44

돌차기 놀이

인지발달

4	5	6	7	8	9

20분 주 운동

학습목표	준비물
• 돌차기 놀이를 할 때 서로 바꿔 가며 한다.	• 한 그룹당 바닥이나 카펫 혹은 간단한 표면에 그려진 돌차기 놀이모형 • 선을 표시할 수 있는 원뿔

소그룹으로 나누고 각 그룹마다 돌차기 놀이
모형을 준다.

1 놀이에 대해 설명하고 시범을 보인다. 처
음에는 오른발로, 다음에는 왼발로 뛴다.
선을 밟거나 균형을 잡지 못하면 다시 시
작해야만 하는데 도달한 유형에서 계속할
수 있다.

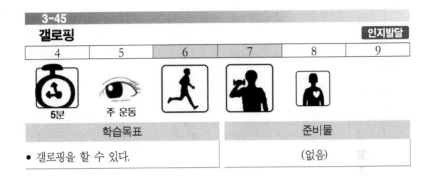

3-45

갤로핑

4	5	6	7	8	9

5분   주 운동

학습목표	준비물
• 갤로핑을 할 수 있다.	(없음)

넓은 대형을 만들거나 반원형을 만든다.

1 방법을 설명하고 시범을 보인다. '갤로핑(Galloping)은 뛰어넘는 것처럼 걷는 것을 말한다. 한 발이 앞서고 다른 발이 따라오는 뒷발로 밀도록 한다.'

2 다음과 같은 동작을 취한다.

- 한 발은 앞으로 하고 다른 발은 뒤로 하며 걷는다.
- 조금 더 빨리 간다.(한 발을 계속 앞에 두는 것에 유의한다)
- 다른 발을 앞에 두고 걷는다.
- 조금 더 빨리 걷는다.

3 갤로핑을 하다가 신호를 하면 멈춘다. 그런 다음에는 파트너와 함께 갤로핑을 한다.

3-46
스키핑 인지발달

4	5	6	7	8	9

5분 　　주 운동

학습목표	준비물
• 스키핑을 할 수 있다.	(없음)

넓은 대형이나 반원형을 만든다.

① 방법을 설명하고 시범을 보인다. '스키핑(skiping)이란 한 걸음 내딛고(skip) 뛰는 것(step-hoe)을 말한다. 깡충깡충 뛰는 모습과 흡사하다.'

② 다음과 같은 동작을 취한다.
 - 앞으로 나아가면서 한 발로 뛰었다가 다음 발로 뛴다.

③ 점차 빨리하면서 반복한다. 그런 다음에는 파트너와 함께 한다.

3-47					
슬라이딩					인지발달
4	5	6	7	8	9

학습목표	준비물
• 슬라이딩을 할 수 있다.	(없음)

넓은 대형이나 반원형으로 선다.

1 방법을 설명하고 시범을 보인다. '슬라이딩(Sliding)은 발을 미끄러지듯 움직여서 옆과 가깝게 걷는 동작이다.(옆으로 갤로핑을 하는 것과 유사하다)'

2 다음과 같은 동작을 취한다.

- 한 발을 옆으로 슬라이딩을 한다.
- 다른 발을 슬라이딩해서 두 발을 모은다.
- 무릎을 구부린 채 슬라이딩을 한다.

3 파트너와 함께 한다.

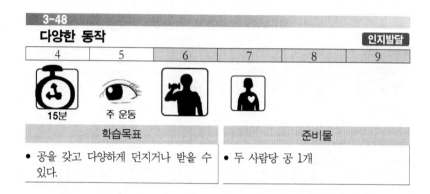

3-48					
다양한 동작					인지발달
4	5	6	7	8	9

15분 주 운동

학습목표	준비물
• 공을 갖고 다양하게 던지거나 받을 수 있다.	• 두 사람당 공 1개

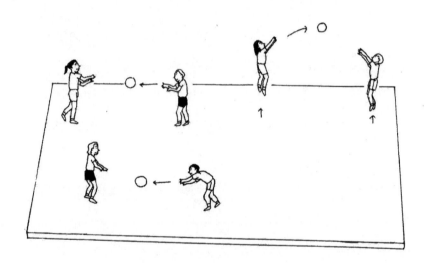

두 사람이 공 하나를 갖고 서로 3m 정도 떨어져서 넓은 대형을 만든다.

1 파트너와 함께 다음과 같은 동작을 취한다.

- 공을 사용하여 파트너와 함께 잡는다.
- 공을 높이 토스한다. 자신보다 더 높게 올린다.
- 공을 직선으로 토스한다. 파트너의 가슴을 향해 토스한다.
- 공을 낮게(허리 아래로) 토스한다. 파트너의 무릎을 향해 토스한다.

- 높이 뛰어서 파트너에게 공을 던질 수 있는 사람? 공중에 있을 때에 공을 던지세요.
- 공을 잡을 때에 높이 뛴다. 공중에 있을 때에 높이 토스한다.

2 어느 정도 익숙하면 공을 던지고 잡을 때에 높이 뛴다. "자, 여러분 중 놓치지 않고 몇 사람이나 할 수 있는지 볼까요."

3 다음과 같이 질문한다. "여러분 중에 또 다른 방법으로 뛰고 던지고 잡는 것을 같이 해 볼 사람이 있나요?"

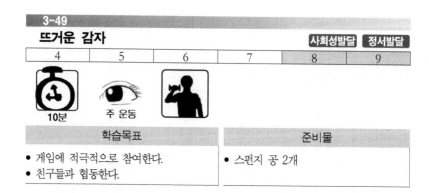

3-49					
뜨거운 감자				사회성발달	정서발달
4	5	6	7	8	9

10분   주 운동

학습목표	준비물
• 게임에 적극적으로 참여한다. • 친구들과 협동한다.	• 스펀지 공 2개

소그룹으로 나누고 각 그룹별로 작은 원을 만든다. 각각 1.2~1.8m 정도 떨어진다. 한 그룹에 3개의 콩주머니 또는 공을 준다. 잘하는 사람에게는 비행접시를 준다.

1 다음과 같이 설명한다. '신호가 떨어지면 갖고 있는 물건을 가능하면 빨리 다른 사람에게 토스를 한다. 물건을 원 안에서 가능한 빨리 움직이는 사람이 이긴다.' 잡고 토스할 때 정확하게 할 것을 강조한다.

2 다음 신호가 있으면 모든 동작을 멈춘다. 교사는 물건(콩주머니, 공, 비행접시)을 갖고 있는 사람에게 벌칙으로 묘기를 보이거나 웃기는 표정을 지으라고 할 수 있다.

3 점차 잘하면 각 그룹이 토스하는 물건의 수를 늘린다.

3-50

이동성 기술 장애물운동

4	5	6	7	8	9

20분 | 주 운동

학습목표	준비물
• 초보 수준의 장애물코스에서 양발과 한 발로 뛰고 스키핑, 갤로핑, 슬라이딩을 한다. • 장애물코스를 돌 때 돌아가면서 한다.	(그림 참조)

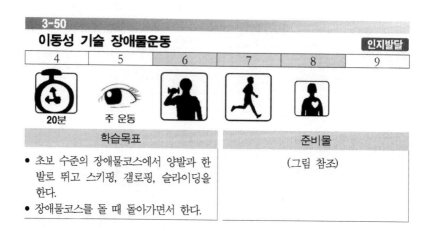

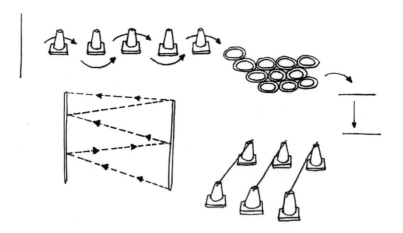

위의 그림과 같이 장애물코스를 세운다. 가능하다면 코스를 하나 이상 만들어 그룹별로 해도 좋다. 모든 사람이 두 코스 앞에 줄을 선다.

1 양발과 한 발로 잘 뛰고 스키핑, 갤로핑, 슬라이딩을 하는 곳이 어디인지를 가리키면서 코스를 설명하고 시범을 보인다.

2 충분히 안전한 간격을 두고 시작한다. 모든 사람이 다 돌면 반복한다.

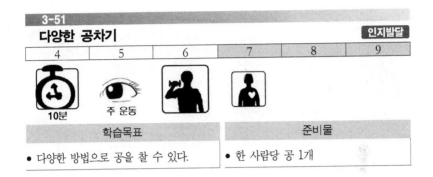

| 4 | 5 | 6 | 7 | 8 | 9 |

3-51
다양한 공차기
인지발달

10분   주 운동

학습목표	준비물
• 다양한 방법으로 공을 찰 수 있다.	• 한 사람당 공 1개

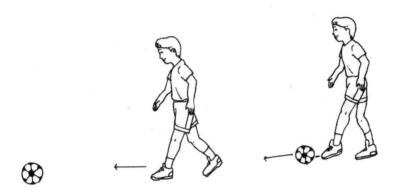

모두 한 줄이나 두 줄로 선다. 각자 운동장용 공을 갖고 서로 3m 쯤 떨어져서
선다. 어려움을 느끼는 사람에게는 스펀지 공을 준다.

1 다음과 같은 동작을 취한다. '공을 자기 앞에 놓고 뒤로 크게 세 걸음 물러
   난 다음에 뛰어가서 크게 세 걸음 걸은 것만큼 공이 앞으로 나가도록 찬
   다.' 너무 세게 차지 말라고 주의를 준다.

2 익숙해지면 공을 앞으로 굴려 놓고 달려 나가면서 오른쪽(왼쪽) 발로 차는
   동작도 취한다.

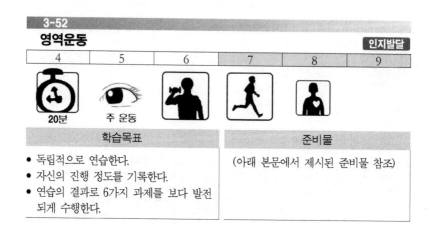

3-52
영역운동 **인지발달**

4	5	6	7	8	9

학습목표	준비물
• 독립적으로 연습한다. • 자신의 진행 정도를 기록한다. • 연습의 결과로 6가지 과제를 보다 발전 되게 수행한다.	(아래 본문에서 제시된 준비물 참조)

영역을 2개씩 선정한다. 2~3명씩 12개 그룹으로 나눈다. 빨간색, 파란색, 금색, 은색, 주황색, 녹색 별 등으로 나누는 게 좋다. 가는 영역을 지정하는데 도움이 된다(예를 들어, 빨간 별을 택한 그룹은 영역 1, 파란별은 영역 2로 간다).

1 첫날에는 각 장소를 6~7분 정도 설명하고 모두 영역으로 보낸다.

2 6분 정도 지나면 각 그룹은 새로운 영역으로 옮긴다.(다음날에는 8~9분) 이러한 방식으로 모두 각각의 날에 3개의 영역을 돌 수 있다.

3 영역 1 : 벽에서 3m, 5m, 7.5m, 10m, 12.5m, 15m, 17.5m 떨어진 곳에 선을 그리고 다음과 같은 동작을 취하도록 말한다. "벽에서 15m 정도 떨어진 곳에 줄을 1.5m 높이로 매다세요. 테니스공을 벽을 향해 던지세요. 테니스공을 각기 다른 거리에서 줄 너머로 던지세요."

4 영역 2 : 볼링 핀을 세우고 볼링 핀에서 1.5m, 3m, 5m 떨어진 곳에 선을 그린다. 운동장용 공으로 볼링 핀이 하나 있는 볼링 게임을 한다. 1.5m, 3m, 5m로 거리가 멀어져 어려울 때는 볼링 핀의 수를 점차 늘린다.

5 영역 3 : (A, B, C, D로 표시가 된) 아이스크림 통을 처음의 것은 1.5m, 나머지 통은 서로 60cm 정도 간격을 두고 놓는다. (A, B, C, D로 표시가 된) 후프도 처음의 것은 1.5m, 나머지 후프는 서로 60cm 정도 간격을 두고 놓는다. 후프와 원통에서 1.5m와 3m 떨어진 지점에 선을 그린다. 1.5m 높이에 줄을 매달고 줄에서 3m 떨어진 곳에 선으로 표시한다. 그런 다음에 다음과 같은 놀이를 한다. "공을 원통 속으로 던져 넣으세요. 스펀지 공을 5개의 후프 안에 넣으세요. 3m 쯤 1.5m 높이의 공 너머와 밑으로 공을 던지

세요."

6 영역 4 : 벽에서 1.5m, 3m, 5m 떨어진 곳에 선을 그린 뒤, 다음과 같은 놀이를 한다. "공을 벽으로 바운드해서 공이 리바운드하여 벽에서 1.5m, 3m, 4.5m 떨어진 곳에서 공을 잡으세요. 콩주머니를 발판에 놓고 발판을 차서 양손(혹은 발판을 친 발과 같은 쪽 손, 발판을 친 발과 다른 쪽 손)으로 잡으세요. 콩주머니를 공중에 던졌다가 다시 잡으세요."

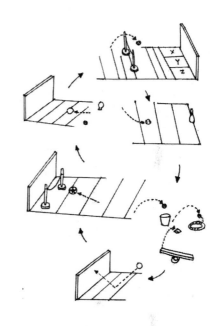

7 영역 5 : 벽에서 3m, 7.5m, 10m, 12.5m 떨어진 곳에 선을 그린 뒤, 다음과 같은 놀이를 한다. "벽 앞에 줄을 1m 높이로 매다세요. 각각의 선에서 공을 벽을 향해 차세요. 3m 떨어진 곳에서 공을 줄 너머로 차세요. 3m 떨어진 곳에서 공을 줄 아래로 차세요."

8 영역 6 : 벽에서 1.5m, 3m, 4.5m 떨어진 곳에 선을 그린 다음, 다음과 같은 놀이를 한다. '풍선을 가능한 한 많이 위로 치기, 손바닥에 스펀지 공을 두고 치기, 각 선에서 바닥에 바운드된 운동장용 공을 벽을 향해 치기.'

9 각 영역별로 준비물은 다음과 같다.(각 영역을 두 개씩 만들 수 있도록 한다)

영역 1: 테니스공, 표적, 줄, (줄을 1.5~4.5m 높이로 매달 수 있는) 받침대 2개.

영역 2: 볼링 핀이나 무게가 있는 플라스틱 병 2개, 운동장용 공.

영역 3: 원통 4개, 후프 5개, 줄, 콩주머니, 테니스공, 스펀지 공 2개, (줄을 1.5 ~4.5m 높이로 매달 수 있는) 받침대 2개.

영역 4: 운동장용 공, 발판대, 콩주머니.

영역 5: 운동장용 공, 줄, (줄을 1.5~4.5m 높이로 매달 수 있는) 받침대 2개, 벽이나 울타리.

영역 6: 풍선, 스펀지 공, 운동장용 공, 벽이나 울타리, 1인당 어린이 발달과정용지 4장, 선을 표시하기 위한 테이프, 흰 가루(야외용), 원뿔, 분필.

Ⅳ. 리듬 활동

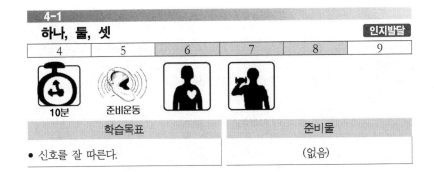

4-1

하나, 둘, 셋   인지발달

4	5	6	7	8	9

학습목표	준비물
● 신호를 잘 따른다.	(없음)

사각매트와 함께 넓은 대형을 만든다.

1 다음과 같은 준비운동을 설명한다.
- 하나에는 사각매트 주위를 자유롭게 뛴다.
- 둘에는 몸으로 사각매트 위로 다리를 만든다.
- 셋에는 사각매트 위에서 제자리 뛰기를 한다.

2 모두 준비운동을 한다.

3 그냥 뛰기보다는 껑충 뛰거나, 살짝 뛰거나, 전력 질주하거나, 미끄러지듯 움직인다. 이때 움직임의 방향(앞으로, 뒤로, 옆으로, 원으로)이나 다리의 유형(앞에, 뒤에, 높게, 낮게, 좁게, 넓게)을 정해 준다.

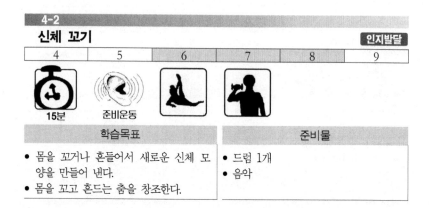

학습목표	준비물
• 몸을 꼬거나 흔들어서 새로운 신체 모양을 만들어 낸다. • 몸을 꼬고 흔드는 춤을 창조한다.	• 드럼 1개 • 음악

각자 사각매트를 하나씩 갖고 넓은 대형을 만든다.

1 다음과 같이 동작을 설명하고 시범을 보인다. '꼬기는 몸 전체나 몸의 일부분을 돌리는 것을 의미한다.'

2 다음과 같이 몸의 한 부분(두 부분, 세 부분)을 꼬는 동작을 취한다.
- 몸통(어깨, 엉덩이)을 꼬세요.
- 몸 전체를 꼬세요.

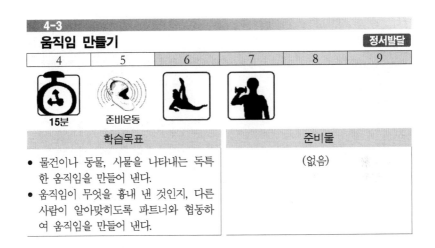

4-3

움직임 만들기

4	5	6	7	8	9

15분 준비운동

학습목표	준비물
• 물건이나 동물, 사물을 나타내는 독특한 움직임을 만들어 낸다. • 움직임이 무엇을 흉내 낸 것인지, 다른 사람이 알아맞히도록 파트너와 협동하여 움직임을 만들어 낸다.	(없음)

넓은 대형을 만든다.

1 다음과 같은 움직임을 나타내는 동작을 취한다.
- 마녀(허수아비, 헝겊인형, 거인, 용, 괴물, 코끼리, 오리, 기린, 캥거루, 뱀, 물개, 토끼, 바람, 번개, 비, 구름, 해, 눈)라고 가정하고 흉내 내자.
- 테니스(축구, 미식축구, 수영, 스키, 자전거타기)를 치는 흉내를 내자.
- 얼음 위(뜨거운 모래, 폭풍, 정글)를 걷는다고 가정하고 흉내 내자.

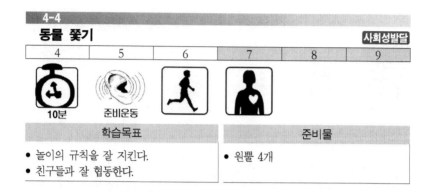

4-4 동물 쫓기					사회성발달
4	5	6	7	8	9

10분　준비운동

학습목표	준비물
• 놀이의 규칙을 잘 지킨다. • 친구들과 잘 협동한다.	• 원뿔 4개

10m 떨어진 지점에 2개의 골대를 표시하고 한쪽 골라인을 따라 줄을 선다.

1 놀이에 대해 설명한다. '한번'이라고 말하면 반대 편 골 쪽으로 뛰고 '두 번'이라고 말하면 반대 편 쪽에 있는 선을 가로질러 원래 있던 자리로 되돌아온다. '셋, 넷'에 대해서도 같은 식으로 반복한다. "선생님이 말하는 숫자는 여러분이 이쪽 골에서 저쪽으로 움직여야 하는 횟수가 되어요."

2 준비운동을 한다.

3 다양하게 활용할 수 있다. 예를 들어, 처음에 '세 번'이라고 말하면, 반대편 골 쪽으로 뛰어갔다가 다시 제자리로 돌아오고 또다시 반대편 골 쪽으로 쉬지 않고 뛰어가는 것을 말한다. 골라인 사이의 거리를 멀게 하거나 다양한 이동성기술을 활용할 수도 있다.

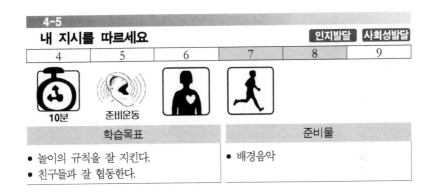

| 인지발달 | 사회성발달 |

4-5
내 지시를 따르세요

| 4 | 5 | 6 | 7 | 8 | 9 |

학습목표	준비물
• 놀이의 규칙을 잘 지킨다. • 친구들과 잘 협동한다.	• 배경음악

1 다음과 같이 놀이에 대해 설명한다. '선생님이 갤로핑, 슬라이딩, 스키핑, 제자리에서 손을 들고 점프, 외발로 빙글빙글 돌면서 점프 등의 지시를 하면 모두 신호가 있을 때까지 선생님이 말한 동작을 취한다.'

2 다양한 동작을 창작할 수 있다.

4-6
높게, 낮게, 중간으로
인지발달

4	5	6	7	8	9

15분   준비운동

학습목표	준비물
• 놀이의 규칙을 잘 지킨다. • 친구들과 잘 협동한다.	• 배경음악

넓은 대형으로 만든다.
1 다음과 같이 설명한다.
 - '높게'라고 말하면 발끝을 높이 들어서 달린다.
 - '낮게'라고 말하면 몸을 땅에 가까이 하고 낮게 달린다.
 - '중간으로'라고 말하면 '높게'와 '낮게' 사이의 높이로 뛴다.
2 준비운동을 한다.(여러 번 구령을 바꿔서 말한다)
3 참가한 사람이 직접 동작을 선택하거나 다른 이동성기술을 활용하여 다양
  하게 한다.

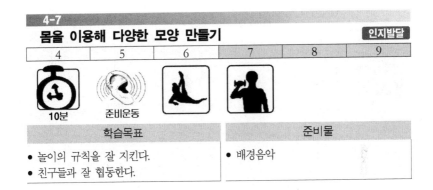

4-7
몸을 이용해 다양한 모양 만들기 인지발달

| 4 | 5 | 6 | 7 | 8 | 9 |

10분   준비운동

학습목표	준비물
• 놀이의 규칙을 잘 지킨다. • 친구들과 잘 협동한다.	• 배경음악

모두 커다란 원 형태로 선다.

■ 다음과 같이 동작을 설명한다. 원 안에서 달리다가(스키핑이나 갤로핑, 슬라
딩 등) '멈춰!'라고 외치면 몸의 한 부분(또는 두세 부분) 균형을 잡는다. 여
기에는 한쪽 발로 균형잡기, 앉기, 두 무릎으로 균형잡기, 한 손과 한 발,
한쪽 무릎과 한쪽 팔만을 이용해서 균형잡기 등이 포함된다.

■ 준비운동을 한다.

■ 멋진 모습 외에 감정을 나타내거나(행복하다, 두려움에 떨고 있다) 동작을 표
시하는 자세(달리다, 혼들다)가 나오면 칭찬한다.

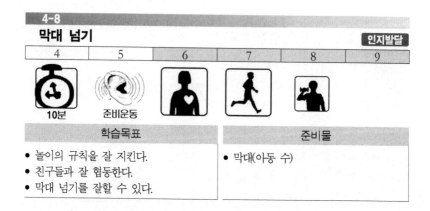

4-8

막대 넘기 인지발달

4	5	6	7	8	9

10분   준비운동

학습목표

- 놀이의 규칙을 잘 지킨다.
- 친구들과 잘 협동한다.
- 막대 넘기를 잘할 수 있다.

준비물

- 막대(아동 수)

넓은 대형으로 만든다. 바닥에 막대를 내려놓고 그 옆에 선다.

1 다음과 같은 동작을 취한다.

- 드럼 박자에 맞춰 막대 옆에 서서 뒤로 점프했다가 앞으로 점프한다.
- 빠르게 드럼 박자에 맞춰 막대 옆에 서서 뒤로 점프했다가 앞으로 점프한다.(10부터 시작해서 20번, 30번, 40번으로 횟수를 늘려 간다)

- 막대를 마주보고 막대 위로 점프한다. 돌아선다. 다시 한 번 점프한다.
- 등을 막대 쪽으로 하고 점프한다.
- 막대를 뛰어넘어 점프하고 반대 방향을 바라보며 착지한다.(180도 회전)
- 할 때마다 높이를 높여가면서 막대를 뛰어넘어 여러 번 점프한다.
- 할 때마다 거리를 더 멀리하면서 막대를 뛰어넘어 여러 번 점프한다.
2 점프 대신 폴짝폴짝 뛰면서 반복한다.

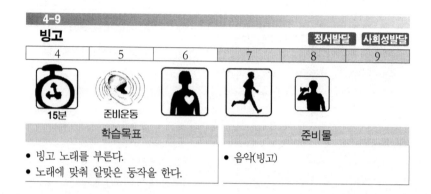

4-9 빙고				정서발달	사회성발달
4	5	6	7	8	9

15분　준비운동

학습목표	준비물
• 빙고 노래를 부른다. • 노래에 맞춰 알맞은 동작을 한다.	• 음악(빙고)

원을 그리며 파트너끼리 옆에 앉는다.

1 노래를 불러 주면서 '빙고'라는 말이 나올 때마다 신호를 한다. 빙고 노래를 알고 있으면 함께 부른다.

- 옆집에 사는 개 이름이 빙고라지요(오른쪽으로 여덟 발짝 걷는다)
- 반복한다. 오른쪽으로 여덟 발짝 걷는다.
- B-I-N-G-O (원 중앙으로 네 발짝 걷는다)
- B-I-N-G-O (뒤로 네 발짝 걷는다)
- B-I-N-G-O (원 중앙으로 다시 네 발짝 걷는다)
- B-I-N-G-O (다시 뒤로 네 발짝 걷는다)

2 처음에는 글자에 맞춰 '크게 오른쪽으로 왼쪽으로' 동작을 취할 수 있도록

B-I-N-G-O를 천천히 부른다. 그런 다음에는 노래를 부르면서 박자에 맞춰 손뼉을 친다.

3 파트너 옆에 손을 잡은 상태로 둥글게 선다.

- 오른쪽으로 여덟 발짝 걷는다.
- 왼쪽으로 여덟 발짝 걷는다.
- 원 중앙으로 네 발짝 걷는다.
- 뒤로 네 발짝 걷는다.
- 원 중앙으로 다시 네 발짝 걷다가 네 발짝 뒤로 물러난다.
- 돌아서서 파트너와 마주본다.
- 네 사람이 크게 오른쪽으로 왼쪽으로 동작을 한다.
- 새로운 파트너와 스윙한다.

4 도움말과 함께 또는 도움말 없이 스텝을 연습한다.

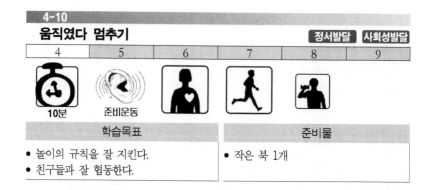

4-10					
움직였다 멈추기				정서발달	사회성발달
4	5	6	7	8	9

10분   준비운동

학습목표	준비물
• 놀이의 규칙을 잘 지킨다. • 친구들과 잘 협동한다.	• 작은 북 1개

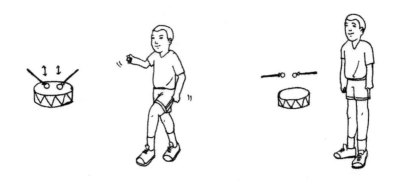

넓은 대형으로 만든다.

1 다음과 같이 작은 소리에 맞춰 동작을 취한다. 동작은 '뒤로, 옆으로, 원을 그리며, 점프하면서, 폴짝폴짝 뛰면서, 가볍게 뛰면서' 등 여러 가지로 한다. 모든 활동은 본인의 개인 공간 안에서 이루어질 수 있도록 주의한다.

- 작은북소리의 박자에 맞춰 원하는 곳으로 걸어 다니세요.
- 작은북소리가 멈추면 여러분도 멈춰 서세요.
- 작은북소리가 다시 울리면 아무 곳으로나 걸어 다니세요.

2 준비운동을 한다.

V. 체조

5-1
신체 부분 내밀기   인지발달

4	5	6	7	8	9

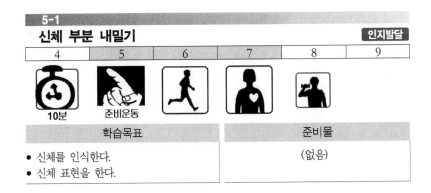

10분   준비운동

학습목표	준비물
• 신체를 인식한다. • 신체 표현을 한다.	(없음)

넓은 대형을 만든다.

1️⃣ 선생님이 신체의 한 부분을 말하면 그 부분을 잡는다.

2️⃣ 신호를 하면 다음과 같은 동작을 취한다.

- 발(머리, 발가락, 목, 등, 발목, 양발)을 잡고 원을 만들며 돈다.
- 무릎(팔, 앞, 옆, 가슴, 어깨)을 잡고 한 발로 앞으로 뛴다.
- 엉덩이(팔꿈치, 대퇴부, 장딴지, 배)를 잡고 위아래로 뛴다.

3️⃣ 이밖에 다른 신체 부분이나 동작에 대해 말하고 그 동작을 취한다.

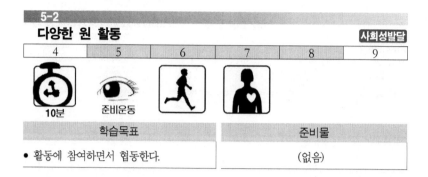

학습목표	준비물
• 활동에 참여하면서 협동한다.	(없음)

서로 1.5~3m쯤 떨어진 거리에서 오른쪽 어깨가 원의 중심을 향하도록 선 채 커다란 원을 만든다.

1 다음과 같은 동작을 취한다. 이때 앞사람과 부딪히거나 발을 밟지 않도록 주의를 준다.

 - 팔을 흔들며 빨리 걷는다.
 - 발끝으로 천천히 걷는다.
 - 오른발로 뛴다.

- 왼발로 뛴다.
- 멈춘다. 돌아서 왼쪽 어깨가 원 중심을 향하도록 한다.
- 팔을 흔들며 최대한 높이 뛴다.
- 최대한 멀리 좌우로 흔들며 걷는다.

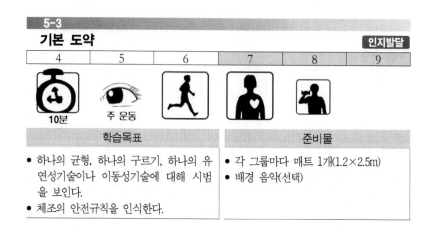

4	5	6	7	8	9

5-3
기본 도약

인지발달

10분 · 주 운동

학습목표	준비물
• 하나의 균형, 하나의 구르기, 하나의 유연성기술이나 이동성기술에 대해 시범을 보인다. • 체조의 안전규칙을 인식한다.	• 각 그룹마다 매트 1개(1.2×2.5m) • 배경 음악(선택)

소그룹으로 나누고 그룹별로 매트 앞에 일렬로 줄지어 선다. 이때 순서대로 할 것이므로 한 번에 한 사람만 매트 위로 올라갈 수 있다고 말한다.

1 다음과 같은 동작을 설명하고 시범을 보인다.

 - 달리다가 한 발로 뛰어올라 하늘을 나르고 다른 발로 착지한다.
 - 팔을 어깨 높이로 뻗되, 조금 앞쪽에 둔다.(더 멀리, 더 높이 갈 수 있도록 연습한다)

2 구령에 맞춰 한 그룹에서 한 사람씩 뛴다.

3 이번에는 거인 걸음(큰 걸음)으로 달릴 수 있는지를 묻고는 연습한다. 누가 가장 적은 걸음으로 지나갈 수 있는지 보자고 묻는다.

4 다음에는 몇 번 짧은 걸음을 하다가 한 번의 큰 걸음으로 도약한다. 큰 걸음을 공중으로 높게 할 수 있는지를 묻고 시범을 보인다. "방금 선생님이 몇 번 작은 걸음을 하다가 한 번 큰 걸음으로 뛴 것이 도약입니다"라고 설명한다.

5 필요하다면 팔을 좌우로 흔들며 도약하는 것을 연습한다.

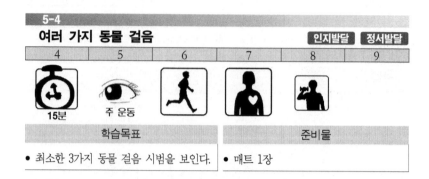

사각매트를 중심으로 하여 반원형 형태로 선다.

1 각자 자신이 제일 좋아하는 동물 걸음을 흉내 낸다. 이때 반원형을 유지해야 한다는 규칙을 설명한다.

2 한 사람씩 자기가 생각하는 규칙을 말한다. 예를 들면, 다른 사람을 치지 말기, 한 번에 한 매트에 한 사람만 있기, 도움을 청하기, 차례를 기다릴 때 조용히 앉아 있기 등이 있다.

5-5
통나무 구르기   `인지발달`

| 4 | 5 | 6 | 7 | 8 | 9 |

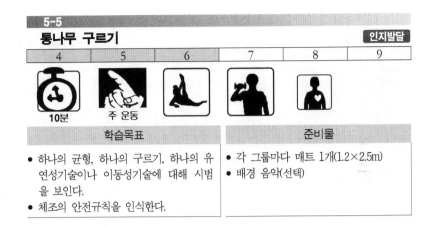

학습목표	준비물
• 하나의 균형, 하나의 구르기, 하나의 유연성기술이나 이동성기술에 대해 시범을 보인다. • 체조의 안전규칙을 인식한다.	• 각 그룹마다 매트 1개(1.2×2.5m) • 배경 음악(선택)

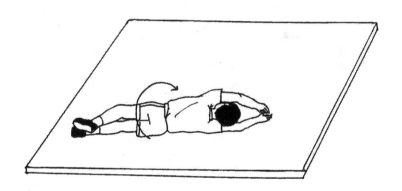

소그룹으로 나누고 그룹별로 매트 앞에 일렬로 줄지어 선다. 한 번에 한 사람씩 순서를 기다리는 것을 상기시킨다.

■ 다음과 같이 동작을 설명하고 시범을 보인다. '팔과 다리를 함께 모으고 쭉 펴고 한쪽으로 눕는다. 배를 다른 쪽 옆으로 재빨리 돌려 매트의 다른 쪽 끝까지 구른다. 구르는 동작은 머리와 어깨를 돌림으로써 시작하고 다음엔 몸통과 다리를 굴린다.' 손과 발로 몸을 밀어서는 안 된다는 것을 말한다.

■ 같은 방향으로 머리와 함께 구르기 동작을 연습한다.

■ 반대 방향으로 반복한다. 팔과 다리를 곧게 유지하도록 신호를 한다.

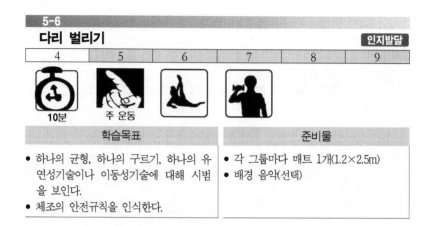

다리 벌리기 　　　　　　　　　　　　　　　인지발달

4	5	6	7	8	9

10분　　　주 운동

학습목표	준비물
• 하나의 균형, 하나의 구르기, 하나의 유연성기술이나 이동성기술에 대해 시범을 보인다. • 체조의 안전규칙을 인식한다.	• 각 그룹마다 매트 1개(1.2×2.5m) • 배경 음악(선택)

그룹으로 나누고 그룹별로 매트 하나를 놓고 늘어선다.

1 다음과 같이 동작을 설명하고 시범을 보인다. '두 발을 붙이고 서서, 발가락은 미끄러지는 방향이나 양발을 평행하게 하고 천천히 양발을 좌우로 미끄러진다. 양발이 멀어지면서 몸통을 낮춘다. 다리가 편안할 정도로 옆으로 멀리 벌리고 몸통은 땅과 평행(편평하도록)을 이룬다. 팔을 어깨 높이로 벌려서 앞을 볼 때에는 손이 거의 보이지 않도록 한다.'

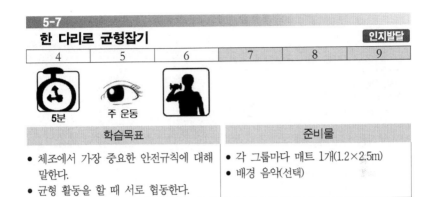

5-7
한 다리로 균형잡기   인지발달

4	5	6	7	8	9

5분   주 운동

학습목표	준비물
• 체조에서 가장 중요한 안전규칙에 대해 말한다. • 균형 활동을 할 때 서로 협동한다.	• 각 그룹마다 매트 1개(1.2×2.5m) • 배경 음악(선택)

그룹으로 나누고 그룹별로 매트 하나를 놓고 대형을 유지한다.

1 다음과 같이 동작을 설명하고 시범을 보인다. '엉덩이나 허리에 손을 대고 서서 왼쪽 발을 들어 오른쪽 다리의 무릎에 둔다. 이 자세로 최대한 오래 선다. 그런 다음에 오른쪽 발을 왼쪽 무릎에 댄다.'

2 균형을 잡기 위해 한 지점을 바라보도록 한다.

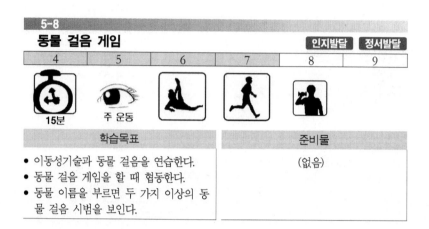

5-8					
동물 걸음 게임				인지발달	정서발달
4	5	6	7	8	9

15분　주 운동

학습목표	준비물
• 이동성기술과 동물 걸음을 연습한다. • 동물 걸음 게임을 할 때 협동한다. • 동물 이름을 부르면 두 가지 이상의 동물 걸음 시범을 보인다.	(없음)

4~6명씩 만든 그룹별로 줄지어 선다.

1 다음과 같이 놀이에 대해 설명하고 시범을 보인다. '각 줄에 처음 서 있는 사람(리더)이 동물처럼 걸으면 그 뒤에 서 있는 나머지 사람들은 똑같이 따라 한다. 리더가 다른 동물 걸음으로 바꾸면 똑같이 바꾼다. 선생님은 지켜보다가 무작위로 한 그룹이 하고 있는 동물 이름을 부른다. 이때 동물 이

름이 불리어지면 그 그룹에서 맨 앞에 있던 사람은 줄의 맨 뒤로 가고 두 번째 있던 사람이 리더가 된다.'

2 다음과 같이 응용한다. "고양이가 개와 똑같이 걸을까요?"라고 말하면서 몸을 쭉 펴거나 조용하게 움직이는 것, 발끝으로 끌듯이 걸어가는 것을 시범으로 보인다. 모두 고양이처럼 움직이다가 한 그룹은 고양이가 되고, 다른 한 그룹은 강아지가 된다. 선생님은 "고양이와 개가 어떻게 같이 놀까요? 상처 입은 개는 어떻게 움직일까요?"라고 묻는다. 그러면 모두 상처 입은 개처럼 세 발로 뛰거나 한 쪽 발을 절면서 걷는다.

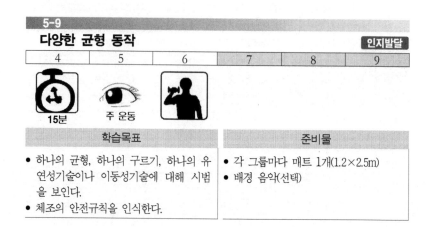

5-9					
다양한 균형 동작					인지발달
4	5	6	7	8	9

15분 주 운동

학습목표	준비물
• 하나의 균형, 하나의 구르기, 하나의 유연성기술이나 이동성기술에 대해 시범을 보인다. • 체조의 안전규칙을 인식한다.	• 각 그룹마다 매트 1개(1.2×2.5m) • 배경 음악(선택)

그룹별로 매트 하나를 놓고 같은 대형을 유지한다.

1 그룹별로 첫 번째 사람이 매트로 나와서 한 가지의 균형 동작을 취한다. 이때 나머지 사람들이 모두 똑같은 균형 동작을 따라서 할 때까지 그대로 있는다. 선생님은 한 곳에 서 있으면서 '선생님을 본다'라고 말한다.

2 남아 있는 사람들은 각기 다른 균형 동작을 취한다. 모든 사람이 할 때까지 반복한다.

5-10
이마 대기 　　　　　　　　　　　　　　　 인지발달

4	5	6	7	8	9

5분　　　주 운동

학습목표	준비물
● 이마 대기를 익힌다.	(없음)

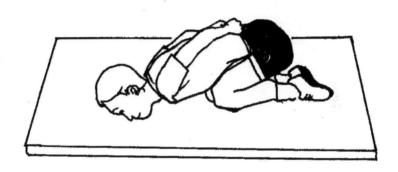

넓은 대형을 만든다.

1 다음과 같은 동작을 설명하고 시범을 보인다. '무릎을 구부리고 손을 등 뒤에서 서로 잡은 후, 이마가 매트에 닿을 때까지 머리와 가슴을 천천히 낮춘다. 손은 계속 등 뒤에 둔다. 동작을 하는 동안에는 무릎과 발을 같이 모은다.'

2 머리를 부딪치지 않으려 하다가 균형을 잡지 못하면 한 손은 등에 두고 다른 한 손은 앞 매트 위에 둔 채 몇 번 천천히 연습한다.(손가락으로만 자신의 무게를 감당해야 한다) 특히 무릎과 발을 모은 채 두 손은 등 뒤에 두어야 한다는 것을 강조한다.

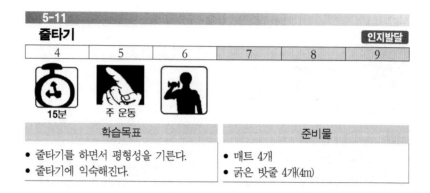

5-11					
줄타기					인지발달
4	5	6	7	8	9

학습목표	준비물
• 줄타기를 하면서 평형성을 기른다. • 줄타기에 익숙해진다.	• 매트 4개 • 굵은 밧줄 4개(4m)

넓은 대형을 만든다. 각 매트 위에 기다란 줄을 하나씩 놓는다.

1 서커스의 줄타기와 연관하여 동작을 설명하고 시범을 보인다. 줄이 땅에 떨어져 있다고 생각하고 줄에서 떨어지지 않도록 걷는 동작을 시범으로 보이면서 "우리가 균형을 잡는데 무엇이 도움이 될까요?"라고 질문한다.

2 팔을 사용하여 균형을 잡도록 하고 발의 45cm 정도 앞을 바라보면서 반복 연습한다.

3 줄을 휘게 또는 구불구불하게 하거나 다른 모양을 만들어 계속한다.

5-12
앞구르기

4	5	6	7	8	9

20분 | 주 운동

학습목표	준비물
• 앞구르기를 잘할 수 있다.	• 매트

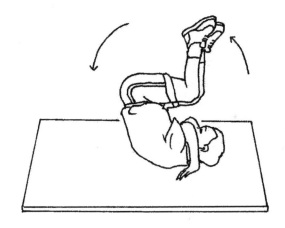

넓은 대형을 유지한다.

1 다음과 같은 동작을 설명하고 시범을 보인다. '처음에는 손을 어깨 너비로 매트에 두고 턱은 가슴에 묻고 배를 바라보며 웅크리는 것으로 시작한다. 팔을 구부려 어깨가 매트 가까이 오면 힘을 주어 어깨로 구른 뒤, 다리를 감쌀 때까지 계속한다. 발이 바닥에 닿을 때까지 발꿈치는 엉덩이와 가까이 두고 무릎은 가슴 가까이 묻고 다시 한 번 감싼다.'

2 다음과 같은 자세로 앞구르기를 한다. '배를 바라본다, 다리에 힘을 준다, 등으로 구르세요, 일어나세요 혹은 손 매트 위에, 턱은 가슴에, 팔 구부리기, 다리에 힘주고 구르세요.'(등으로 닿게 한다는 것을 강조한다)

3 한 번에 하지 못해도 어깨를 닿게 하는 것과 손을 치울 것을 강조한다.

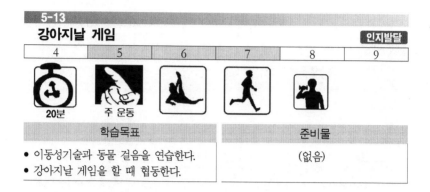

5-13 강아지날 게임				인지발달	
4	5	6	7	8	9

학습목표	준비물
• 이동성기술과 동물 걸음을 연습한다. • 강아지날 게임을 할 때 협동한다.	(없음)

넓은 대형을 만든다.

1 다음과 같이 종에 따라서 개가 걷는 모습이 다르다는 점을 설명한다. "사냥개(바셋, 블러드하운드)는 대개 게으르고 뼈다귀 주머니처럼 누워 있지만 작은 개(푸들, 슈나우저, 벤지)는 걸을 때 통통 뛰듯이 걷고 언제나 뛰어들 준비가 되어 있는 것처럼 보이고 누워 있을 때조차 장난치려고 해요. 개의 크기는 개의 움직임에도 영향을 주어요. 독일 산 양치기 개(경찰견)는 닥스 훈트 종과 다르게 움직이지요."

2 다음과 같이 질문하고 모두 흉내 내도록 한다. "개들이 다리를 다치면 어떻게 걸을까요?" 이어 다리를 다친 개처럼 걷는 동작을 취한다.

3 다음과 같이 설명하고 흉내 내도록 한다. "푸들(세인트 버나드)은 어떻게 걸을까요? 개와 고양이는 똑같이 걸을까요? 아니지요. 고양이는 조용히 걸어다녀요. 고양이는 몸을 쭉 펴고 발끝으로 살금살금 걷고 자주 먹이를 덮치기 위해 몸을 웅크리지요." 모두 고양이 걸음과 행동을 흉내 낸다.

4 파트너를 정하고 파트너 중 한 사람은 개, 다른 한 사람은 고양이가 된다.

5 개와 고양이가 어떻게 같이 노는지를 설명하고 흉내 내도록 한다. "가끔 고양이가 개를 무시하려고 하면 개는 고양이와 장난을 치려고 건드리곤 해요. 다른 때에는 고양이가 쉬 소리를 내며 발톱으로 개를 할퀴려하기도 하지요. 가끔은 서로를 뒤쫓기도 하지만 서로 다른 방법으로 움직이지요." 이어 모두 개와 고양이가 노는 동작을 흉내 낸다.(이때 파트너가 다치지 않도록 주의한다)

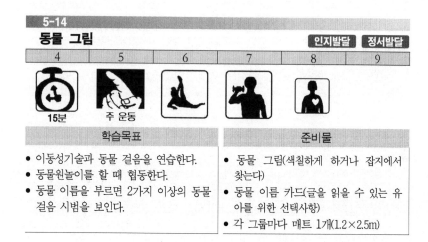

5-14

동물 그림   인지발달   정서발달

| 4 | 5 | 6 | 7 | 8 | 9 |

15분   주 운동

학습목표	준비물
• 이동성기술과 동물 걸음을 연습한다. • 동물원놀이를 할 때 협동한다. • 동물 이름을 부르면 2가지 이상의 동물 걸음 시범을 보인다.	• 동물 그림(색칠하게 하거나 잡지에서 찾는다) • 동물 이름 카드(글을 읽을 수 있는 유아를 위한 선택사항) • 각 그룹마다 매트 1개(1.2×2.5m)

소그룹으로 나누어 그룹별로 매트 앞에 늘어선다.

1 동물 그림(닭, 돼지, 사슴, 호랑이, 원숭이 등)을 보여 주면서 그림에 있는 동물처럼 걸어 볼 수 있는지를 질문한다.(글을 읽을 수 있다면 그림 대신 이름이 적혀진 카드를 사용할 수 있다)

2 그림이나 카드에 그려진 동물의 걸음을 흉내 낸다. 카드를 빨리 바꾸거나 같은 동물을 연속으로 내보이기도 한다.

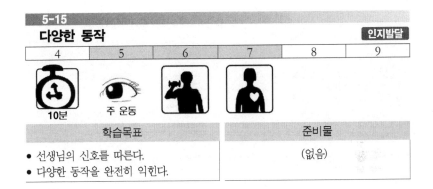

5-15	
다양한 동작	인지발달

4	5	6	7	8	9

10분   주 운동

학습목표	준비물
• 선생님의 신호를 따른다. • 다양한 동작을 완전히 익힌다.	(없음)

소그룹으로 나누어 그룹별로 매트 앞에 선다.

1 다음과 같은 다양한 동작을 각 그룹의 첫 번째 사람이 먼저 하면 나머지 사람들도 순서대로 따라 한다. '매트까지 걸어온다, 멈춘다, 한 발로 선다, 가만히 있는다, 매트 끝까지 한 발 뛰기를 한다, 한 발 뛰기를 한다, 멈춘다, 세 가지 신체 부분으로 균형을 잡는다, 매트 끝까지 기어간다, 스키핑을 한다, 양손은 엉덩이에 두고 한 다리로 균형을 잡는다, 가만히 있는다, 갤로핑해서 내려간다, 양발 뛰기를 한다, 멈춘다, 매트를 달려서 내려간다.'

5-16
팔꿈치 무릎 균형잡기

4	5	6	7	8	9

10분	주 운동		

학습목표	준비물
• 팔꿈치 무릎으로 균형을 잡을 수 있다.	• 매트

그룹을 나누어 매트 위에 선다.

1 다음과 같은 동작을 설명하고 시범을 보인다. '손을 매트에 두고 몸을 웅크린 채 시작한다. 무릎이 팔꿈치에 닿도록 팔을 다리 사이에 둔다. 몸의 무게를 발에서 손으로 옮기며 무릎을 팔꿈치에 둔다. 손으로 몸의 무게를 받치며 균형을 유지한다.'

2 그룹의 맨 처음 사람이 시작하고 모든 사람이 다할 때까지 계속한다.

5-17
거울게임   인지발달 · 사회성발달

4	5	6	7	8	9

10분   준비운동

학습목표	준비물
● 파트너가 표현하는 동작을 똑같이 따라 할 수 있다. ● 파트너와 함께 연습할 때 협동한다.	(없음)

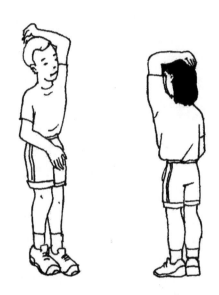

파트너와 넓은 대형을 유지한다. 파트너 중에서 한 사람을 리더로 정한다.

1 놀이에 대해 설명하고 시범을 보인다. '리더는 자신의 파트너를 바라보면서 다양한 동작을 취한다. 파트너는 거울이 되어 리더가 하는 것을 그대로 따라 한다. 리더는 천천히 움직이며 너무 많이 돌아다니지 않는다.'

2 신호를 하면 리더와 거울은 역할을 바꿔서 한다.

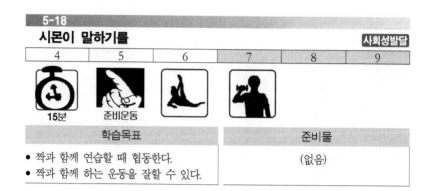

짝을 정하고 넓은 대형을 만든다.

1 다음과 같이 놀이에 대해 설명한다. '이 놀이는 파트너가 말하는 것은 하되, 말하지 않는 것은 하지 않는 게임이다. 예를 들어, 파트너가 "시몬이 말하기를 파트너 걷기를 네 번하고, 시몬이 말하기를 행주 비틀어 짜기를

하고, 시몬이 말하기를 파트너와 함께 뒤로 세 번 한 발 뛰기를 하고, 파트너와 개구리 도약을 하라"고 한다면 상대방 파트너는 개구리 도약을 하지 말아야 한다. 왜냐하면 개구리 도약을 하라고 했을 때에 "시몬이 말하기를" 이란 말로 시작하지 않았기 때문이다. 만일 틀리면 많은 사람들 앞으로 나와서 한다. 이때 파트너가 잘 들을 수 있도록 도와준다.'

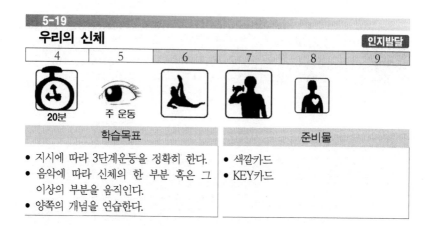

우리의 신체

인지발달

| 4 | 5 | 6 | 7 | 8 | 9 |

20분   주 운동

학습목표

- 지시에 따라 3단계운동을 정확히 한다.
- 음악에 따라 신체의 한 부분 혹은 그 이상의 부분을 움직인다.
- 양쪽의 개념을 연습한다.

준비물

- 색깔카드
- KEY카드

신체 부분

책상과 함께 넓은 대형을 만든다. 카드를 준비한다. 카드는 신체의 하나, 둘, 세 부분을 의미하고(key카드를 본다) 오른쪽인지 왼쪽인지를 나타낸다. 모든 사람이 볼 수 있는 위치에 key카드를 붙인다.

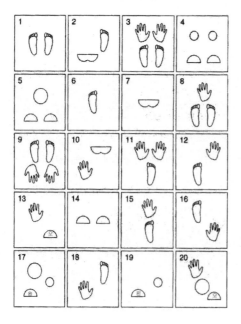

1 모두 카드를 살펴보고 그림에 따라 각 부분(오른쪽, 왼쪽)으로 균형을 잡는다. 신체의 다른 부분은 바닥에 닿아선 안 된다.

2 key카드를 높이 들어서 그림이 나타내는 것을 설명한다.

3 색깔카드를 들고 색깔이 오른쪽과 왼쪽 중 어느 쪽을 나타내는지 설명한다.

4 그림카드를 들고, 모두 그림에 따라 신체의 각 부분으로 균형을 잡도록 시간을 준다.

신체활동

책상과 함께 넓은 대형으로 계속 유지한다.

1 다음의 동작을 말하고 2~10초 동안 기다린 뒤에 '시작'이란 신호를 한다.
 - 한쪽 발로 5초 동안 서고 다른 쪽 발로 다섯 번 뛴다.
 - 양팔을 높이 들고 무릎은 굽히고 한쪽으로 기댄다.
 - 앞으로 여섯 발짝 나가고 뒤로 네 발짝 간다.
 - 한 바퀴 돌아 세 번 점프한다.
 - 발가락을 만지고 발끝으로 선 후, 오른발로 세 번 뛴다.
 - 두 번 점프한 후, 왼쪽 발로 두 번 뛰고 두 걸음 나아간다.
 - 원으로 걸은 후, 발가락을 만지고 한 번 점프하고 원으로 돌면서 뛴다.
 - 한 쪽 손과 무릎으로 균형을 잡고 양 무릎으로 균형을 잡고 일어서서 뒤로 점프한다.
 - 오른쪽 어깨를 만지고 왼쪽 무릎을 만지고 등을 만진 후, 배꼽을 만진다.
 - 제자리서 높이 뛰고 발가락을 만진 다음에 왼쪽으로 원을 그리며 뛰고 뒤로 세 발자국 걷는다.

다양한 신체활동

책상과 함께 넓은 대형으로 계속 유지한다.

1 다음과 같이 말한다. "음악과 함께 선생님이 말하는 신체 부분을 움직이세요. 선생님이 말하는 부위만을 선생님이 말할 때에만 움직이세요."

2 다음과 같은 신체 부분들을 10~45초 간격으로 말한다. '오른팔, 엉덩이만, 손가락과 왼쪽 다리, 머리, 머리와 왼쪽 팔, 오른쪽 다리와 엉덩이, 오른 쪽과 왼쪽 팔, 엄지손가락만.'

참고 문헌

1. 국내 저서

고재곤(1992). 취학전 아동의 신체활동을 통한 사회성 발달에 관한 연구, 한양대학교 석사학위논문.

김광웅(1983). 유아생활지도, 문화사.

김난수 역(1987). 교육조사의 기술, 서울현대교육기술양서출판사.

김병국 역(1985). 아기 수영, 반도출판사.

김상국(2009). 유아체육 프로그램, 대한미디어.

김수영 외 3인(1995). 유아 사회성 발달, 학지사.

김은정 외 4인(2017). 유아체육론, 대경북스

김인모(1982). 유아영양과 건강지도, 백록출판사.

마에하시 아키라(2008). 유아체육: 이론과 실기, 21세기교육사.

손원호(2012). 지도자를 위한 유아체육교육의 이론과 실제, 창지사.

원영신(2006). 유아체육지도와 움직임 교육, 대경북스

이기숙(1992). 유아의 발달적 특성, 보육사.

이은해 외 2인(1990). 놀이 이론, 창지사.

정기숙 역(1985). 어린이의 발달 심리, 법경출판사.

지성애 역(1995). 유아행동지도, 양서원.

한국유아체육학회(2015). 유아체육론, 대한미디어.

한임순(1983). 유아 교육 원리, 동문사.

황덕호 외 1인(1996). 유아체육의 개념과 응용, 국민서관.

황덕호 외 1인(2004). 유아기, 아동기 운동발달론, 한국교연.

황덕호 외 2인(2004). 유아통합체육프로그램, 한국교연.

황덕호 외 2인(2004). 유아, 아동체육프로그램 Ⅰ, 한국교연.

황덕호 외 2인(2004). 유아, 아동체육프로그램 Ⅱ, 한국교연.

황덕호 외 3인(2004). 유아, 아동체육프로그램 III, 한국교연.
황덕호 외 3인(2004). 유아, 아동체육프로그램 IV, 한국교연.

2. 국외 저서 및 논문

Adelson, B.(1984). When novices surpass experts: The difficulty of a task may increase with expertise, Journal of Experimental Psychology: Learning, Memory and Cognition, 10, 483~495.

Anastasi, A.(1985). Heredity, enviroment, and the question 'how?', *Phychological Review*, 65, 197~208.

Anthrop, J. & Allison, M. T(1983). Role conflict and the high school female athlete, *Research Quarterly for Exercise and Spirt*, 54, 104~111.

Arlin, P. K.(1975). Cognitive development in adulthood: A fifth stage? *Developmental Psychology*, 11, 602~606.

Bachman, J. C.(1961). Motor learning and performance as relatated to age and sex in two measures of balance coordination, *Resesch Quarterly*, 32, 123~137.

Baltes, P. B.(1968). Longitudinal and cross sectional sequences in this study of age and generation effects, *Human Development*, 11, 145~171.

Bayley, N.(1936). *The California infant scale of motor development*, Berkeley: University of California Press.

Berger. B. G. & Hecht. L. M(1989). *Exercise, aging and psychological Well-being: The mind-body question.* IN A. C. Ostrow(Edh), Aging and motor behavior. Indianapolis: Benchmark.

Birren, J. E., Woods, A. M. & williams, M. V.(1980). *Behavioral slowing with age.* Causes, organization and consequences. In L. W. Poon (Ed.), Aging in the 80's: Psychological issues, Washington, D. C.: American Psychological Association.

Bloom, B. S.(1999). *Taxornomy of education objective.* Cogntive domain, New York: Mckay.

Borstelmann, L. J.(1983). *Chidren before psychology*, In W. Kessen (Ed.), Handbook of child psychology: Volume 1. History, theory, and methods, 4th ed. New York: Wiley.

Bower, T. G. R.(1977). *A primer of infant development*, San Francisco: W. H. Freeman.

Bruner, J. S.(1970). *The growth and strucre of skill*, In K. J. Connolly (Ed.), Mechanisms of motor skill devlopment, London: Academic Press.

Buskirk, E. R., Anderson, K. L. & Brozek, F.(1956). Unilateral activity and bone and muscle development in the forearm, *Reseach Quarterly*, 27, 127~131.

Charness, N.(1979). Components of skill in bridge, *Canadian Journal of Psychology*, 33, 1~16.

Chu, D.(1982). *Dimensions of sport studies*, New York: Wiley.

Clark, J. E.(1978). *Memory processes in the early acquisition of motor skill*. In M. V. Ridenour(Ed.), Motor development: issues and applications, Princeton, N. J.: Princeton Book Company.

Clark, J. E. & Whitall, J.(1989). What is motor development; The lessons of history, *Quest*, 41, 183~202.

Clark, J. E. & Watkins, D. L.(1984). Static balance in young children, *Child Development*, 55, 854~857.

Colarusso, C. A. & Nemiroff, R. A.(1981). *Adult development*, New York: Plenum Press.

Connolly, K. J.(1970). *Mechanisms of motor skill development*, London; Academic Press.

Cratty, B. J.(1968). *Social dimensions of physical activity*, Englewood Cliffs, N. J.: Rentice-Hall

Dacey, J. S.(1982). *Adult development. Glenview*, Ill.: Scott, Foresman.

Darwin, C.(1877). A biographical sketch of an infant. Mind, 2, 285~294.

Davis, K.(1946). A final note on a case of extreme isolation, *American Journal of Sociology*, 52, 432~437.

Diamind, E. E.(1975). *Swimming instruction for pre-school children*, J. Sports Med.

Dorfman, P. W.(1977). Timing and anticipation: A developmental perspective, *Journal of Motor Behavior*, 9, 67~69.

Elkind & Weiner(1978). *Development of the child*, New York, John Willey & Sons Inc.

Espenschade, A. & Eckert, H.(1967). *Motor development. Colombus*, Ohio; Merrill.

Ford, J. M. & Plefferbaum, A.(1980). The Utility of brain potentials in determining age-related changes in the central nervous system and cognitive function. In L. Poon(Ed.), *Aging in the 80's: Psychological issues*, Washington, D. C. American Psychological Association.

Fozard, J. L.(1985). *Memory changes in aging*. In H. K. Ulatowska (Ed.), The aging brain: Communication in the elderly, San Diego: College-Hill Press.

Fozard, J. L. & Poon, L. W.(1980). *The time for remembering*. In L. W. Poon(Ed.), *Aging in the 80's: Psychological issues*, Washington, D. C.: American Psychological Association.

French, K. E. & Thomas, J. R.(1987). The relation of knowledge development to children's basketball performance, *Journal of Sport Psychology*, 9, 15~32.

Gallahue, D. L.(1982). *Understanding motor development in children*, New York Wiley.

Gardner. L. I(1972). Deprivation dwarfism, *Scientific American*, July, 76~82.

Garvey, K.(1977). *Play*, Cambridge, Mass: Harvard University Press.

Greendorfer, S. L. & Ewing, M. E.(1981). Race and gender differences in children's socialization into sport, *Reseach Quarterly for Ex-*

ercise and Sport, 52, 301~310.

Greendorfer, S. L. & Lewko, J. H.(1978). Role of the family members in sport socialization of children, *Reseach Quarterly for Exercise and Sport*, 49, 146~152.

Harry, F. Harlow(1956). *Love in infant Monkeys*, wired Humanities Project, University of Oregon.

Haubenstricker, J. L. & Sapp, M. M.(1980). *A longitudinal look at physical growth and motor performance: Implications for elementary and middle school activity programs*, Detroit: Paper presented at the meeting of the American Alliance for health, Physical Education, Recreation, and Dances.

Haywood, K. M.(1980). Coincidence-anticipation accuracy across the lifespan, Experimental Aging Research, 6(5), 451~462, A longit-tudinal analysis of anticipatiory jugement in order adult motor performance. In A. C. Ostow(Ed), *Aging and motor behavior*, Indianapolis: Benchmark.

Haywood, K. M.(1986). *Lifespan motor development*, Champaign, Ill.: Human Kinetics.

Isaacs, L. D.(1976). *The anatomical changes of the center of gravity during development*. Implications to physical education, Unpub-lished manuscript, University of Maryland.

Jensen, E. & Dabney, M.(1989). *Learning Smarter, The New Science of Teaching*, San Diego, CA: The Brain Store, Inc.

Jensen, E.(2000). *Learning with the Body in Mind*, San Diego, CA: The Brain Store, Inc.

Kaluger, G. & Kaluger, M. F.(1984). *Human development: The span of life*, St. Louis: Times Mirror/Mosby.

Kenyon, G. S. & Mcpherson, B. D.(1973). *Becoming involved in physi-cal activity and spory: A process of socialization*, In G. L. Rarick (Ed), Physical activity: Human growth and development, New York: Academic Press.

Keogh, J. F.(1977). The study of movement skill development, *Quest*, 28, 76~88.

Klafs, C. E. & Lyon, M. J.(1978). *The female athlete: A Coach's Guide to conditioning and traning*, St. Louis: Mosby.

Klevberg, G. L., Anderson, D. I.(2002). Visual and haptic perception of postural affordances in children and adults, *Human Movement Science*, 21, 2. 169~186.

Kugler, P. N., Kelso, J. A. S. & Turvey, M. T.(1982). *On the control and coordination of naturally developing systems*, In J. A. S. Kelos & J. E. Clark(Eds), The development of movement control and coordination. New York; Wiley & Sons.

Lindberg, M. A.(1980). Is the knowledge base development a necessary and sufficient condition for memory development?, *Journal of Experimental Child Psychology*, 30, 401~410.

Louck, A. B.(1988). *Osteoporosis prevention begins in childhood*, In E. W. Brown & C. F.

Loy, J. L. & Ingham. A. G.(1973). *Play, games and sports in psychosocial development of children and youth*. In G. L., Rarick(Ed), physical activity: *Human growth and development*, New York: Academic Press.

Maier, H. W.(1978). *Three theorise of child development*, New York: Harper & Row.

Malina, R. M.(1975). *The first twenty years in man*, Minneapolis: Burgess.

Malina, R. M.(1984). *Physical growth and maturation*. In J. R. Thomas (Ed.), Motor development during childhood and adolescence, Minneapolis: Burgess.

McClenaghan, B. A. & Gallahue, L.(1978). *Fundamental movement: A developmental and remedial approach*, Philadelphia: Saunders.

McGraw, M.(1935). *Growth: A study of johnny and Jimmy*, New York: Appleton-Century-Crofts.

McKenzie, T. L. & Rosengard, P. F.(2000). *SPARK Physical Education Program for Grades 3-6*, San Diego, CA: San Diego State University Foundation.

Newman, B. M. & Newman, P. R.(1979). Development through life: A psychosocial and sex role expectations for selected sport activites, *Reseach Quarterly for Exercise and Sport*, 52, 216～227.

New York: Wiley. NEA Today(1985). School yard ⋯⋯ daring to be great. Mar., 10.

Ostraw, A. C., Jones, D. C. & Spiker, D. D.(1981). Age role expectations and sex role expectations for Selected Sport activities, *Research Quarterly for Exercise and sport*, 52, 216～227

Pangrazi, R.(2001). *Dynamic Physical Education for Elementary School Children*, (13th ed.) New York, NY: Macmillan.

Payne, V. G.(1982). Current status of research on object reception as a function of ball size. *Perceptual and Motor Skills*, 55, 953～954.

Pew, R. W.(1970), Toward a process-oriented theory of human skilled performance, *Journal of Motor Behavior*, 2, 8～24.

Pew, R. W.(1974), *Human perceptual motar performance*. In B. H. Kantowitz(Ed.), Human information processing: Tutorials in performance and cognition. Ney York: Erlbaum.

Powell, R. R., & Pohndorf, R. H.(1971). Comparison of adult exercisers andnonexercisers on fluid intelligence and physiological variables. *Research Quarterly*, 23, 70～71.

Rarick, G. L.(1989). *Motor development: A commentary*. In J. S. Skinner, C. B. Corbin, D. M. Landers, P. E. Martin & C. L. Wells(Eds.), Future directions in exercise and sport science research, 383～391, Champaign, Ill.: Human Kinetics.

Ridencur, M. V.(1978). *Programs to optimize infant motor development*. In M. V. Ridenour, J. Herkowitz, J. Teeple and M. A. Robertom(Eds), *Moter development: Issues and applications*, Princeton. J.: Princeton Book Company.

Roberton, M. A.(1978). *Stages of motor development*, In M. V. Ridenour(Ed.), Motor development: Issues and applications, N. J.: Princeton Book Company.

Roberton, M. A.(1988). *The weaver's loom: A developmental metaphor*, In J. E. Clark & J. H. Humphrey(Eds.), Advances in motor development research 2. New York: AMS Press.

Roberton, M. A.(1989). Motor development: Recognizing our roots, charting our future, *Quest*, 41, 213~223.

Roberton, M., Williams, K. & Langendorfer, S.(1980). Prelongitudinal screening of motor development sequences, *Research Quarterly for Exercise and Sport*, 51(4), 724~731.

Rosengard, P., McKenzie, T. & Short, K.(2000). *SPARK Physical Education Program for Grades K-2*, San Diego, CA: San Diego State University Foundation.

Rybash, J. M., Hoyer, W. J. & Roodin, P. A.(1986). *Adult cognition and aging*, New York: Pergamon Press.

Savage, R. D., Bolton, N. & Hall, E. H.(1973). *Intellectual Functioning in the aged*, London: Methuen & Co.

Schaie, K. W.(1965). *A general model for the study of developmental problems*, Psychological Bulletin, 64, 92~107.

Schiller, P.(1999). *Start Smart! Building Brain Power in the Early Years*, Beltsville, MD: Gryphone House.

Schmidt, R. A.(1982). *Motor control and learning: A behavioral emphasis*, Champaign, Ill.: Human Kinetics.

Seefeldt, V.(1989). *This is motor development*, Motor Development Academy, 10, 2~5.

Shaffer, D. R.(1985). *Developmental psychology: Theory, research, and application*, Monterey, Callif.: Brooks/Cole.

Shaffer, D. R.(2009). 발달심리학, 송길연, 장유경, 이지연, 정윤경 역, 6th

(ed), 서울: 센게이지러닝코리아.

Short, K.(1989). *Parachuting on the Ground Brea, CA*: Kathryn Short Productions.

Short, K.(1990). *Having a Ball, Brea, CA*: Kathryn Short Productions.

Sieberg, J.(2000). *125 Brain Games for Toddiers and Twos, Beltsville*, MD: Gryphone House.

Siedentop, D.(1990). *Introduction to Physical Education, Fitness, and Sport*, Mountain View, CA: Mayfield.

Slater, M., Steed, A. & Usoh, M.(1993). *"The Virtual Treadmill: A Naturalistic Metaphor for Navigation in Immersive Virtual Environments."* First Eurographics Workshop on Virtual Reality, ed. M. Goebel, 71~86.

Smoll, F. L.(1982). *Developmental Kinesiology: Toward a subdiscipline focusing on motor development*. In J. S. Kelso & J. E. Clark (Eds.), The development of movement control and coordination, New York: Wiley.

Snyder, E. E. & Spreitzer, E. A.(1973). Family infiuence and involvement in sport, *Reseach Quarterly for Exercise and Sport*, 44, 249~255.

Spynarova, S., et al.(1978). *Development of the functional capacity and body compotion of boy and girl swimmers aged 12-15 years*, Med. Sports(Base 1).

Swomi, S. J, & Harlow, H. F.(1972). Social rehabilitation of isolate-reared monkeys, Development in Rhesus monkey, *Development Psychology*, 6, 487~496.

Thelen, E.(1987). *The role of motor development in developmental psychology*. A view of the past and an agenda for the future. In N. Eisenberg (Ed.), Contemporary topics in developmental psychology, New York: Wiley.

Thomas, J. R., French, K. E. Tomas, K. T. & Gallagher, J. D.(1988). *Children's knowledge development and performance*. In F. L.

Smoll, R. A. Magill, & M. J. Ash(Eds.), Children in sport, 3rd ed, Champaign, Ill.: Human Kinetics.

Thomas, J. R.(1989), *Naturalistic can drive motor development theory*, In J. S. Skinner, C. B. wells(Eds.), Future directions in exercise and sport science research, 349~367, Champaign, Ill.: Human Kinetics.

Thomas, J. R. & Thomas, K. T.(1984). *Planning kiddie research: Little kids but big problems*. In J. R. Thomas(Ed.), Motor development during childhood and adolescence, Minneapolis: Burgess.

Ulrich, D. A.(2000). *Test of Gorss Motor Development*(2nd ed.), Austin, TX: Pro Ed Publisher.

V. Gregory Payne, Larry, D. Isaacs(2017). *Human Motor Developement: A Lifespan Approach*, Routledg.

Wickstrom, R. L.(1983). *Fundamental movement partterns*, Philadel-phia: Lea & Febiger.

Williams, H. G.(1983). *Perpetual and motor development*, Englewood Cliffs, N. J.: Prentice-Hall.

Williams, H., Temple, I. & Bateman, J.(1979). *A test battery to assess intrasensory and intersensory development of young children*, Perceptual and Motor Skills, 48, 643~659.

YMCA Division of Aquatics(1984). *YMCA Guidlines for Infant Swim-ming*, Chicago: YMCA of the USA.

日本幼兒體育學會(2016). 幼兒體育 理論と實踐 日本幼兒體育學會認定幼兒體育指導員養成テキスト 初級, 大學教育出版.

日本幼兒體育學會(2013). 幼兒體育 理論と實踐 上級 日本幼兒體育學會認定幼兒體育指導員養成テキスト, 大學教育出版.

日本幼兒體育學會(2015). 幼兒體育用語辭典, 大學教育出版.

山口智之(2006). 幼兒體育 應用編, 幼少年體育振興協會.

日本幼少年體育協會(2013). 幼兒體育指導者檢定公式テキスト4,5級, タイケン.

日本幼兒體育學會(2012). 幼兒のリズム運動 日本幼兒體育學會認定幼兒のリズム運動指導員養成テキスト, 大學教育出版.

운동발달이론을 통한
유아체육의 이론과 실제

2018년 3월 20일 제1쇄 인쇄
2018년 3월 30일 제1쇄 발행
지은이 ● 고재곤·손경환
펴낸이 ● 김성호
펴낸곳 ● 도서출판 사람과 사람
03965 서울 마포구 월드컵로 32길 52-7(101호)
대표전화 ● (02)335-3905/FAX ● (02)335-3919
출판등록 ● 1991년 5월 29일 제1-1224호
● ●
값 22,000원
● ●
ISBN 978-89-85541-97-8   93370
ⓒ 고재곤, 손경환, 2018, Printed in Korea

홈이 있는 책은 바꿔 드립니다.